KB042320

장 보드리야르

폴 헤가티 지음
윤상호 옮김

LIVE THEORY

장 보드리야르

초판 1쇄 발행 2024년 4월 30일

지은이 폴 헤가티
옮긴이 윤상호

펴낸이 김준성
펴낸곳 책세상

등록 1975년 5월 21일 제2017-000226호
주소 서울시 마포구 동교로23길 27, 3층(03992)
전화 02-704-1251
팩스 02-719-1258
이메일 editor@chaeksesang.com
광고·제휴 문의 creator@chaeksesang.com
홈페이지 chaeksesang.com
페이스북 /chaeksesang 트위터 @chaeksesang
인스타그램 @chaeksesang 네이버포스트 bkworldpub

ISBN 979-11-7131-115-6 94100
      979-11-5931-829-0 (세트)

◆ 잘못되거나 파손된 책은 구입하신 서점에서 교환해드립니다.
◆ 책값은 뒤표지에 있습니다.

LIVE
THEORY

장 보드리야르

폴 헤가티 지음
윤상호 옮김

Jean
Baud
rillard

조를 위하여

차례

참고 사항

본문에서 참조한 모든 텍스트는 제목, 알맞은 경우 축약한 제목으로 표시했다. 자세한 내용은 참고문헌에서 확인할 수 있다. 보드리야르의 모든 텍스트는 영어 제목을 참조했다. 쪽수는 영어판을 먼저 기재하고, 모든 참조에 원본인 프랑스어판의 쪽수를 병기했다. 영어 번역이 있는 경우 해당 번역을 참조한다. 그렇지 않은 경우 저자가 직접 번역했다. 인터뷰(6장)는 프랑스어로 진행하고 저자 본인이 번역했다.

라이브 이론

장 보드리야르

Jean Baudrillard

서문

장 보드리야르는 수년 동안 글로벌 이론가로 존재해왔으며, 1960년대 후반에 미셸 푸코Michel Foucault, 장프랑수아 리오타르Jean-François Lyotard, 자크 데리다Jacques Derrida, 질 들뢰즈Gilles Deleuze 같은 작가들과 함께 등장했다. 그의 글들은 현대 세계의 거의 모든 현상을 다룬다: 전쟁, 유명인celebrity, 정보와 커뮤니케이션 기술, 마르크스주의의 종말, 리얼리티 TV, 역사의 운명, 그라피티, 9/11, 사진, 건축, 복제cloning 등등…. 이러한 범위와 현대적인 초점이 영향력이 있는 당시 프랑스 사상가들 가운데 그의 작업에 독특한 위치를 부여했으며, 그의 연구에 대한 관심은 학계를 넘어서까지 확산되었다. 그의 핵심 사상은 상징적 교환과 시뮬라시옹 그리고 시뮬라시옹에서 도출한 가상virtual과 신체body에 대한 사고에 있다. 시뮬라시옹의 다양한 형태는 오늘날의 미디어와 기술에 대한 이해에 필수적이며, 이러한 현상들이 어떻게 이론화되는가를 알려준다.

보드리야르를 다른 이들과 구분 짓는 것에는 단지 내용뿐 아니라 그의 글쓰기 스타일도 중요하다. 앞서 언급된 작가들은

13

그들의 특별한 방법들과 니체로부터 어느 정도의 이어진 계보가 있지만 보드리야르는 초기 저작을 제외하면 가장 비타협적이고 정도pale에서 벗어난 사람으로, 어떤 것도 받아들이지 않았기 때문에 비판이나 추천된 방법, 학술적 관행도 따르지 않았다. 1980년대 이후로 그의 글은 점차 격언적aphoristic이고 사변적speculative으로 되어 그와 같은 논쟁 속에서 자유로워졌다. 대신 단언assertions, 주장claims, 논리의 비틀림, 허구, 재현적 가치를 상실한 은유의 분출이라는 벽이 존재했고 이것들이 더 많거나 덜한 것으로 되어갔다.

보드리야르가 글을 쓰면 때때로 세상이 따라잡기도 했다. 많은 점에서 세계는 저항하며, 정치적으로 비판적인 시각을 찾는 독자들은 보드리야르에게 실망하고 심지어 분노할 수도 있다. 영어권은 보드리야르의 책에 막대한 독자들을 제공하지만 가장 소리 높여vociferous 비평을 보내기도 했다. 1980년대는 포스트모더니즘에 대한 수많은 비평 또는 분석이 이뤄진 시대였다. 이러한 현상이 좋게 생각되든 나쁘게 생각되든 보드리야르는 항상 극단에서 발견되곤 하는데(그는 이를 기뻐했을 것이다) '모든 것이 너무 멀리 간' 순간이거나, 포스트모더니즘 그리고/또는 프랑스 사상이 일반적으로 신뢰받지 못했던 이유에 대한 전형적인 버전이기 때문이다.[1] 부족한 문해력과 부실하게 연구된 이 글들은 종종 많은 관심을 받았지만 이제 보드리야르에 대해 조용해진 상황(앨런 소칼Alan Sokal과 장 브리크몽Jean Bricmont의 우스꽝스러운《지적 사기Intellecual Impostures》에서 카메오로 등장했을 뿐)이며 포스트모더니즘은 그것이 가진 어떤 능력마저 잃어가고 있기 때문에 이에 대해 너무 많은 시간을 낭비할 필요는 없다. 보드리야르에 대한 비판들에 있어서 근본적인 문제는 '실제 세계', 현실에 대한 분석을 통해 그가 제거하려고 했던 것에 있다. 지난 수십 년간 그의 모든 사상을 뒷받침한 시뮬라시옹 이론은 정치적으로 무관심한 것으로 여겨졌다. 아이러니한 것은 세계가 점차 보드리야르의 견해처럼 보인다는 것이다. 그리고 그의 정치에 대한 글, 예를 들어 '민주주의'의 종속화, 유럽 전역에서 좌파가 선거에 승리하기 시작했음에도 사회주의의 쇠퇴, 테러리즘의 증가, 계급에서 대중으로의 전환에 대해 집중했던 그의 정치에 대한 글들은 이데올로기적으로 당파적이지는 않더라도 그의 바람에 반하여 거의 틀림없이 정치적이다.

보드리야르는 투과성porous과 동시에 밀폐성hermetic을 갖춘 세계 시스템을 구축한 평론가다. 그는 매우 넓은 범위의 주제를 다룰 수 있었지만 사회적인 것에 대한 은유로서 종종 언급하던 블랙홀과 같이 그의 체계는 그러한 현상들을 흡수하고 차단한다.[2] 독자가 그것들을 옳다고 믿든 그르다고 믿든지 간에 보드리야르의 견해는 직접적으로 이용하거나 적용하기 매우 어렵다. 물론 이것을 (예를 들어 바타유Bataille의 주권의 형태와 같이) 그들의 강점으로 보는 것이 가능하며, 이것은 그의 텍스트가 다른 누군가의 퍼즐 조각이 되기보다는 이론적 대상이 되어간다는 것을 의미한다. 이는 글들이 비판적 해석에 저항하고 심지어 비판적 오역을 부추길 수 있더라도 기반해야 할 플랫폼을 제공함을 뜻하기도 한다. 보드리야르 글의 단편적인 특성은 대개 독자들이 어떤 측면이나 계기에 집중하는 것을 선택할 수 있다는 것을 의미한다. 또한 현실은 소멸되지만 현실보다 더 현실적인 하이퍼리얼로 되돌아오는 '거시적macro' 수준에서든 우리가 그 일반 이론에 근거하여 성급하게 도출한 결론에 반하는 보드리야르의 개인적 수준에서든 독자들은 끊임없이 도전받을 준비가 되어 있어야 한다. 아무튼 독자층은 시간이 지남에 따라 변화했고 기대도 달라졌다. 초기의 책들은 좌파의 비평적 글쓰기에 의해 지배된 세상에 등장했고, 대부분은 놀랍게도 독단적이고 문화에 대한 포스트마르크스주의로 묘사될 수 있는 것을 발전시켰지만, 이는 점차 대체되었고 마침내 1970년대 중반에 완전히 폐기되었다. 보드리야르에 대한, 예를 들어 더글라스 켈너Douglas Kellner의 《장 보드리야르Jean Baudrillard》, 켈너와 베스트Best의 《포스트모던 이론Postmodern Theory》, 마이크 가네Mike Gane의 《보드리야르의 동물 우화집Baudrillard's Bestiary》과 같은 초기 비판적 문헌의 독자들은 마르크스주의로부터 그의 관심이 전환되어 당혹스러워했을지도 모른다. 그러나 1970년대의 프랑스는 1968년 5월 혁명 이후 1970년대 초반의 마오주의적 테러리즘과 공산당의 선거 수용에 대한 느린 전개 이후에 좌파 사상이 활기를 되찾던 장소였으며, 반면에 영어권 문화는 비판적 학문분과로서 문화연구를 발전시키고 있었다. 보드리야르의 수용은 북아메리카, 특히 캐나다에서 훨씬 더 긍정적이었으며 아서Arthur 그리고 마릴루이스 크로커Marilouise

Kroker, 데이비드 쿡David Cook, 찰스 레빈Charles Levin, 그리고 웹 저널 《비판 이론C theory》을 중심으로 형성된 '포스트모던 분야postmodern scene'의 핵심 인물이었다. 이러한 지지는 학계 외부에서 보드리야르의 인기와 함께 영국 비평가들의 분노를 증가시켰다. 긍정적이든 부정적이든 보드리야르가 종종 잘못 읽히거나 과소평가된다는 것은 의심의 여지가 없다. 특히 포스트모더니티와 포스트모더니즘에 대한 그의 관계에서 이는 더욱 그러한데, 그에 반하는 증거에도 불구하고 어김없이 주장되고 있다.

포스트모던

마이크 가네Mike Gane는 보드리야르와 포스트모더니즘을 연관시키지 않으려 하고, 보드리야르가 '포스트모던 이론의 발전'에 의해 이끌리기도 하고 거부되기도 한다고 주장했다(*Jean Baudrillard: In Radical Uncertainty*, p. 22). 보드리야르는 자신의 작업이 포스트모던이라는 생각을 거부하고 상당히 무미건조한 문화적 실천들을 묘사하기 위한 단어로 남겨둔다. 그렇다면 왜 그는 보편적으로 포스트모더니즘의 리더로 여겨지는 것인가? 그 답은 피상성superficiality에 있다: 즉 첫 번째, 2000년대 초 역사에서 피상적인, 외견상의 부상; 두 번째, 시뮬라시옹, 가상과 프랙탈에 대한 보드리야르의 관심은 그가 아무래도 이러한 조건들을 변론하는 사람으로 보이게 한다; 세 번째, 피상적인 해독은 몇 가지 아이디어를 고립시켜 강조했으며, 인식 가능한 이데올로기적 비판과는 거리가 있는 그의 글들이 보이는 것에 대해 비판적이지 않다는 추정을 만들어왔다.

보드리야르가 스크린이 장면을 대체해왔다고 썼을 때(*The Ecstasy of Communication*, p. 12:12), 이는 프레드릭 제임슨의 '감정의 상실the loss of affect'이라는 개념이나 사회성 상실로 한탄하는 사람과 같아 보이지만 보드리야르는 무엇보다 이에 대해 관심이 없었다. 그의 관점에서 이른바 포스트모던 이론은 비판의 장소, 비판적 거리의 소멸을 인정하지 않는다면 자신의 논리를 완성하지 못한다. 포스트모던은 다양한 방식으로 해석되었지만, 깊이의 상실(비판, 의미, 진실, 거대 서사 일반, 정동), 유희, 그리고 이전에 별개였던 장르, 문화, 사회 집단간 경계의 교차라는 개념을 중심으로 융합된다. 건축에서 포스트모던은 이전의 버내큘러(방언)vernacula(s)에 대한 참조를 특징으로 한다는 점에서 유용하고 합의된 의미를 갖게 될 수 있는데 보드리야르는 이를 수긍한다(*Baudrillard Live*, p. 22). 마찬가지로 예술에서 포스트모던은 당대의 특정한 실천이나 예술가의 위치 즉 작품에 대한 기원을 강조하는 데서 확인될 수 있다. 포스트모더니즘은 우리들을 모더니즘의 제약과 그것이 출현시킨 모든 정치적, 역사적 폭력으로부터 자유롭게 해준다. 그러나 보드리야르의 이론은 위의 어떤 것도 아니며, 심지어 그의 무관심함은 아노미에 대한 제임슨의 판본보다 사드의 '무감각apathy'에 더 가깝다. 보드리야르가 본 세계는 낡은 진실과 위계가 무너지는 곳도 아니며,

포스트모던이 가진 불확정성의 절충적이고 하찮은 상태도 전혀 아니다(*Baudrillard Live*, p. 163). 오히려 그것은 일상적인 다양성이나 실정적 표지로서 '차이'의 무의미한 사용이라기보다는 점증하는 자동 통제나 균질화다. 비록 그가 포스트모더니즘을 인본주의적 해방감을 약화시키기 위해 청바지와 코카콜라의 형태로 전 세계에 퍼지는 최초의 보편으로 부르기는 하지만 말이다(*Cool Memories II*, p. 70; 268).

보드리야르는 포스트모더니즘이 개념적 용어로서 어떤 생존력도 가지고 있지 않다고 믿는다. 그는 '포스트모더니즘, 포스트모던이 어떤 의미를 가지고 있는지 질문해보아야 한다. 내 관점에서는 그것은 의미를 갖고 있지 않'으며(*Baudrillard Live*, p. 21), '포스트모던 문화가 무엇인지 잘 모르겠다'(p. 82)고 답한다. 그는 실제로 이에 관심이 없으며, 일반적으로 인터뷰나 대화에서 언급될 때만 그 문제에 대해 다룰 뿐이었다. 이 질문에 대한 답변을 재촉받으면 그는 포스트모던을 대부분 복원restoration과 관련이 있는 것으로 보며, 재창조나 페티시와는 다른 것으로 취급했다(p. 94).[3] 그는 또한 희생자 정신의 고양과 내용 없는 개인주의에 대해 초점을 둔 것을 포스트모던으로 언급한다(*Illusion*, p. 107; 150). 매우 드물게 그는 자신의 이론을 포스트모더니즘에 도입하는 것처럼 보이는데 일례로 그는 표면, 즉 시뮬라시옹으로써 포스트모던에 대한 글을 쓰기도 했다(*Illusion*, p. 117; 164). 그가 포스트모던 자체가 시뮬라시옹이며(*Baudrillard Live*, p. 158), 따라서 그의 이론이 포스트모던 이론을 표방한다기보다(시뮬라시옹된 세계에서 모든 것이 시뮬라시옹되는 점은 제외하고), 자신의 이론에 포함되거나 영향을 받는다고 주장할 때 이는 반박될 수 있다고 볼 수 있다.

우리는 1990년대 초 그의 일상적인 용어 사용에서 보여지듯이 포스트모더니즘에 대한 그의 견해가 부드러워졌다고 판단할 수 있으며, 그것이 가끔이기는 하지만 종종 즉각적인 텍스트 설정을 넘어서는 암시를 주는 경우가 많다. 나의 견해는 포스트모던이 보드리야르와 무관하다는 것이며 포스트모던은 결코 사라지지 않았기 때문이다. 포스트모더니즘의 다양한 특징(파편화, 유희, 위계로부터 탈출, 예술의 정치화)은 확고한 모더니즘의 효과conceits이며, 무엇보다 오늘날의 포스트모더니즘은 모더니즘의 끝자락에서 살아가고 있다. 니콜라스 저부르그Nicholas Zurbrugg에게 보드리야르는 '모더니즘적 포스트모더니즘'[4]의 한 사례이다. 보드리야르 자신은 '우리에게 모던과 초현대untramoderns'에 대해 언급했는데(*America*, p. 70; 139), 이는 찰스 젠크스Charles Jencks가 '아방가르드주의, 해체, 침묵과 미니멀리즘'을 묘사하기 위해 초현대주의라는 용어를 사용한 것(*The Language of Postmodern Architecture*, p. 20)과 적절하게 연결되며, 이곳에서 모더니즘을 강제하는 요소(특히 파편화된 현실에 대한 서사적 진리 탐색)들은 퇴출되지만 실험주의는 여전히 존재한다(그리고 이는 '유희'보다 더 중요하다). 이런 점에서 《냉정한 기억Cool Memories》 시리즈에서의 보드리야르의 장난 어린 이론화도 포스트post가 아닌 초현대적인 것이다. 우리는 포스트모던 사회를 붕괴시키는 모든 것에 대한 보드리야르의 옹호에서 비포스트모더니즘을 볼 수 있고 포스트모던이 완전한 동질화를 이루지 못할 것이라는 그의 기대를 볼 수 있다.

이론

보드리야르에 대해 가해지는 부정확한 비판 중 하나는 그가 포스트모던 질서 같은 것이나 포스트자본주의 사회를 옹호하는 데 연루되어 있다는 것이다. 할 포스터Hal Foster는 '저항적' 포스트모던과 대조되는 '현대적 허무주의'가 보드리야르의 입장이라고 주장한다(*Postmodern Culture*, p. xv). 만약 비판이 당신이 추구하는 것이라면 보드리야르의 시뮬레이션된, 가상의 또는 프랙탈적 사건과 현상에 대한 관찰은 그 자체로 비평의 한 형태다. 후기 마르크스주의를 당혹시킨 것은 보드리야르가 비판 이론을 거부하면서 이데올로기이든 다른 무엇이든 간에 지식이 저장되지 않고, 해결책이 발견되거나 진실이 드러나지 않는 이론 개념을 지지한 것이다. 이론은 더 이상 실재를 목표로 해서는 안 된다.

> 실재의 반영이 되는 것, 비판적 부정성과 실재의 관계 속으로 들어가는 것은 이론의 목적이 될 수 없다. 이것은 영속화된 계몽주의 시대의 경건한 관점이었고 오늘날까지 지식인의 도덕적 지위를 결정한다.(*Ecstasy*, p. 97; 83)

실재가 사라진다면 이론은 그것을 찾는 데 시간을 낭비하는 것이며, 만약 이론이 실재를 '발견'하기라도 한다면 더욱 그렇다. 이것은 하이퍼리얼화에, 시뮬라시옹으로서 세계 자체의 복제에 기여할 것이기 때문이다. 비판적 사고는 우리가 시뮬라시옹을 다룰 수 없게 만들었고 이는 우리가 지금 가지고 있는 대체 현실이다(*Impossible Exchange*, p. 18; 29). 이론은 반드시 그 대상에 적합해야 하며 '과잉과 희생에 대해 논하려면 과잉적이고 희생적이어야 한다. 그것이 시뮬라시옹에 대해 말하는 것이라면, 그것은 시뮬라시옹이 되어야 하며, 그 대상과 동일한 전략을 배치해야 한다'(*Ecstasy*, p. 98; 84). 조르주 바타유Georges Bataille는 위반, 희생 및 에로티시즘에 대해 과잉적 방식으로 글을 쓸 수 있었다. 그러나 이제는 이마저도 사라졌고 이론이 과잉적인 것으로 보일 수 있지만, 이론은 그것의 외부로 보이기 위해서 시뮬라시옹 안을 여행해야 한다(그리고 그것으로부터 벗어나기 위해서 내부에 있는 것처럼 보여야 한다).

보드리야르는 종종 그의 글들에 대한 결론으로 이론에 대한 수많은 모델을 제공하며, 이 모든 것들은 확정이나 부정이 아니 반항 또는 도전défi(ibid.)의 한 형태로 작용한다. 이론은 허무주의적일 수 있다. 실재 자체가 아무것도 아닐 때, 사고는 무엇도 되지 않으려고 노력해야 하며 실패해야 한다(*The Perfect Crime*, p. 151; 207). 혹은 이론적 테러리즘의 형태로서 모든 것을 무로 환원해야 한다(*Simulacra and Simulation*, p. 163; 233). 이론이 허무적일 때, 그것의 목적은 허무적이지 않다. 다시 말해 하나의 허무주의가 다른 어떤 진실, 실재, 의미를 드러내며, 이 모든 것은 구성물이고 단순한 파괴가 아닌 해체의 한 형태다.

이러한 이유로 보드리야르는 이론이 어떠해야 하는가에 대한 여전히 이상하지만 긍정적인 버전을 제공할 수 있다. 《악의 투명성The Transparency of Evil》에서 그는 이론을 '이상한 끌개strange attractor'로 표현하고자 하는데 이는 (인구, 강우, 난수 등의) 값들이 모이고 어떤 혼돈 방정식으로부터 생성될 수 있는 모든 수준에서 스스로를 재생산하는 형식을 의미한다. 사건들은 패턴이 있다고 하더라도 점점 더 예측하기 어려워지고 있으며, 그와 같은 이상한 사건들을 포착하기 위해서 이론은 완벽한 범죄나 이상한 끌개와 같이 이상한 것으로 다시 만들어져야 한다(p. 110; 115). 비판뿐만이 아니라 참조세계referential world와 관찰자인 주체도 사라졌다. 그 자리에 우리는 '이상한 끌개로서의 객체를 가지고 있다. [그리고] 그 객체는 이론이 현실에 대해 될 수 있는 것이며, 반영이 아닌 도전이자 이상한 끌개다'(p. 173; 179).

생각은 이성을 뒤로 하고 유혹, 외양, 놀이와 자신을 위험에 빠뜨리는 것 등을 통해 객체를 끌어들일 것이다. 보드리야르에게 유혹은 생산에 대해 타자the other, 타자는 동일한 방식으로 차이이며, 실제로 차연différance은 동일함sameness과 반대되는 것이다. 생산은 진실과 현실이 드러날 수 있는, 세계가 실현되는 재현의 세계에 적용될 수 있다. 우리가 대체로 의심 없이 실제 세계라고 생각하며 살아가는 세계는 조작되고 생산된 것이다.

반면에 유혹은 외양, 도전, 투쟁duel/이중dual 관계에 관한 것이다. 이론은 형식과 접근 방식에서 매혹적이어야 한다(*Impossible Exchange*, pp. 149~151; 186~188). 모든 새로운 사상은 도덕, 진리, 지식 그리고 삶에 대한 인본주의적 개념에 간섭해서는 안 된다. 그 대신 사상은 비인간적이어야 하며(ibid., p. 24; 36), 그래서 우리는 이상한 끌개에 의해 그리고 그 안에서 생성된 비인간적인 것과 일치할 수 있다. 사실 비인간적인 것을 생각할 때, 우리는 주체로서 통제력을 벗어난다.

> 비인간적인 것의 [그] 배제는 [예를 들어 인간 생존에 집착하는 사회에 의한] 이제부터 우리를 생각하는 비인간이 된다는 것을 의미한다. 우리는 인간 외부의 오메가 포인트로부터, 우리에게 이상한 끌개 역할을 하는 대상이나 가설로부터 세계를 파악할 수 있다.(p. 17; 27)

우리는 프랙탈 형태의 유혹의 통로가 된 것처럼 보인다. 여기서 우리는 목적 없이 이론화하게 되는데 이는 시뮬라시옹을 늘리지 않고도 무엇이든 생각할 수 있는 유일한 방법이기 때문이다. 그럼에도 불구하고 이론에 대한 긍정적인 생각이 대두되었다. 즉 보드리야르는 저항, 기묘함, 지속적인 움직임, 원본 없는 시뮬레이션의 복제 그리고 유희적 논쟁과 같은 것을 이론으로 생각한다. 보드리야르에게 있어서 이론은 또한 질적 판단의 대상이 된다. 그것은 비판적이어서는 안 되며 매혹, 역설 또는 이상한 끌개여야 한다. 만약 세계가 역설적이고 불확실하다면, 사고 또한 그러한 것이어야 한다(*Mots de passe*, p. 101). 우리가 할 수 있는 마지막 일은 우리 주변의 세계에 굴복하는 것이다. '이해할 수 없고 문제가 많은 세계를 직면한 우리의 임무는 분명하다. 우리는 세계를 더욱 이해할 수 없고 더욱 불가사의한 것으로 만들어야 한다'(*Vita Illusion*, p. 83). 실재가 끝났다거나(만약 실재가 존재했다면), 또는 사건이 의미 없이 계속 발생한다는 것은 보드리야르의 사고를 추동하는 것이다. 그것은 무한하고 우울하게 병적인 현실 주위를 돌며, 우리가 좋든 싫든 간에 반-현실counter-realities, 저항, 도전을 끊임없이 제공한다.

책의 개요

보드리야르의 초기 저작은 읽기엔 부담스러울지 몰라도 개념적으로는 훨씬 단순했다. 이 저작들은 비록 그의 첫 번째 책인《사물의 체계The System of Objects》에서와 같이 관습적인 분석 대상에서 벗어나 기 드보르Guy Debord 및 상황주의자와 함께 마르크스주의 비평의 전통 안에서 작업하고자 노력했지만, 사회적 세계에 대한 합의된 개념과 그것에 대해 평가하는 방법에 더 가까웠다.[5] 그의 접근 방식은 근본적으로 구조주의적인 것으로, 개별적인 순간, 객체, 단어 또는 이미지의 의미는 궁극적으로 모든 것이 연관되는 방식을 통해 의미가 결정되는 체계적 틀 안에서 발생한다. 그는 또한 첫 번째 책에서 상당한 정신분석적 견해를 보여준다. 《소비의 사회The Consumer Society》에서는 이러한 모델로부터의 이동이 이미 진행 중이며 바타유Bataille의 영향력이 가시화된다. 이 책은 비판적 담론의 영역 안에 있으며 1970년에 그 주제를 다루는 데 있어서는 결코 혼자가 아니었다. 구조주의와 마르크스주의 모두 《기호의 정치경제학 비판을 위하여For a Critique of the Political Economy of the Sign》〔이하 《기호의 정치경제학 비판》으로 표기〕에서 코드화된 체계들로 해명되고 《생산의 거울The Mirror of Production》에서는 무자비한 공격을 받았다. 현대 사회의 특성을 정의하는 시뮬라시옹의 개념은 《상징적 교환과 죽음Symbolic Exchange and Death》〔이하 《상징적 교환》으로 표기〕에서 자리를 잡고 점차 완전히 이론화되었으며 이러한 개념들은 바타유와 프로이트 및 페르디낭 드 소쉬르에 의한 전도된 사용에 큰 빚을 지고 있다. 상징적 교환의 개념은 점차로 (《기호의 정치경제학 비판》에서 《상징적 교환》으로) 가능한 유토피아적 의사소통에서 재현에 기반한 사회에 언제나 상실된 결여로 변형된다. 이 첫 번째 시기는 1장에서 보드리야르가 마르크스주의적 비판에서 바타유로 이동하는 방식과 상징적 교환이 이러한 변화로부터 어떻게 발전하는지에 대한 강조와 함께 다루어진다.

이러한 시점부터, 보드리야르는 주로 시뮬라시옹된, 하이퍼리얼의 사회에 특정한 것(상징적 교환에서 그것의 '타자' 또는 시뮬라시옹에 결여된 것)에 관심을 갖는다. 그는 우리가 이러저러한 종류의 시뮬라크르를 가졌을 뿐 우리에게 알려진 실제 현실은 결코 존재하지 않는다고 주장한다. 그럼에도 역사의 과정에서 우리는 상징적 교환의 실제(우리가 한번도 경험한 적이 없는)로부터 더 멀리 나아갔고 '실제 세계'로 향했다. 우리보다 더 실제인 세계는 존재했던 적이 없었다. 모든 곳에서 영화나 컴퓨터 게임에서 현실은 강화되고, 증대되고, 우리에게 부여되거나, 우리가 부여했거나 (처음으로) 재창조되었다. 이 모든 것은 우리가 완전한 시뮬라시옹의 세계(비록 모든 세계가 그렇지는 않지만)에 살고 있다는 것을 의미한다. 비록 그가 1990년대 초반부터 현실의 프랙탈화와 우리가 현실이라 생각했던 것조차 대체하는 가상에 대해 글을 썼을지라도 위와 같은 생각이 보드리야르의 연구를 지배하고 있다. 보드리야르의 개념으로서 세계 속에서의 시뮬라시옹의 진화는 2장의 주제다.

그러나 동명의 책에서 처음 상징적 교환의 형태를 취했던 것이 유혹의 형태를 취하면서 저항이 발생한다. 현실은 재현, 의미, 진실의 형태로 생산되거나 출현하며, 유혹은 외양의 작용을 통해 이와 반대로 나타난다. 다른 현상들(3장에서 탐구) 또한 상징적 폭력, 치명적인 것, 악, 환영과 불가능한 교환 같이 시뮬라시옹의 외부에서, 교차 또는 반대로 작용한다. 이 용어들 중 하나는 보드리야르에게서 항상 사용되는 것처럼 보이지만, 데리다와 마찬가지로 새로운 용어가 이전의 용어들을 완전히 대체하지는 않는다.

4장은 시뮬라시옹된 세계에서 실제로 일어나는 일에 집중하고 대중, 테러리즘, 리얼리티 TV와 감시, 전쟁, 사건, 마지막으로 9/11에 대한 보드리야르의 글을 살펴본다. 보드리야르는 종종 매우 큰 논란을 불러일으켰는데 의도치 않게 그가 대중의 '밀도'에 찬사를 보냈을 때가 그랬다. 미국을 '실현된 유토피아'로 묘사한 그의 글은 그가 미국을 너무 좋아한다고 생각하는 사람들과 국가의 현실을 완전히 놓치고 있다고 생각하는 사람들에게 비판을 받았다(특정 비판에 대한 보드리야르의 대응에 대해서는 6장의 인터뷰 참조). 또한 예를 들어 사회에서 여성의 지위 향상을 비판하는 듯한 그의 발언, 그리고 아마 무엇보다도 (첫 번째) 걸프전(그가 일어나지 않았다고 말했던)에 대한 글과 《테러리즘의 정신The Spirit of Terrorism》에서 세계무역센터 파괴, 자살하는 건물들, 무너지는 건물을 보면서 느끼는 우리들의 은밀한 즐거움, 그리고 이 사건이 순간적이지만 시뮬라시옹에 완전히 저항한 유일한 사건에 관한 것이라는 글의 내용들 역시 논란이 된다. 그러나 이 모든 것은 믿을 수 있는 것보다 더욱 확고한 기반을 가지고 있으며, 주장이 터무니없을 수록 보드리야르는 논쟁을 통해 더 많은 것을 제공하고, 걸프전과 9/11 사례의 경우 '사건 자체events themselves'와 함께 그가 말했던 대부분은 단지 그가 오래전에 쓴 것을 따랐을 뿐이다.

1980년대 이후 보드리야르의 책의 대부분은 주요 에세이를 다시 모아 논문으로 구성되었으며 이는 핵심 개념을 제공하거나 발전시켰다. 개별 논문들은 종종 매우 구체적인 사건, 텍스트 또는 인물을 다루며, 5장은 현대 문화적 대상들에 대한 보드리야르의 독해에서 반복된 주제들을 다루고자 한다. 이러한 컬렉

션과 함께 보드리야르는 프랑스 일간지 《리베라시옹Libération》에도 정기적으로 글을 기고했으며, 1990년대 중반부터 자신의 사진들을 전시해왔기 때문에 때때로 자신의 작품을 포함한 미술 전시회에 텍스트를 제공했다(5장에서 사진과 디지털 미디어를 다룬다).[6] 이론적으로 덜 명확한 이 글들은 '냉정한 기억' 시리즈(20여 년에 걸쳐 다섯 권이 출간됐다)에서도 표현을 찾을 수 있다. 이들 유사-일기pseudo-diaries는 매우 격언적이고 인상주의적인 텍스트로 한 주제에 대해 한 줄에서 여러 페이지에 걸쳐 다룰 수 있다. 그 글들은 일반적으로 격언들과 연관된 거창함portentousness을 갖지 않는다는 점에서 이론적 글쓰기에 대한 새로운 접근 방식을 제공한다. 그러나 그것들은 유머러스할 수도 있고 모순과 급작스러운 변화의 많은 여지가 있다. 그래도 보다 평범한 수준에서 그것들은 그 당시 쓰여진 모든 책에 대한 출처를 제공하는 것처럼 보인다(그리고 보드리야르는 섹션 전체를 바꾸는 것을 부끄러워하지 않는다).

6장은 보드리야르와의 새로운 인터뷰로, 4장과 5장에서 제기된 많은 문제와 보드리야르의 후기 이론적 관점들을 다루고 있으며, 특정 작가와 텍스트(〈매트릭스〉와 〈마이너리티 리포트〉와 같은 영화 포함)에 대한 상당한 양의 논평도 포함하고 있다. 7장에서는 보드리야르에게 주요한 영향을 준 바타유, 마샬 매클루언, J. G. 밸러드, 엘리아스 카네티, 프리드리히 니체 그리고 1968년 사건을 살펴본다. 보드리야르는 아서 크로커Arther Kroker의 연구와 현대 미술 분야에 대한 정보를 차례로 제공했는데 정작 그의 연구는 전유에 저항하는 것이었다. 결론은 후기에 다소 중요하게 다루어졌던 용어에 대해 간략하게 고려하며 책을 마무리하려고 한다. 이것은 특이성이라는 개념으로, 시뮬라시옹 안과 밖 모두에 위치해 있으며 대중의 밀도가 특정 사건의 밀도로 변형되어 사건들이 시뮬라시옹 및/또는 비판적 분석에 통합되는 데 저항하는 것을 표현한다.

1장
체계와 교환: 마르크스주의에서 상징까지

현대 사회의 구조

보드리야르의 성과는 마르크스주의와의 작별을 기준으로 '전과
후'가 극명히 분류된다. '전과 후' 시기는 다양하게 분류될 수 있
지만 가장 최근을 기준으로 한다면 그의 작업물인 1976년 출간
된 《상징적 교환》에서 마르크스주의가 보이지 않는 것을 확인
할 수 있다. 설령 그의 사상이 독단적 마르크스주의보다는 문화
적인 면이 강할지라도, 어떠한 독자들이든 간에 보드리야르의
초반 네 권의 책에서는 마르크스의 사상이 깊게 담겨 있음을 인
정할 수밖에 없을 것이다. 그러나 도식적인 부분을 넘어서면 다
른 문제점들이 매우 이른 시기에 발생하기에 돌이켜보면 마르
크스주의에 대한 강조는 줄어들어야 했을 것이다. 보드리야르
가 자신의 전 작업에 대해 다음과 같은 소급적 명령을 내릴 때
나는 우리가 이를 수행할 권리가 있다고 믿는다:

우리는 작품이 이미 존재했던 것마냥, 시작부터 결말을 알고

있었던 것처럼 행동해야 한다. 그러나 이러한 행위에는 전체를 통괄하는 주요한 주제들 중 하나로 공명을 확장하는 시뮬라시옹의 행사가 내재되어 있다: 전 작업은 완전하며, 일관적인 입장으로 전개되어 왔고, 항상 존재해왔다고 믿는 것처럼 시늉하는 것이 그것이다. 그리하여 나는 '시뮬라시옹'이라는 용어 이외에는 달리 이를 설명할 방법이 없다고 믿는다.(*Ecstacy*, pp. 9~10; 9)

여기서 시뮬라시옹은 두 가지로 이루어진다: 첫 번째, 작품 자체가 시뮬라시옹이며 모든 텍스트가 어떤 식으로든 이미 존재하는 것처럼 재구성된다. 두 번째, 시뮬라시옹이란 개념은 보드리야르의 작업들 중 핵심이며 일찍이 1976년에 소개되었다. 이 장에서는 '초기 보드리야르'가 마르크스주의를 포기하고 바타유의 '일반 경제'와 같은 다른 경제 이론들이 그 자리를 대신하며, 보드리야르의 핵심 사상인 상징적 교환에 대해 설명한다. 이 두 단어의 연관성은 그의 저서《상징적 교환》에 나온다.

　마르크스주의와 마찬가지로 이 '초기'에는 구조주의적 특징을 내포하며, 적어도 처음에는 정신분석학의 영향을 강하게 받았다. 수용과 거부 두 개로 분리하여 관찰하기보다는 우리는 이 구절을 점진적 해체로 파악할 수 있다고 나는 생각한다. 보드리야르는 이러한 지배적인 문제들에서 벗어나는 것으로 보인다(정신분석학의 경우 초기에 이는 프로이트Freud에서 라캉Lacan으로의 변화로 특정지어진다). 보드리야르가 이러한 개념을 완전히 역사화된 것으로 받아들이고(그에 대한 논평이라기 보다는 시간에 대한 산물로서), 1970년대 중반에 완성된 것으로 받아들였다면, 독자들은 어느 정도 이를 따라야 한다.

앞에 언급된 것이 보드리야르가 다루었다고 여기는 관점들이라면 그 장소에 새롭게 출현하는 측면은 무엇인가?―무엇보다도 상징인데, 특히 상징적 교환의 형태로(라캉의 상징계와는 확실히 반대되는); 그리고 실재의 지위에 대한 문제다. 반드시 알아두어야 하는 점은 보드리야르가 '소비'든 '마르크스'든 어떠한 주제에 대한 분석을 완수했을 때, 그가 그 주제에 대한 측면들을 유지하고 있는지 아니면 완전히 떨쳐버리는지는 항상 분명하지 않다. 또한 일찍이 《상징적 교환》에서 보드리야르의 입장을 파악하고 그가 중요하다고 인식하는 현상에 어떤 비판적인 시각을 보이는지 역시도 파악하기 어렵다.

그의 초기 두 책, 《사물의 체계》(이하 《체계》로 표기), 《소비의 사회》의 경우, 현대 사회의 측면에 대한 철저하고 비판적인 연구가 이루어진다(이는 전체적으로 정의될 수 있으며 그 아닐 수도 있음). 이 시기에 보드리야르는 (마르크스주의) 사회학의 범위 내에서 연구했으나 그 당시 인간과학 분야에서 중심 관심사였던 구조주의와 정신분석학을 추가했다. 지배적인 이데올로기에 의존한다는 점을 고려해볼 때, 아이러니한 것은 《체계》와 그 후속작이 보드리야르가 객관성과 크게 문제없는 관계를 맺는 유일한 경우로 제시하는 것은 아이러니하다. 이 두 책은 인식할 수 있는 객체에 의문을 가지는 반면, 후에 객체가 우리를 향해 반전되거나, 주체와 함께 시뮬라시옹 속에서 스스로를 잃는 정도까지 객체의 세계와 그 세계를 알고자 하는 우리의 시도 역시 의문시된다.

《체계》에서 보드리야르는 우리를 둘러싸고 우리를 정의하는 객체들과의 관계를 설명하려고 시도한다. 그는 그저 객체들을 목록화하는 것이 아니라, 우리가 사물의 살아가는 과정과 사물이 기능적인 것 이외의 요구에 어떻게 응답하게 되는지를 탐구한다. 이러한 모든 것들은 '정신의 구조'와 결합한 '문화적 체계' 내에서 이루어진다(*System*, p 4; 9). 이론의 측면에서 중요한 요인은 기호학으로, 이는 구조주의 언어학, 프로이트의 정신분석, 마르크스주의, 현재는 덜 사용되는 소비사회 이론(베블런Veblen, 패커드Packard)들이 모두 모여 발전된 것이다. 이러한 정식화의 어느 것도 이 글에서는 의문시되지 않는다(마지막 부분은 제외되지만 그마저도 유하다). 그 후의 글들에서는 기호학적 연구를 이유로 모든 것에 대해 광범위한 비평의 여지를 남겨둔다.

문제의 대상인 객체들은 체계와는 분리될 수 없다. 이 체계는 독립적 주체의 문제를 해결하는 의기양양한 기술적 아이템이라기보다는 의미meaning와 의미화signification 중 하나다(이는 체계 자체에 의해 생성된 담론이다). 그리하여 우리가 객체를 이해할 방법은 객체에 대한 다양한 '언어'의 인코딩 안에 객체에 대한 개별적인 발화 행위(파롤)를 위치시킬 수 있는 능력을 통해서 이루어진다(p. 10; 17). 객체는 실제 기능을 가지고 있지만, 메타적이거나 기능이 없는 객체의 경우를 제외하고는 '어느 객체에 대해서라고 하더라도… 현실 원칙은 괄호 치기 될 수 있다'(p. 117; 165).[1] 보드리야르는 구조주의적 언어학이 구별하는 두 의미 수준, 즉 외연denotation과 함축connotation을 다룬다. 여기에서 두 용어 중 첫 번째는 객체의 기능에 적용되며 두 번째는 습득된 문화적인 의미에 적용된다. 보드리야르는 이들은 완전히 분리될 수 없다고 덧붙인다(p. 10; 16)—후에 이 관점에 대해 이의를 제기하게 된다.[2] 객체는 함축으로서 '엄격한 기능성'을 제시한다—이것이 효율적이지 않다고 말하는 것은 아니지만 의미의 수준은 서로 침투한다는 것을 나타낸다(예를 들어, 고급 스테레오 장비는 효율성뿐만 아니라 이를 함축하기 위해 으레 최소한의 기능 표시를 강조한다).

그와 동시에 모든 것들은 함축이 된다. 자연은 자연성naturality이 되고(pp. 56~57; 80), 기능은 기능성functionality이 된다(pp. 63~65; 89~91). 기능성은 체계의 핵심이다: 모든 통치가 민주적이어야 한다고 주장하는 것처럼 모든 객체들은 기능적인 것이 되어야 한다고 주장한다(p. 63; 89). 객체의 한 부분에서 나타나는 이 능력 때문에 체계 안에서 그 객체는 자신의 위치를 받는다. '체계'는 소비 주체가 선택권을 가지고 있으며 그러한 선택에 진정한 자유가 있다는 개념에 기초하고 있다. 광고는 (문자 그대로) 이러한 '자유'의 침투를 재현한다. 우리 모두에게 광고가 제공되기 때문에 이는 민주적인 성격을 가지며(p. 171; 239), 우리는 모두 브랜드 선택에 따라 자신을 위치시킬 수 있는 가능성을 갖게 된다. 선택의 자유라는 이데올로기는 더 나아가 특정 광고주들이 타깃으로 하는 특성 집단에 의해 유지되며 예를 들어 전문 잡지나 웹사이트에서 더욱 확산된다. 보드리야르가 1960년대 후반 소비사회에 대한 분석을 쓰던 시점에, 자신은 '다르다'라고 상상하는 소비자들에 대한 매력은 오늘날보다 덜 두드러진다(그는 객체의 '개인화'를 언급하지만, 하위문화가 제공하는 '대안'의 거대한 통합은 아직 일어나지 않았다). 그러나 브랜드에 관한 문제에 대해 그가 말하는 것은 중요하다. 그는 '브랜드 충성도'는 상당히 빈곤한 언어라고 주장한다. 즉 그것이 '말하는' 전부는 내가 그 브랜드를 고수한다는 것이며, 이는 자족적인self-contained 메시지다(pp. 191~192; 267~268). 기업이 정체성을 강요하는 세계를 전복시키는 많은 가능성들이 있지만, 어떻든 간에 회사에 돈을 지불하지 않기란 매우 어려우며, 기업들은 당신이 얼마나 전복적인지에 대해서 상관하지 않는다.

이는 '전체 세계가 가정적domestic 우주의 스펙터클로 통합되는' 것처럼 '문화'로 강제 흡수된 실제 자연 세계가 있다는 것을 함축하고 있다(p. 43; 59). 이 인용문은 유리와 관련하여 보드리야르가 쓰는 인용이지만 그가 말하고자 하는 현대 문화(체계가 공모한)의 체계화 전체를 요약하는 말로도 쓰인다.

이러한 노스텔지어 입장은 명시적이지 않은데, 이는 보드리야르가 전적으로 진보에 적대적이지 않았지만 자본주의에서의 사물의 왜곡에 대해서는 반대했기 때문이다. 인류(혹은 보드리야르가 지칭하는 '인간man')는 사물과의 전통적인 연결을 폐기했다. 이 전통적인 연결은 통제의 거리보다는 객체의 직접적인 작용에서 비롯된 상징적인 것이다. 이것이 '인간이 객관적인 사회적 발전으로 진화하는 과정이다'(p. 48; 67). 보드리야르는 자동화와, 직접 사용과 반대되는 푸시 버튼 제어의 증가를 통해 도달하는 거리를 이 과정의 가장 특징적인 발전으로 보고 있다(그리고 결국 우리는 기계의 운영자가 되어 우리 집이라는 기계의 '기능적' 점유자가 된다(p. 27; 37)).

《체계》 전반에 걸쳐 언제 이 절차가 개시되었는지에 대한 혼란이 내내 있어왔다. 때로는 문화의 도래가 처음이 될 수도 있으며(pp. 64~65; 91), 여기서 특성은 '자연'이 되고 다른 것은 문화가 된다. 다른 경우에는 자본주의 시대, 혹은 소비사회, 아니면 이 둘을 융합한 시대의 도래일 수도 있다.[3] 보드리야르는 이 융합을, 모든 사회 그리고/또는 그 발전의 역사적 현실을 정의하는 친숙한 마르크스주의의 생산양식의 정식화 속에서 정당화한다. '인간과 사물의 관계는 생산력의 관계인 사회적 변증법에 종속된다'(p. 48; 68, 작가 직접 번역).[4] 이후의 단계에서 보드리야르는 객체 시스템의 탄생을 바우하우스Bauhaus로 잡았는데, '바우하우스에서 "기술적 경험의 보편적 기호학의 가능성"은 사실상 미와 유용성 사이의 분리가 폐지된 데서 탄생했다'(*For a Critique*, p. 186; 231). 결과적으로 객체들이, '한번 기능적으로 해방되면, [그것들은] 자신을 기호들로 만들기 시작한다'(p. 190; 236~237). 그리고 이는 추정컨대 근본적인 변화를 대표했다. 보드리야르는 이것이 의식적인 개인적 실천이나 아이디어 영역의 발전 때문이 아니라 물질 생산과 기호 생산의 결합의 발전을 표명하기 때문이라고 주장한다. 이 둘 중 무엇이 선행되었는지 명확하게 밝혀지지 않았으며, 이러한 초기 작품에서 비록 보드리야르가 추구하는 프로젝트에 유용할지는 모르겠지만, 우리는 인과성의 감각 없이 남겨진다.

또한 '생산력'의 역할과 기호의 체계화에 더하여 무의식의 역할을 고려해야 한다. 《체계》에서 보드리야르는 근본적인 진실에 대한 우려 없이 저속한 프로이트주의로 묘사되는 것을 우리에게 제공한다. 무의식은 일련의 명확하게 정의된 단순한 벡터이며, 이는 보편적(즉 비역사적)이고, 사회적 변증법의 산물에 대한 우리의 지각을 매개한다. 집단적 생산 질서와 개인적 욕구 질서 사이 어딘가에 무의식의 결속이 존재한다(p. 128; 181). 켈너Kellner가 기록한 바에 따르면 보드리야르는 이들 중 무엇이 우위를 점하는지 절대 단정 짓지 않았다. '이는 새로운 객체 세계의 증식을 주도하는 동력이다'(Baudrillard, p. 11). 이는 적절한 논평이면서도 켈너가 옹호한 마르크스적 접근 방식을 증명하는 이중적 증거로서 역할하기도 한다: 우선, 그곳엔 지배적 설명, '최종심급'이 반드시 존재해야 한다. 이는 계급에 기반한 경제여야 하며, 그게 아니라면 적어도 인식 가능한 결정 요인이 있어야 한다. 두 번째, 어떤 종류의 작인, 우리가 사물을 변화시키기 위해 개입할 특정화된 장소가 있어야 한다.

그럼에도 불구하고 《체계》는 (역사적) 운동의 결여로 고통받는다. 기호 체계는 어느 순간에 거의 완전한 상태로 나타났어야 하며, 무의식은 절대적이고 불변해야 하고, 이 조합에서 생산적인 사회가 선택한 형식은 전적으로 임의적으로 보인다. 《체계》에서는 심지어 여러 '인과적' 요인들의 조합조차도 오직 정태적인, 사회에 대한 기능주의적 시각만을 생산한다.

후속 텍스트들을 통해 최정점인 《상징적 교환》으로 누적되는 보드리야르의 상징으로의 이동은 《체계》에서 정신분석에 대한 그의 접근이 갖는 결함을 강조하게 된다.[5] 보드리야르의 정신분석학은 프로이트주의보다 더 교조적인데 객체들은 남근적(예를 들어 자동차)이거나 자궁uterine(그릇과 같은)과 연관된 것이며, 전체 기업은 무의식의 소유자인 남성 주체에 의존하고 있다. 이는 확고한 남근중심주의다. 이는 페티시즘 영역에서 보드리야르가 마주하는 문제들에서 가장 잘 묘사된다.[6] 보드리야르는 여성의 특정 신체 부분에 집중하는 성적 취향은 여성을 객체 또는 수집 대상으로 만든다고 언급한다(System, pp. 99~100; 141). 이 관계에서 누가 주체이고 누가 객체가 되는지는 물어보지 않아도 뻔하다. 후에 이것은 보드리야르가 우리에게 '어느 성별을 갖든 단편화된 투사에 저항한다'고 말할 때 확인된다(p. 101; 143). 여성은 결코 성을 소유한 주체였던 적이 없으며 그래서 이와 같은 탈성화de-sexualizing 작업에 저항할 수 없었던 반면 보드리야르에 따르면 남성은 페티시화되지 못한다. 이것은 보드리야르에게 있어서 뤼스 이리가레Luce Irigaray가 주장하는 것처럼 통합된 (남성)주체를 구성하는 남근중심주의의 일부라기보다는 전적으로 자연현상으로 여겨진다. 보드리야르는 페티시를 '성기penis와 동일'한 것으로 정의하는데(p. 101n; 143n)

이 역시 문제가 된다. '도착적 자기성애 체계perverse auto-erot-ic system'(p. 101; 142)의 만족을 위한 대상에 대해 이야기하고 있다면, 이것은 확실이 다른 '능동적 작인active agent'에 의해 위협받게 된다. 어쨌든 프로이트는 이 점에 대해 그다지 확신을 갖지 않았다: '신발 또는 슬리퍼는 여성 생식기의 (상응하는) 상징이다'(Freud, *Essentials of Psychoanalysis*, p. 299n).[7] 나는 임상적 의미에서 페티시즘에 대해 깊이 있게 다루고 싶지 않다. 왜냐하면 보드리야르의 후기 글들은 보다 흥미로운 형태인 정신이나 마나mana로 충만한 페티시를 재도입하기 때문이다. 페티시즘이라는 정신분석적 범주와 관련한 그의 문제는 이에 대한 그의 관점의 결함뿐만이 아니라 정신분석의 환원주의로부터 비롯된다.[8]

정신분석의 전문 용어와 주장들('진정성authenticity은 항상 아버지로부터 비롯된다'(*System*, p. 77; 108))은 크게 의심받지 않고 사용되지만 보드리야르는 무의식이, 아마도 결여와 죽음 때문에, 결여와 죽음을 중심으로 구조화된다는 관념으로 이동하기 시작한다. 이는 집합collection에 관한 분석에서 대개 명확하게 드러나며(pp. 85~106; 120~150) 집합이 완전하게 설계된 것이 아니라는 개념에 중점을 두고 있다. 여기서 사라진 용어는 죽음이다(p. 92; 130). 그리고 이는 보드리야르 작품의 다음 단계를 알리는 마지막 섹션('Towards a definition of consumption'(pp. 199~205; 275~283))에서도 명백하게 드러난다. 그곳에서 그는 소비자 사회가 결여에서 비롯된 우리의 내부적 갈등을 형식적으로(즉 외관상으로) 해결하는 방식임을 제안한다. 그것이 소비에 한계가 없는 이유이다(p. 204; 282). 이 명료한 해결책은 소외를 영구화하는 것이다. '사물의 체계'는 계층화된— 그러나 고정되지 않은 —부르주아 사회에 우리 스스로를 위치시키는 방법을 제공한다. 즉 실제 생산 구조와 실제 사회적 관계는 판독 불가능한 상태로 남겨둔 채, 코드는 투명성의 환영, 읽기 쉬운 사회적 관계의 환영을 생산한다(p. 196; 274). 늘 그러하듯 구조주의는 항목들의 구조적 관계로부터 전체로 출현하는 기호학을 추구하지만 결국 외부적인 합리화를 제공하는 것으로 끝난다.《소비의 사회》에서 보드리야르는 개체의 체계를 작동시키는 사회적 논리까지 그의 분석을 확장시킨다. 소비사회는 단순히 우리가 필요하지 않은 것을 소비하도록 강요받는 사회가 아니라, 오히려 '우리 사회가 말하는 방식'에 가깝다. 그리고 어떤 의미에서 유일한 소비의 객관적 현실은 소비라는 관념이다(*Consumer*, p. 192; 311~312). 우리가 소비하는 것은 '상품' 그 자체가 아니라 오히려 사회의 정상적 운영 논리로서의 소비 개념 전체를 소비하는 것이다. 보드리야르는 객체에 대한 개별적 관계를 타깃으로 삼으며 더 이상 구체적 유용성을 가진 특정한 객체와의 관계가 아닌 총체적 의미화에서 일련의 객체들에 대한 관계에 집중한다(p. 27; 20). 여기에서 사람은 '소비자'를 의미하며, 소비와 의미화 체계로부터 독립적으로 존재할 수 있는 욕구와 같은 것에 대한 주장을 약화시킨다. 문제가 되는 것은 개별 상품으로서의 '상품'이 아니라 체계다. 이는 이와 같은 상품의 개념이 독립적 의미를 갖고 있지 못하기 때문이며(비록 '상품 형태'는 상대적으로 가깝지만), 따라서 상품의 관념과 그 순환을 모두 허용하고 조절하는, 즉 '소비'를 재현하는 하는 기호 체계가 관건이 된다.

《체계》로부터의 연결은 《소비의 사회》에서 중요한 개념인 개인화personalization라는 개념을 통해 달성된다. 초기 작업에서 개인화는 미미한 차이를 지닌 생산물(즉 다른 색, 브랜드, 정교함의 수준 등)을 획득하는 것을 통해 이루어진다. 그런 다음 우리들은 개인으로서 식별된다(*System*, pp. 141~143; 198~199). 보드리야르는 이를 결론으로까지 확장하여 주체는 묵살되었고, '개인화된' 객체들을 통해 거짓으로 재구성되었으며(*Consumer*, p. 88; 125), 따라서 개인의 '특이성'은 상실되었다고(p. 88; 126) 말한다.[9] 이는 차별화 과정의 결과물이며 또한 보드리야르에게는 부분적으로 본질적인 사회적 사실로 예를 들어 그는 갤브레이스Galbraith가 이 점을 무시한다고 주장했다(p. 74; 102). 또한 이는 '생산력'에 의해 도입되는 부분적인 체계로 즉 개인적 특성이 아닌 개인주의에 대한 이데올로기다. 따라서 차별화에 대한 주된 추동은 자본주의에 부당하게 유입되었고, 보드리야르에게는 이미 사회의 창립적 예시로 암묵적으로 존재하는 심리적 경향이 있다.

'지식', '소유' 또는 '(고급) 문화'의 다양한 측면이나 양이 우리의 지위와 상대적 집단을 규정할 수 있도록 하는 기호들의 체계를 수립하는 것은 이 차별화에 대한 이유들의 조합이다(p. 54; 68). 보드리야르에게 소비사회란 가네Gane가 말한 것처럼 자기 통합된, 계급 차별화된 사회구조가 아니다(*Bestiary*, p. 70). 위계 질서는 지속될 수 있으며, 성장은 불평등을 지속하기 위한 체계의 기능이다(*Consumer*, p. 53; 67). 그러나 중요한 측면은 모든 것들이 구매 가능해질 때 발생하는 지각된 자유와 이동성의 존재이며(p. 61; 79~80), 차별화에는 끝이 없다는 점이다(p. 62; 81). 그룹의 구성원들은 특정한 물건의 소유가 주어진 계급의 특정 구성원으로 그들을 정의하게 될 것이라는 점을 인지할 수 있음(또는 인지하도록 유도됨)에도 불구하고 소비사회의 논리는 계급에 기반한 차이점을 절대 인정하지 않는다.

보드리야르는 이러한 차이, 평등, 자유 등에 대한 체계를 이데올로기적이라고 여겼다. 이것들은 '실제 생산관계'를 유지하기 위해 고안된 장치이다. 소비사회는 19세기의 자본주의가 사람들을 노동자로 해방시켰던 방식과 똑같이 사람들을 소비자로 자유롭게 만든다. 이는 보드리야르가 훈육 사회의 수단— 소비하도록 권고되면 노동이 반드시 뒤따른다—으로서 신용에 대해 말할 때 발전된다(pp. 81~83; 114~118). 또한 상점 창문의 진열(p. 166; 264), 판매(p. 164; 261)와 광고(*System*, pp. 164~196; 229~254)에 선물에 대한 이데올로기가 존재하는데, 이는 상품과 공존하는 체계의 의미화에 대한 완전하고 동등한 접근에 대한 환영을 제공한다.[10]

성 차이는 소비주의에서 중요하게 여겨지는데 여전히 광고 코드가 남성과 여성의 초창기 특성을 유지하고 있기 때문이다. 남성은 서로 경쟁하도록 장려받는 반면에 여성은 그들 스스로를 전시를 위한 객체로서 취급하도록 한다(*Consumer*, pp. 96~97; 140~141). 그럼에도 불구하고 이미 구성된 젠더 정체성의 접합은 보드리야르에게 지나치게 쉽게 받아들여지는 면이 있다. 그가 문화를 '소비'하는 여성 소비자들을 언급할 때 이러한 면이 부각되는데 '이러한 여성 소비자는 심지어 자신의 권리로 "소비"하는 것이 아닌 데도 말이다: 즉 이는 꾸밈 문화decorative culture다'(p. 98; 142). 보드리야르가 여성들을 소비주의 안에 위치시키는 방식이 틀린 것은 아니지만 이 주제에서 그의 주장은 보들레르Baudelaire를 반복하고 (100년 이상의 차이를 고려했을 때 지나치게 직설적인) 그러한 부호들 내에서 어떤 작인들 또한 거부한다(보들레르의 책《현대 생활의 화가The Painter of Modern Life》를 보라).

켈너는 보드리야르가 훨씬 더 명백한 마르크스의 틀을 사용한다는 점을 강조한다(*Baudrillard*, p. 14). 하지만 마르크스주의는 이미 내재적으로 문제가 되어가고 있었으며, 경제적인 것 또는 정치적인 것 너머 복합적인 결정에서 주변화되어갔다. 켈너는 보드리야르가 정식화한 '소비사회의 이데올로기', 풍요함의 이데올로기에 대한 주요한, 특히 경제적 측면의 풍부함을 무시하고 있으며, 이는 사회가 명백히 이룬 진보에 대한 비판을 불러온다. 반면 가네는 보드리야르가 소비주의에 매우 비판적이었다는 것을 보여주고자 한다.《소비의 사회》의 결론을 보면, 그는 우리가 소비사회에서 영혼을 잃고 소외로 이끄는 '악마와의 계약을 향해' 가고 있다고 주장한다(*Bestiary*, pp. 71~74). 보드리야르는 정반대로 더 이상 악마와의 계약은 우리가 개인을 '소외된 실체가 아닌 변화하는 차이, 사람의 관점에서 분석할 수 없는 새로운 과정'으로 보기 때문에 의미 있는 재현을 더 이상 제공하지 않는다고 썼다(*Consumer*, p. 193; 311).

소외와 초월은 사라지고, 비록 보드리야르는 이것을 긍정적으로 보지 않지만, '인간관계의 공백'(p. 196; 316) 또는 '잔악함atrocity'(p. 162; 258)으로 언급하면서, 그는 이를 일어난 과정으로서 대부분 수용하며, 회복 가능하고 바람직한 상태는 (예를 들어 이데올로기 비판에 근거한) 정확하고 명확한 정의보다는 양가성을 참조해야 할 것이라고 보는데 이 자체가 현대 (합리주의적) 사회의 속임수다. 그렇다면 과연 보드리야르에게 자본주의 소비사회의 과정 속에서 상실된 것, 가려진 것은 무엇인가?

《소비의 사회》를 마르크스주의로부터 벗어나게 만든 몇 가지 중요한 요소들이 있으며 이 요소들은 그의 후속 연구들에서 점점 중요해진다. 첫 번째 요소는 풍요 사회라는 개념이다. '부르주아 이론'과 마르크스주의 모두 사회는 진보했고 더 큰 부의 번영과 평등을 위해 진보를 이어갈 것이라는 개념을 지지했다(이것이 사회 '내부에서' 일어나든 아니면 '혁명의 기운'이 무르익은 국가의 결과로서든, 부 또는 프롤레타리아의 '인권'에 대한 인식을 통해서든 상관없다). 보드리야르는 평등과 불평등은 '민주주의 체계' 내에서 이데올로기적으로 결정된 차이라고 강조한다. 달리 표현하자면, 자본주의는 항상 작동 중이지만 이전에는 효율성이 낮았던 위계화 과정을 합리화하고 보편화한다. '자본주의 체계(그리고 생산 체계 일반)는 모든 측면에서 이를 합리화하고 일반화함으로써 기능적 기울어짐, 즉 불균형의 정점이었다'(*Consumer*, p. 53; 66).[11] 마찬가지로 권리는 '객관적 사회 진보'가 아니며(p. 58; 57), 단지 주어진 행동이 위협에 처했을 때 관여하는 기능과 같이 작동하는 것으로, 어떤 의미에서는 '권리'로 칭해지는 순간부터 권리는 더 이상 존재하지 않는다.

이는 마셜 살린스Marshall Sahlins가 이른바 현대 서구 사회의 '풍요abundance'에 대해 제기한 의문의 확장이다. 살린스의 개념은 바로 우리 사회는 결핍의 사회이며, 풍요가 아닌 부유함affluence의 사회라는 것이다. 예를 들어 수렵 채집 유형의 사회는 '객관적으로 빈곤'하지만 풍요를 경험한다. 이러한 사회에서는 자원을 독점하기는 불가능하며 어떤 수준이든 자연이 충분한 자원을 제공한다고 여겨진다. 자원이 통제되기 전에는 욕구는 범주로서 존재하지 않으며, 그리하여 우리는 '진짜' 욕구와 '거짓' 욕구에 대해 말할 수 없다(*Consumer*, pp. 125~126; 193~196). 욕구는 결여에 의해 생성되며, 따라서 무한한 존재이다. 충족이 없다면 욕구의 정의는 존재할 수 없다(p. 78; 108).

보드리야르는 정신분석에 대한 그의 개념의 주요한 재구성에서 성적 자유의 명백한 증가는 의미 영역이 아닌 단지 기호 영역에서 수립된다고 진술한다(p. 148; 233). 이전에 그가 남근적, 구순기적, 항문기적인 함축을 보았던 모든 곳에서, 지금 그는 '보드빌 프로이트주의Vaudeville Freudianism'를 비판한다(p. 149; 235, 저자 번역). 모든 사람은 무의식에 관한 '권리를 받았지만' 이 모든 것은 무의식 '자신'이 재생산한 상징의 존재에 의해 동어반복적 증거로 구성된다. 이 '상징들'은 정신분석에 의해 유도되며 정신분석을 작동시키는 기호들이다(p. 147; 233). 이것은 사실 상징적 기능을 옹호하고 '상징적 교환으로서 섹슈얼리티를 부정'하는 진정한 상징계에 대한 비난이다(p. 149; 237). 상징(보드리야르 판본)은 재현 속에서 얻어질 수 없는데, 그 이유는 '진정한 환상은 재현할 수 없기 때문이다. 만약 재현될 수 있다면, 그것은 참을 수 없는 것이다'(p. 148; 234).

우리가 정신분석의 결과로 부분적으로 얻은 것은 경제적 교환으로의 운동과 병행하는 (상징계에서 벗어난) 운동이다. 원시 사회는 상징에 관해 접근하지 못하지만, 상징의 행위자와 분리된, 고정된 가치가 아닌 교환의 양가성을 통해 상징에 거주한다. 이 상징적 차원의 상실은(의미적 상징으로 대체됨) 명백한 현실 세계와의 거리(이데올로기에 의해 지배되는, '현실 세계의 삶'과 순응의 세계)를 포함하면서 다른 어떤 것의 비용에 대현실 세계를 강조한다. 근데 아이러니하게도 이 승리로 인해 실재는 점점 더 현실의 모습을 잃어간다.

끊임없는 뉴스의 공세—실제 세계의 생산—은 소비의 결정적인 부분이다. 우리는 '실제 세계'에서 무슨 일이 일어나고 있는지 알아야 한다는 권고를 점점 더 많이 듣게 되는데 이는 미디어에서 나오는 구성물 자체다. 욕구, 권리, 교환과 같이 '실제 세계'는 현실성이 후퇴할 때 작용한다. '대중매체가 우리에게 전달하는 것은 현실이 아니라 실재의 어지러운 소용돌이다'(p. 34;

32). 사건은 미디어 형식에 갇혀 반복되어 따분한 것이 되고, '세계의 잔인한 외부성은 친밀하고 따뜻한 무언가가 된다'(p. 35; 34). 이는 뉴스/허구/광고의 순환이 방해하는 사건의 힘을 무효화하면서 정보의 평준화에 의해 도움을 받고 조장된다.[12] 마지막 조치로 현대 사회는 TV 뉴스를 경유한 실재의 소비 속에서 세계의 양가적이고 위험한 특성을 제거하는 데도 성공해왔다. 이것은 합리적인 서구 사회의 모든 과정이 관여한 과정, 즉 상징계의 상실로 이끄는 현실-화real-ization라고 보드리야르는 제안한다.

 '자연'을 '자연성'으로, 현실을 리얼리즘으로, 상징적 교환을 경제적/이성적 교환으로 전환시킨 본질적 도구는 모든 것을 객관화하고 성문화할 수 있게 만드는 기호의 체계다. 생산력과 결합된 이 체계는 보드리야르에게 서구 산업/합리적 사회를 정의하는 요소로서 간주되며 따라서 결론적으로 구조적 언어학과 또는 역사적 유물론에 기초한 분석의 덕으로 인식된다. 보드리야르가 이제 기호와 정치경제학, 그리고 그것에 기초한 사고체계의 공모에 대한 것으로 나아가면서 지금까지 긴장의 지점을 수용해온 것이 문제 틀로 변화하게 된다. 찰스 레빈Charles Levin은 보드리야르의 '구조주의에 대한 전유가… 사실상 객체를 파괴하는 공격 행위'('Introduction', p. 11)라고 쓰고 있으며, 보드리야르가 마르스크주의를 이용한 것 역시 똑같이 썼을 것이다.[13]

마르크스 논리를 해체하기

《기호의 정치경제학 비판》을 구성하는 몇몇 에세이들은《체계》와《소비의 사회》와 동시대적이며, 이 텍스트에서 확장된 공식을 반복하거나 리허설할 뿐이다. 제목에서 알 수 있듯이, '텍스트'의 구성 요소가 완전히 일치하지 않는 한 가장 중요한 관심사는 단 하나(또는 심지어 하나)라고 말할 수 있으며, 정치경제학 비판 ('부르주아'든 마르크스주의든)과 기호(구조주의 언어학의 기능 또는 분석 여부) 중 하나를 결합한 이론을 개발하는 것이고, 따라서 일반화된 정치경제학에 대하여 말할 수 있는 비판을 꾸며내는 것이다.

우리는 '페티시즘'의 문제화를 통해 이 비판으로 인도된다. 보드리야르는 이것이 게으른 용어가 되었고 일련의 신념이 거짓으로 간주되는 도덕적 함축도 포함하고 있다고 썼다(*For a Critique*, pp. 88~89; 95~96). 보드리야르에 따르면 페티시즘은 '일반화된 교환가치 체계'의 내재화이며, 보드리야르에게는 교환가치에서 벗어난 실제 상태를 전제한다. 객체가 기호의 체계에서 비롯된다고 가정하면 '소외된 주체'는 기표를 물신화하는 것이 아니라, 기의 또는 그와 같은 것이 참일 가능성을 물신화하는 것이다(p. 92; 100). 이것은 이데올로기의 영역, 즉 숨겨진 '실제 내용'의 가능성을 드러내고자 하는 코드의 확산이며, 마르크스주의가 희생양이 될 수 있고 실제로 빠지는 함정이다. 기호의 교환가치는 숨기거나 모호하게 하는 것이 아니라 사용가치를 유도

하며, '[그것의] 이데올로기적 기능을 위한 절대적 조건은 상징의 상실과 기호학적으로의 전이이다'(p. 98; 109).[14]이 조건은 나중에 암시될 뿐이지만, 보드리야르는 욕망이 우리로 하여금 그 불확실성을 제거하고 부호화하도록 강요했다고 제안하는 것 같다. '욕망은 "자유" 속이 아니라 규칙 속에서 이행의 소명이 있으며, 즉 가치 내용의 투명성이 아니라 가치 코드의 불투명성에서 성취된다'(p. 209; 264). 그렇다면 현대의 사물에 관한 기제는 기호의 사용가치를 가라앉히고자 정교하게 가공된 것처럼 보인다. 보드리야르의 시선으로는 모든 사회가 이 약화에 동참했으나 이에 관한 제약이 있었다는 명제가 있었다. 소외가 있다면 어느 정도는 우리가 이를 원했기 때문에 존재하는 것이다. 다시 말하자면 페티시즘은 '열등하거나 거짓된 인식'으로서 사용하는 것으로 문제 제기된다. 그럼에도 불구하고 보드리야르는 우리에게 어디서나 기호가 존재한다는 보편적인 페티시즘을 제공해주는 것으로 보인다. 결과적으로 기호 뒤에(혹은 내부에) 숨겨져 있는 실재에 대한 우리의 믿음은 '존재론적 페티시즘'으로 보드리야르의 시뮬라시옹을 향한 관점의 이동을 제안하는 방식을 통해 보여질 수 있다. 이 시기의 보드리야르의 글에서는 기호 체계의 도래 이전 기호가 어떠한 존재를 가졌는지에 관한 의문이 독자들에게 수면 위로 떠오른다. 이러한 의문점을 가지는 이유는 틀림없이 우리가 조정되지 않은 존재의 형식들을 잃었기 때문이다. 아마도 이도 마찬가지로 형식들의 '실재'가 접근하기 어려울 경우에만 가상되었다. 외부에서의 위치는 《기호의 정치경제학 비판》으로 인해 줄곧 압력을 받아왔으며 심지어 기호(기표/기의)와 상품(교환가치/사용가치)의 결합체간 양면성을 상정하는 한 공식으로 요약되기도 했으며, 이 양면성은 기호 교환에 의해 반대되기도 한다(p. 128; 152). 그러나 대응되는 경우가 발생하면 이 체계적 축소는 기호를 의미의 체계 내에 확고하게 배치시킨다. 어쩌면 기호 교환의 양면성은 항상 보완을 도입해왔는지도 모른다.

페티시즘 다음으로 보드리야르는 마르크스와 그의 계승자들에게서 발견되는 사용가치 개념에 대한 비평으로 시선을 옮긴다. 보드리야르는 마르크스에게 있어 사용가치는 기호가치와 분리가 가능하며, 상품은 보편화된 교환가치가 있든 없든 작업에 언제나 유용한 사물이라고 논한다(p. 130; 154). 반면 폴리Foley에 따르면, 마르크스에게 있어서 '상품 교환 없이도 일반적인 상품의 유용성은 사실상 자명하며 그리하여 사용자들과 생산자들에게 이는 눈에는 보이지 않는다'(Bottomore, *A Dictionary of Marxist Thought*, p. 505). 다른 말로 표현하자면 사용가치는 교환가치 없이는 무의미하며 이는 보드리야르가 인식할 수 있었던 명제다. 보드리야르는 그가 시작했어야 하는 지점, '유용성 그 자체는 추상적인 상품에 대한 대응과 같은 페티시화된 사회 관계다'라고 논하는 지점에서 지속한다(*For a Critique*, p. 131; 155). 그것은 (진정한 유용성에 대한 관념을 포함한) 사용가치를 구성하는 것으로 '구체적 목적지와 목적에 대한 거짓된 증거로 가려진 욕구 체계의 [추상화]을 통해 무시되어온 것이다'(ibid.).

교환가치가 '실제 노동'을 추출한다면, 유용성 그 자체는 등가의 체계화된 추상적 관념일 것이다. 이는 상품 페티시즘을 형성하는 요소들의 결합이다. 보드리야르는 우리가 마르크스의 입장에 동조했던 부분을 뒤집고 유용성이란 관념은 일반화 가능한 교환보다 앞선다고 해야 하며 그렇지 않는 한 교환가치는 상정될 수 없다고 주장한다. 그리하여 우리는 상품에 관한 한 순수한 사용에서 사용가치, 교환가치로 방향을 틀지 않았고 그러기는커녕, 페티시즘에 소재지를 두고 있는 것은 노동과 사용가치다. 마르크스의 견해로는 이는 '자연적 형식과는 별개인 사용가치나 유용한 객체, 그리고 "가치"' 와 대응되는 상품에 관한 분석의 잔여물이다(*Capital*, vol. I, p. 152). 다시 말하자면 '자연 형태'는 '객체로서의 존재'이다. 이 진실된 형식과 우리가 서로 취해야 할 진실된 관계는 오직 상품 기반 자본주의 세계가 소멸할 때 드러날 것이다(p. 173). 한편 사용가치가 마르크스주의자들이 외친 주장과 같이 오직 교환가치의 결과로 그친다면, ('상품들은 사용가치로 인식되기 전 가치로써 지각되어야 한다'(*Capital*, vol. I, p. 179)), 우리는 욕구의 해방에 대해 논할 수 없다(*For a Critique*, p. 139; 164). 보드리야르는 지금에서야 실제 욕구가 과거와 같이 불변하지 않는 소비사회의 출현으로 인해 우리가 '실질적 욕구'에 대한 이러한 관점을 지닐 수 있다는 주장의 비평에 서면을 통해 일종의 자격을 주었다. 최소한 이 명제에서는 마르크스가 옳았으나 그의 시대에서만 통했다는 것을 인정한다. 같은 방식으로 상품이 두 가지 조건에서 분석되어야 하는 것과 마찬가지로 기호도 마찬가지로 분석되어야 한다. 기호는 '실제' 구성 요소와 '가짜' 구성 요소의 페티시즘이라는 '2단계 페티시즘'을 겪었기 때문이다. 기표는 교환의 일반적 가치로 여겨지는 한편 기의는 실제 내용물로 남겨진다. 구조주의는 이를 의문시하나 의미화되어야 할 실제 외부 효과로서의 지시 대상을 구르게 할 뿐이다.[15]

보드리야르는 그가 취했던 기표와 정치경제 사이의 상동성을 증명해왔다. 그것들은 동일한 형태를 가지고 있으며, '일반 정치경제의 영역을 묘사하는 것'이 바로 이 형태다(p. 127; 149). 이 형태는 이데올로기가 두 개의 용어로 나뉘는 논리를 따르며 하나는 명백히 실제 단계로 창조해 그에 상응하는 것은 분명한 거짓으로 만든다. 이데올로기의 절차는 가능성을 줄이고 모든 '기호적 양면성'을 지우는 가치를 부과시키는 것과 일치한다(p. 149; 181). 심지어 다양하게 존재하는 기표를 가지고도 '등가성은 그야말로 다기능성으로 변모한다'(p. 150; 181). 양면성은 그럼에도 '등식을 해결할 것이다.' 양면성은 어떤 면에서는 보드리야르가 말하는 '자연성'이기도 하며 현실성이란 기호의 지편성이라고 우리는 귀띔 받는다. 기호는 실재를 포착하려 하지만 결코 그렇게 할 수 없으며, 그래서 참조 대상이 되는 '실재의 우회로'를 추구해야 한다(p. 154; 187). 자연적이지만, 유용한 의미에서 실제는 아니며, 의미 작용은 실재를 처리하는 것이 아니라 상징적인 것을 처리하는 것이며, 기호는 언제나 실정적(의미 전달)이지만 '상징은 [단지] 가치가 아니다. 그것은 상실, 가치의 해소이며,

기호의 실정성이다'(p. 161; 196).[16] 진짜는 기호의 시뮬라크럼이 며(p. 162; 198) 혁명에 대한 우리의 생각은 상징의 반환으로 전환되어야 한다. 기호 역시, 불태워야 한다(p. 163; 199).

보드리야르는 마르크스주의의 안정적 손아귀를 벗어나지만 여전히 상징계의 복원과 같은 급진성을 묘사한다. 이는 정해진 행동을 통해서가 아니라, 위험, 상실, 가치 체계에 대한 저항을 통해서이며, 여기서는 주이상스를 승화시키는 가치와는 반대로 주이상스가 근본적이다.[17] 이러한 움직임으로 일반 경제를 향한 급진적 재지향 속에서 성적 욕망의 만족을 포함하는 강렬한 소진consummation이 소비consumatiori를 대체한다:

성적 욕망의 만족을 포함하는 강렬한 소진[Consummation] (놀이, 선물, 순수한 손실로써 파괴, 상징적 호혜)은 코드를 공격하고 부서뜨리고 해체시킨다. 상징적 행위는 가치 코드(교환과 사용)의 파괴이지 객체 자체의 파괴는 아니다. 이 행위만이 오직 '구체적'이라고 할 수 있으며, 이는 그것만이 가치의 추상성을 깨뜨리고 위반하기 때문이다.(p. 135n; 161n)[18]

1968년 5월 상징계의 복원에 관한 몇몇 가능한 변종을 목격했으나 자주 상징적 행위라고 불리는 것을 가장한 것은 아니었다. 예를 들어 미디어 장악이 그러한데 이는 통신 회로가 그 형태에서 방해되지 않았기 때문이다. 이 경우엔 누가 메시지 송신자인지 여전히 분명했다(pp. 169~170; 208~209). 이것은 '매체가 메시지가 되는 경우'의 문제다. 이러한 뜻은 이데올로기를 전달하는 것이 아니라 형식이 이데올로기적인 것을 의미한다. TV에서 '상징적 행위'의 혼합은 스스로를 입증하는 것이 되었고 재현은 매체가 되었다(p. 174; 215). 그 이유는 상징적 행위는 소비사회의 교환가치 보급과 연루된 도구를 사용했기 때문이며, 결과적으로 상징적 면은 사라지게 되었다. 비록 보드리야르의 명제의 측면에서든, 나중에 그가 인지하는 사회적 변화를 불러올 만한 수단이라고 하기에는 약한 예시이나 1968년 5월의 진실된 상징적 행위는 그라피티, 길거리 만남, '즉각적 명문'과 같은 것이 있다(p. 176; 218).

마르크스와 마르크스주의적 분석은 보드리야르의 견해에 영향을 끼쳐왔으며 그는 마르크스 논리에 맞서 글을 쓰기보다는 구축하고 있다고 주장하기도 했다. 그럼에도 불구하고 마르크스주의에는 최종적이고 결정적인 장애물이 남아 있어 보드리야르가 '네오마르크스주의자'가 되는 것을 가로막는다. 마르크시즘의 문제에 대한 전조들은 이미 의심할 여지없는 공리의 본질에 대한 보드리야르의 비판을 통해 마르크스에게로 돌아갔다. 《생산의 거울》에서 이는 노동의 개념이 생산에 관한 문제화와 중첩되며 하나의 항목으로서 확장된다. 보드리야르에게 마르크스 명제나 마르크스주의자들의 생산 관련 분석에는 근본적인 결핍이 존재한다. 하나의 항목으로서 보편화되었기에 생산항목에서 오류가 발견된다면 마르크스 프로젝트 전체는 위태로워지며 과거부터 현재까지 그래왔다.

생산은 물질적 생산으로 여겨지기 시작했다: 이것이 마르크시즘이 연루되고 분석이 되는 지점이다. 경제적 자유는 '진짜' 자유와도 같다고 간주된다. 보드리야르는 이것이 '부르주아 경제학'과 무엇이 다르냐'고 묻는다(*Mirror*, pp. 17~18; 18~21). 《기호의 정치경제학 비판》에서 사용가치의 재개념화를 시행하는 보드리야르는 '자유'나 '변화를 위한 동력'이 될 경제적 물질 생산을 위해서는 역사가 정점에 도달할 때 해방되는 무언가, 즉 견고한 '쓸모 있는' 일로 여겨지는 무언가가 필요하다고 논한다. 노동력은 '견고한 노동에 추상적 사회 노동을 더한 결합체'이며(*Mirror*, p. 20; 23), 노동의 자유를 막는 것은 교환가치와 노동의 추상화이다. 그러나 보드리야르는 (범주로서의)일반화된 노동의 '유용성'이 교환가치에 선행해야 한다고 주장한다: 이어지는 내용에서 이 명제는 노동(객관적 범주로서)은 상품과는 별개라는 마르크스 명제와는 대조된다. 그러므로 보드리야르는 마르크스주의는 자본주의를 지속하게 하는 면에서는 '부르주아 경제학'과 별반 다를 게 없다고 논평한다. 무정부주의자들이 오랫동안 주장해왔던, 일은 우리를 해방시키지 않는다는 점이 그것이다.[19]

마르크스주의는 생산주의 형식 내 자본주의 운용 방식을 받아들이고 문화, 역사, 미래에 걸쳐 작동 방식을 전한다. 이 보편화에서 마르크스주의는 '체계의 이데올로기'란 단어를 널리 알린다(p. 31; 33). 이것은 단순히 '조야한' 마르크스주의인가? 보드리야르는 심지어 발전된 마르크스주의조차도 존재의 이유raison d'être로서 생산을 요구한다. 이 생산이 이루어낸 전부는 물질 생산 논리를 문화나 정신 속에 퍼뜨린 것이다. 그 외에 이 생산양식은 그저 실제의 물질 조건들을 위한 상부구조로서 부르주아 관념을 재생산하는 것에 그친다는 점을 시사하는 것일 수도 있다(pp. 32, 35~37; 34, 37~39). 역사라는 개념은 역사적이며, 생산은 상품이다(p. 47; 48). 한편으로 마르크스는 특정한 역사적 국면의 시기에는 작가로서 다른 식으로 기록할 수 없었다. 다른 한편으로는 보드리야르에게 개념화를 가능하게 한 것은 바로 마르크스의 표현이었다. 근본적으로 보드리야르의 말에 의하면 이론과 사물은 서로를 능가할 수 없었다. 그들은 '능가 불가한 반사성' 속에 나선형으로 움직인다(p. 29; 27).[20] 보드리야르가 언급한 이론은 아무 이론을 지칭하는 게 아니며 생산의 반사성에서의 객체의 곱절을 구성하는 이론의 기능을 가리키는 것이다.

자아는 이러한 관계 속에서 형성된다. 모든 주체들은 생산의 거울에서 개별마다 그들과의 관계를 드러내어 비추어야 한다. 거울 속 대상 인식을 통해 주체가 드러나는 라캉의 거울 단계의 광활한 사회적 형태에 우리는 배치된다(p. 12; 19). 주체를 정의하는 것은 생산이기에 주체는 그의 노동을 통해 생산되어야 하며 이후 인간은 그 스스로가 기의가 된다(ibid.). 그러므로 그는 교환과 사용, 형식과 내용 간의 회로의 한 부분으로서 고정 가능한 가치다. 보드리야르에 따르면 우리가 다른 사회가 살고 있는 상징적 교환의 무대의 개념을 보유하고 있지 않기에 이 모든 것은 우리가 자유를 추구하는 지점에 정확히 덫에 걸림을 암시한다. 이 암시는 방언과 무의식이 없던 원시사회에서의 생산과 생산 방식은 존재하지 않았기에 마르크스주의의 역사화된 개인을 생산하는 생산 방식의 진보의 역사 개념을 취소한다 (p. 49). 이것이 자명하다면 목적론적 진보로의 역사는 무효이며 결과적으로 마르크스식 '현대' 사회 역시 유효하지 않다.

이러한 이유로 자본주의 이전 사회, 비자본주의 사회의 작동은 비판으로서 우리 사회를 중심으로 해야 한다(ibid.). 사실 보편화는 자본주의적 이성주의뿐만 아니라 몇몇 종교 역시 추구해왔으며 서양 자본주의 사회의 유대교-기독교 계승은 인류와 자연의 심오한 대립을 상정한 첫 번째 주자였다. 인류는 이용하는 이로, 자연은 이용될 자원으로 말이다. 이는 다른 대부분의 종교에서 보이는 '마법같은 몰두'의 종말과 같다(p. 67; 63). 개인을 구원하는 건 일의 절차이며 특정히 명시된 수단으로서 성립된다(p. 68; 64). 계몽은 뒤를 따르고 자연에게 생명을 불어넣으며 최상의 지시 대상으로서 자연의 잠재력을 가져다주었다. 대상은 사물과 자연에서 벗어난다(p. 56; 54). 마르크스주의자들은 자연스러움, 자연, 욕구에 대한 반응인 생산, 욕구의 만족을 위해 자연이 소비되어야 하는 이러한 명제와 핵심들에 절대 의문을 제기하지 않았다(p. 59; 56).

마르크스주의[21]가 사회 발전의 목적론을 시도할 때 그것은 그 한계 내에서 실패하지 않을 수 없다. 우리가 들은 바에 의하면 원시사회는 생계 경제 사회다. 보드리야르에게 있어서 이는 도덕적 판단이지 경제적 판단은 아니며(즉 그들은 충분히 생산했다) 생산자, 등가성, 욕구 등을 고려하지 않고는 '체계'를 이해하지 않는다(pp. 81~82; 74~75). 마찬가지로 축제fêtes에서 '낭비'를 하지 않는다면 잉여를 남길 수 있다는 견해도 도덕적이다. 모든 상품들은 상호 교환 과정 중 하나의 부분을 담당하며 상징적 교환은 '사용'을 위해 '상품'을 차별화하지 않는다. 상징적 교환은 마법과 자연(그리고 그들 간의 교류)을 통해 일어난다. 마르크스주의는 원시사회에서도 상징을 부여하고 이성주의와 객관적 실재에 적용되는 영웅담이 삭제되는 측면을 일구어낸다.

보드리야르는 객관화된 노동에 도달해야 한다는 필요성이 '고대'의 다른 '노동'의 형태, 특히 노예와 장인의 모습에서 현실성을 잃어버린다고 주장한다. 노예는 그저 노동이 더해진 사람(타인이 소유한)이 아니라, 주인과의 상호적 관계의 일부로, 주인은 노예에 대해 일말의 책임과 의무를 가지고 있다(pp. 103~104; 94). 이 지점에서 보드리야르는 헤겔의 마르크스에 의해 명료화되고 성문화된 주인/노예 변증법으로 다시 돌아간다(The Phenomenology of Spirit, pp. 11~19 참조할 것). 그는 또한 바타유의 지배 자체가 공리 추구의 대상이 된다는 견해와도 가깝다 (Bataille, The Accursed Share, vol. 3 참조할 것).

장인이란 그저 그 자신의 노동력을 보유하고 있는 자에 그치는 것이 아니라 작업과 도구들과 불가분한 장인이란 형상을 가지고 있는 사회의 한 부분이다. 그는 투자하지 않으며, 그가 객체에 더하는 것은 소멸된다. '죽음, 손실, 부재는 주체의 박탈,

이러한 주체와 객체의 사라짐을 통해 교환의 운율 속에 새겨지게 된다'(*Mirror*, p. 110; 99). 이 관계에서 '환원할 수 없는 비경제적인 것'은 상징적인 것이며(p. 115; 103), 경제적 노동의 측면을 이상화함으로써 노동의 자유 이외에 자본주의 사회에서 제공되는 가능한 자유는 존재하지 않을 것이다. 경제적인 것의 우위성은 훈육과 통제의 다른 과정을 허용하고 숨기는 것이다. 정신분석학은 마르크스주의만큼이나 '체계'와 연루되어 있다. '욕망'에 기초한 정신분석학의 '법칙'은 상호성을 취소하고 대신 억압과 결정론적 무의식을 제시했다. 그런 다음 정신분석학에 의해 생산된 억압임에도 우리에게 그 억압을 극복하라고 권고한다.

보드리야르는 여전히 급진적이며 변화의 가능성을 제시하고자 한다. 내부의 모순을 들여다보는 것 대신에 우리는 코드의 외부에 주의를 기울여야 한다(p. 149; 134). 여기서의 코드는 단일한 객체가 아니라 이성적인 우리 사회의 의미화 체계인 코드의 과정이다. 보드리야르는 흑인은 코드로서의 '인종'에 의문을 가지고, 여성과 게이 해방은 코드로서의 '성'에 물음을 던진다고 주장한다(p. 151; 135). 이 코드를 다루어야만 실제로 구축된 '권리'가 가능해지는 것이며, 이것은 체계의 게임을 하는 특정한(그리고 가장 자연스러운 것으로 여겨지는) 권리에 대한 문제가 아니다. 보드리야르는 상부구조 요소들의 우선성(우리가 이러한 용어를 강조한다면)을 입증하기 위해 여전히 이민자로 취급받는 부유한 이민자들을 예시로 든다(p. 155; 136). 체계의 기능을 연루시키는 방식으로 체계를 공격하기 보다는 우리는 선을 넘어서고 여러모로 코드를 활용할 수 있다. 반란이 혁명을 대체한다. 이는 어떤 범주도 혁명 행위자의 역할을 채울 수 없기 때문이다(그럼에도 불구하고 보드리야르가 '주변적인 것the marginal'을 극찬할 때 염두해둔 대리인이 있다는 의혹이 있긴 하지만). 주변부는 체계에 위협을 가하지만 특정 요소는 회복될 수 있다(예를 들어 '반항적인' 음악의 (재)판매). 보드리야르는 이성의 기능을 허용하는 광기의 폐쇄에 대한 푸코의 주장을 인용한다(p. 151; 135). 또 다른 가능성은 평화롭거나 명백히 불필요한 폭력 행위로 이어지는 아노미다(*Consumer*, pp. 178~180; 286~288). 어떠한 급진적 행위이든 간에 상징적인 것에 재관여, 재참여하기 위해 코드 체계를 탈출해야 하며, 이는 관점에 따라 (목표 지향적) 전략이 불가능하거나 중복되게 만들 수 있다. 보드리야르의 '유토피아적 반란에 대한 생각은 '유토피아적 폭력은 축적되지 않으며 사라진다'라는 아이디어를 중심으로 하고 있다(*Mirror*, p. 186; 166).

마르크스가 글을 쓰는 기간에 그는 혁명을 지지하는 이러한 유형의 행동을 무시했음에도 보드리야르는 마르크스 시대의 반란의 예시를 제공하는 것으로 저주받은 시인poètes maudits, 기계 파괴자와 성적 반란을 인용한다(p. 178; 159). 보드리야르는 마르크스의 혁명에는 두 가지 버전이 있다고 주장한다. 1848년 이전에는, 언제나 가능했으며, 1848년 이후에는 조건이 맞아 떨어져야 했다. 달리 말하자면 1848년 이후 혁명이 일어난다면 조건이 맞은 것이고, 아니라면 조건은 잘못된 것이다. 훌륭한 동어반복이다. 우리는 '계급 투쟁의 현실'을 알게 될 때까지 기다려야 하며 그때까지 우리는 자신 속에서 분열되고 소외된다. 보드리야르는 누구든 언제든 행동할 수 있으며, '각 사람은 매 순간 완전히 거기에 존재한다'고 주장한다(p. 186; 166). 이 특이한 발언은 마르크스의 소외 개념에 맞서는 노정된 전략적 장치로 받아들여질 수도 있고, 단지 '나'가 분명히 단일 주체로서 현존한다는 인식일 수 있다. 그럼에도 불구하고 이는 보드리야르의 체계적인 반인간주의와 모순되는 단순한 정식화로 보인다.

보드리야르가 '파롤'[발화]을 추구하는 한, 즉 행위 내에서 불가분의 관계에 있는 사람과 불가분의 관계에 있기 때문에 코드화를 탈출하는 것은 보드리야르에게 있어서 반란Insurrection을 잠재적으로 급진적인 것으로 간주하도록 만든다. 그것은 물리적 발화 행위를 반드시 수반하지 않는 반면, 발화 행위의 자기 현존은 명백히 보드리야르에 의해 가치화된다(이 단계에서 상징적 교환은 항상 의사소통 내지 공동체와 결을 같이한다). 만약 '파롤'이 상징, 달리하자면 상징적 교환으로부터 비롯되었다면 그 물질은 어디에서 기원하는가? 교환 그 자체가 한계가 없다 할지언정 형식에는 항상 한계가 존재한다(고정된 가치로 끝나는 것은 불가능하다(p. 86; 79~80)). 우리가 기호 체계가 시작되기 이전에 보다 순수한 의미에서 상징적이라고 부르는 교환에 대해 이야기하고 있다면 상징적 교환은 대립물(가치)로부터 자유롭지 않을 것이다. 보드리야르의 관점에서 상징이란 것은 존재하지 않았으며 소멸과 동시에 형성되었다. 결과적으로 상징적인 것은 그것의 (영원한) 독창성을 파괴한다고 추정되는 체계에서 결코 벗어날 수 없을 것이다. 다시 말하면 그것의 출현에도 불구하고 상징은 유용한 탈출 수단을 제공해주지 않는다. 이것은 문제는 아니지만 어떤 '외부'의 지평의 표지가 된다. 우리가 '언제나 상실된' 상태의 측면이 가능한 혁명적 사용가치의 우위를 차지하도록 우리의 관점을 변화시킨다면, 우리는 상징적 교환에 분할 속의 관계로 접근할 수 있다. 이 관계는 이분법적 구분의 일부로서 외부가 아니며, 비장소이며, 따라서 중단될 수 있다. 《생산의 거울Mirror》에서 암묵적으로 권고하는 것은 '마르크스주의의 거울'을 깨뜨리고, 마르크스주의의 '권력'을 가로질러 우리의 분석과 가능성을 정의하려는 것을 중단해야 한다는 것이다. 그것은 마르크스주의 자체가 부여한 권력이자 보편화를 시도하는 권력이다. 우리의 비평이 이 조건 속에 계속 남아 있다면 우린 이를 넘어설 수 없다. 코드는 무시되어야 하며, 자체적으로 선언된 정당성을 무효화시켜야 한다. 모든 비평은 객체에 의해 제한될 수 있으며 그리고 마르크스주의에서 초월해 '더 큰' 급진성으로 '탈출하는' 것은 의심의 여지없이 정당성의 추구를 재구성하는 것이다. 마르크스주의의 '창조적 망각'을 받아들이는 것은 초기 보드리야르를 정치경제학, 마르크스주의 및 비판의 제한된 경제와는 반대로 좀 더 바타유적인 일반 경제를 향한 모색으로 재구성하는 것이다.

상징적 교환: 원초적 유토피아에서 되돌릴 수 있는 죽음까지

보드리야르는 바타유의 '저주받은 몫the accursed share'과 '일반 경제general economy' 개념으로부터 상징적 교환의 개념을 발전시켰다. 바타유의 아이디어는 모스Mauss의 선물 이론으로부터 차례차례 유래했다. 보르리야르는 이러한 정보들에 비판적인 태도를 취했으나, 내 판단으로는 여전히 정보에 의지하는 경향을 보였다. 켈너는 보드리야르는 인정하지 않는 부분이 있더라도 보드리야르의 (상징적 교환에 관한) 생각은 '바타유의 인류학을 상정하고 있다는 점'(*Baudrillard*, p. 45), 이 두 인물 사이(혹은 '영향력')의 평행선은 보드리야르의 외재적 인식을 넘어 확장된다는 점을 주목한다. 사실, 심지어 마르크스주의를 버리기 이전에도 바타유는 보드리야르의 글에서 상당 부분 영향을 주었다.

그런 경제에 관한 비판은 (우리 현대 시대에서 근본적이고 분리 가능한 부분이며 다른 역사적 시기와는 무관함) 모스의 반경제적 원칙으로 작동할 선물 관념에 힘을 불어준 바타유의 일반 경제 관념에 입각한 보드리야르의 시각에 반영되었으며, 현대의 경제 관념보다 더 넓은 시야로 보는 것을 추구하였다. 《증여론The Gift》에서 모스는 서양의 교환에 대한 아이디어는 제한되었으며 '아주 최근에 인간을 "경제적 동물"로 만든 것은 우리 서구 사회뿐이다'라고 주장한다(*The Gift*, p. 74). 포틀래치 경제의 전형적인 예시에서 말한 것처럼 우린 선물-경제gift-economies를 망각했다. 이것은 선물 증여의 적대적인 형태이며, 증여는 받을 의무와 함께 선물을 보답해야 할 의무를 창조한다. 이 반환된 선물은 첫 번째 선물보다도 더 크고 좋아야 하며, 이는 당신이 가지고 있는 물품의 파괴로도 확장될 수 있다. 이러한 체계에서 현대의 재산과 동등한 가치는 있을 수 없으며, 모든 교환은 종교적, 정치적, 의식적, 사회적 상호 작용의 맥락 속에서 이루어진다. 이들 중 어느 것도 아직 자율적인 존재를 갖추지 못했다.

　바타유는 이 우주의 근본적인 법칙은 진실thruth, 부wealth, 안전security이라기보다는 소모, 파괴, 죽음, 에로티시즘, 죄로 구성되어 있다고 주장하며 희생에 대한 이 이론을 확장시킨다. 여기에서 체계를 유지하기 위해서는 항상 '저주받은 몫'이 필연적이다. 바타유는 우리가 제한, 금지된 경제학의 경제를 넘어서는 이 소비의 '일반 경제'를 격려하는 방식으로 행동해야 한다고 믿었으나, 이를 깨닫기는 거의 불가능했다. 이는 역설적인 공상적 이상주의이며 또한 우리가 상징적 교환은 어떤 식으로 바라보아야 하는지의 방식에 대한 것이다.

　일찍이, 보드리야르는 점점 누적되고 늘어나는 (자본주의) 경제의 뒤에 감추어져 있는 이유와 반대되는 이 소비dépense에 관심을 두었으며 소비는 성장의 기능으로 간주되었다. 보드리야르는 사물들이 희생적 선물과 (혹은) 파괴로서 소비되는 (즉 모스식 포틀래치 형식으로) 바타유 버전의 소비/강렬한 소진consummation에 주목했다(la consummation, Consumer, p. 157; 249~250). 보드리야르는 생산적으로 사용되는 시간이 소요되는 노동 아니면 할당된 '여가 시간' 이 둘 중에 해당하는 현대의

'시간 소비'에 관한 견해를 반대한다(*Consumer*, p. 158; 250). 강렬한 소진은 자본주의가 확대됨에 따라 소비사회가 강조하는 용도(가치) 목적의 유용한 사용보다는 사물을 완전하게 소모하는 것을 수반한다. 사회가 생산 방식에 의해 정의된다는 생산자의 의견은 희생은 최저 단계에서 과잉하는 사물들로부터 유래한다는 견해를 가진다. 《기호의 정치경제학 비판》에서는 유용성과 사용가치는 위태로우며 희생/파괴와 축적 사이의 선행되는 질서는 뒤집어졌다고 말한다. 보드리야르는 초기에 거론된 여가 시간에 대한 주제와 이를 활용하라는 권고에 대해 파괴의 '가치'와 관련해 바타유를 참조한다(p. 77; 79). 그러나 바타유에 근거하자면 더 진실된 '가치'는 추출하려고 하기보다는 이러한 시간을 낭비하며 획득할 수 있다 (예를 들어 휴가를 보내지 않는 것처럼 말이다). '메타가치' 라는 기호와 경제 체계의 고정된 가치를 넘어선 실재 가치의 존재를 가정하기에 이 글에서 보여지는 바타유와 보드리야르 두 명의 가치 관념 둘 다 이상하기 마련이다. 관대한 독자는 이 새로운 가치는 측정 불가능함을 인정할 것이다. 대안으로 이 두 명의 철학자가 간절하게 탈출하고자 한 가치의 또 다른 질서에 그저 그친다는 점으로 다시 회귀했다고 전제될 수 있다.

더 나아가 가치가 이제는 파괴된 무언가로 묘사되었다는 것처럼 작품을 구매하는 것에 대해 논의할 때 보드리야르는 더욱 더 바타유에 대한 참조를 발전시킨다. 특히 경매에서 가치는 단일하며 사치 규제적 소비에 발 묶여 있다. 그 이유는 그림이 비용과 가치가 동일해서가 아니며, 심지어 그림이 예술적 가치 측면에서 소유하기에 적절해서도 아니다(*For a Critique*, p. 117; 135). 이는 거래에서 연루된 돈의 경제적 가치의 붕괴와 (어떻게 가치가 결정되는가? 어떻게 팔린 그림, 즉 물체와 걸맞게 가치가 만들어지고 유지되는가?) 경제적 교환에 의해 중재됨에 따라 그림의 상징적 효과(예술가와 관람가 사이의 소통의 간격)가 소멸되는 현상으로 인해서다. 다소 가치 파괴가 우리가 구속되어 있는 가치 체계를 벗어난다 할지라도 오직 체계 그 자체만이 이제는 스스로를 회복하는 유일한 존재다. 또한 보드리야르가 가정된 실제 가치를 넘어선 시장 (교환) 가치에 대한 비평 그 너머로 변화를 꾀한다는 사실에 주목하자. 미술품은 실제 가치가 없다고 전제하며, 돈 그 자체는 예술과 접촉하면 가치를 잃게 되며 형식으로서 상품은 곱절로 실패하게 되는 것이다.

보드리야르가 마르크스에 대한 비판을 발전시킬 때, 바타유에 대한 암시적 중요성은 종종 증대된다. 바타유는 기호 또는 자본의 고정된 경제에 저항하는 열쇠다. '바타유에게 희생적 경제나 상징적 교환은 정치경제와 그 비판에서 제외되며 이것은 단지 실현된 형태에 불과하다(*For a Critique*, p. 43; 42). 보드리야르가 바타유의 '저주받은 몫'인 모스의 고의적인 보편화에 관해 비판하지 않은 것은 그가 바타유식 반경제학을 근본적으로 수용했다는 것을 보여준다. 그는 바타유가 모스를 "'자연화"'했다고 주장하지만 그것은 실제로 혼동이 아닌, 정말 대단한 형이상학적인 나선을 따르고 있다고 주장한다'(*When Bataille attacked*, p.

61; 5). 따라서 그는 이론 그 자체만큼이나 바타유의 접근 방식을 승인한다. 이 접근 방식은 또한 이론으로서 상징적 교환에 관련하여 필수적인 '난제'le défi의 급진적 가능성에 대한 보드리야르의 관심에 신호를 보낸다.[22]

보드리야르의 상징적인 것의 개념은 《기호의 정치경제학 비판》의 과정에서 항상 명확하지는 않지만 점진적으로 형성된다. 기호 체계에서 벗어난 이 새 명제는 보드리야르에게는 상징의 유일한 형식으로 여겨지는 상징적 교환으로 우리를 이끈다. 이 책에서 줄곧 나오는 상징적 교환은 기표와 기의의 관계, 사용가치와 교환가치의 관계로부터 배제된다. 그것은 양가성으로 인해 가치로부터 제외된다(pp. 98~101; 109~112). 이 단계에서 개념은 보드리야르에 의해 거의 발전하지 못했으나 기호 체계의 기능과 전체화 과정에서 잃어버린 무언가를 나타내기 위해 고도의 동어반복 장치로 작동했다(pp. 98; 109; 160~161, 196). 대개 이 부분에서 보드리야르는 상징적인 것을 언급하며, 마지막까지 이를 상징적 교환의 의미로 강화시키기에 이르렀다(pp. 207~209; 261~263). 앞서 내가 주목했던 것과 같이 보드리야르에게 있어서 이 상징은 '가치가 아니다. 그것은 상실, 가치에 대한 (해)답, 기호의 실정성이다'(p. 161; 196). 이 진술은 아마도 '차이'의 형태로서 기능하는 상징적 교환의 가장 중요한 '정식'일 것이다. 이것은 항상 언제나 이미 구성되어 있다면, 대타자 너머에 존재하고 특권적인 대타자를 구성한다. 보드리야르는 라캉식 상징과 그의 구상을 극명하게 차별한다. 보드리야르에게는 라캉식은 법의 부설로 나타난다고 여긴 반면, 상징을 파괴하는 것은 법과 억압이다(*For a Critique*, pp. 161~162, 196~198, 또한 *Mirror*, p. 61; 65). 상징계는 단순히 억압만 받는 것이 아닌데 그 이유는 이는 억압받은 것들처럼 '부정'의 의미를 지닐지라도 가치로서 회복을 의미하기 때문이다.

보드리야르는 상징적인 것이 어디에서 왔는지 명확히 밝히지 않았으며, 어떤 의미에서는《기호의 정치경제학 비판》안에서 참조점으로서 현실과 반대되는, 실제 현실로서 보드리야르가 대체하려고 엄청난 노력을 했던 그 참조점을 대체하면서 끝난다.[23] 상징의 자리를 대신 꿰찬 것은 이 현실에 관한 후자의 형식이었으며, 현실은 '상징적인 것의 시뮬라크럼 이외의 어떤 것도 아니다'(*For a Critique*, p. 162; 198). 실재는 보드리야르에 의해 정화되고 통제된 상징적인 것의 재창조로 보여지며, 이는 근본적으로 이산값(기저에 존재/비존재와 관련한 이항대립)이 더 이상 지배하지 않는 단계를 의미하는 것처럼 보인다.

상징적 교환에서 주체는 위태롭고 (*For a Critique*, p. 208; 263), 객체는 아무것도 아닌 존재가 된다(p. 212; 267). 이로써 대상은 무효화되고 주체는 더이상 별개의 것이 아니게 되며, 차이 속에서 결합되어 분리되지 않는다. 보드리야르는 명백히 문화가 이러한 상징들 속에서 (상징적 교환을 제작하는 의식들 포함) 서식한다고 믿는 것으로 보인다. 이러한 상징들이란 전체적 기호화의 담당 기관과 마찬가지로 강제적으로 추방당하는데, 이는 언어의 시작으로 간주될 수 있으며 또한 자본주의와 기호화가 모든 것에 가치를 매기는 것에 연루되었던 때 보드리야르가 암시하고자 한 전제로 생각될 수 있다.

《생산의 거울Mirror》에서 보드리야르는 상징적인 것을 계속해서 발전시키지만 그 정확한 성격은 여전히 불분명하다. 점점 더 분명해지는 것은 이 불확실성이 상징적 교환의 본질 때문에 생기는 것임을 알 수 있다. 양가성과 가치(들)의 혼란으로 인해 이러한 교환은 명확하게 정의될 수 없고 그 힘을 유지할 수 없다. 그러나 보드리야르는 '상징적 순환은 원시적이다'(p. 79; 86)라는 근사적approximate 독창성을 상징적 교환에 부여했으며, 혁명적인 것으로 남겨두려면 우리는 이 상징적 관계를 추구해야 한다고 주장한다.[24]

다시 한번, 보드리야르는 '상징적인 것은 심리적인 것과 결과 혼동되어서는 안된다'고 강조한다(p. 102; 114). 왜냐하면 그것은 '환원 불가능하게' 비경제적이기 때문이다(p. 103; 115). 즉, 그것은 가치 체계 내에서는 유지될 수 없으며 게다가 개인은 생산이 지배적인 체계(현대 서구 사회) 내에서만 자율적인 생산자/생산물로 존재할 수 있다. 그러나 그러한 체계 내에서 상징적인 차원은 여성, 흑인과 같은 집단의 강요된 코드화의 거부 및 반란 행위를 통해 다시 나타날 수 있다(*Mirror*, p. 139; 156). 보드리야르는 이러한 유형의 행동이 증가하고 있다고 본다(1968년을 기점으로 이후의 글에서). 이는 범주화와 표준화가 증가함에 따라 상실된 상징에 대한 수요가 증가한 데서 비롯된다. 아마도 보드리야르는 이 단계에서 보이는 것만큼 극단적이거나 단순하게 유토피아적이지 않다는 점을 다시 언급할 필요가 있다. 상징적 교환이 표준이 되는 자비롭고 통일된 사회를 예고하는 '상징적' 인 폭력 행위의 증가 과정(예를 들어 스펙터클의 관점에서)의 기미는 없다. '[이] 유토피아의 폭력이 축적되지 않고 사라지는 것'과 같이 말이다(p. 166; 186). 그것은 희생적인 것이지 유익하지 않다. 그럼에도 불구하고 여전히 일말의 가능성이 남아 있으며, 다소 삐딱하긴 하나 보드리야르가 조직화된 정치적 반란을 비우기 위해 기울인 노력을 고려했을 때, 이것은 노동자 계급과 같은 전통적으로 특권을 누린 집단에 한정되지 않는 한 정치적 행위의 형태를 취할 수 있다.

충분히 모호하지 않은 이 반초월적인 상징적인 것의 형태는 가능한 한 보다 진정한 현실로서 《상징적 교환》에서 대체로 제거되며, 여기서 상징적 교환은 결국 회복할 수 없는 덧없는 순간으로 변한다. 상징적 교환은 순간으로 남으나 항상 배제의 원초적 순간을 반복한다. 존재/부재, 주체/객체 등의 붕괴는 죽음을 중심으로 다루어지며 이에 대한 거부는 코드(의미화)를 설치했다는 의미로 보여진다. 지금까지의 보드리야르에게 상징적 교환은 자본주의와 마르크스주의적 비판에서 벗어나 이상화된 타자로 잠복하면서 대체로 공식화되지 않은 채로 남아 있었다. 그러나 《상징적 교환》과 관련해 바타유의 선물에 대한 재구성을 따르는 답례counter-gift의 발전은 더 일관성 있는 (그러나 여전히 분산된) 이론화를 시작한다. 우선, 태양은 생명의 원천 그리고 선물의 본보기로 제시된다. '태양 에너지는 생명의 풍부한 발전의 원천이다. 우리의 부의 기원과 본질은 아무런 대가 없이 에너지(부)를 분배하는 태양의 방출에 주어진다 태양은 보답 없이 베푼다'(The Accursed Share, p. 28). 두 번째로 개인은 선물의 우선권을 인정하도록 요구된다:

한편으로 우리는 우리가 보통 머물고 있는 좁은 한계를 넘어설 필요가 있으며, 다른 한편으로 어떻게든 한계의 넘어섬을 다시 우리의 한계 내로 가져와야 한다… 선물 증여는 선물하는 주체를 능가하는 미덕을 갖지만, 받은 물건과의 교환으로 인해 주체는 그 초과를 전유한다.(The Accursed Share, p. 69)

그것은 우리의 더러운 기원을 전면에 내세워 초월성을 암시하는 것은 아니다. '생명은 부패의 산물이다'(The Accursed Share, vol. 2, p. 63). 이를 우리는 점점 무시하려 한다. 낭비는 바타유의 선물 증여 버전의 중요한 부분이다. 태양을 움직이는 것은 자비가 아니라 낭비이며 그것의 필요성이다. 바타유에게 희생이란 소비에 기반한 이러한 '일반 경제'에 대한 인간의 반응으로 선물 증여와 낭비를 가져온다. 완전히 정식화된 상징적 교환의 판본은 바타유의 일반 경제를 확장시키며, 상징이 자본주의 내에서 평범하게 생산되는 모든 가치들과 반대되어야 한다는 것을 고려하면 《기호의 정치경제학 비판》과 《생산의 거울》에서 제공된 다소 쉬운 대답으로부터 자신의 상징을 멀어지게 만든다. 여기서 켈너에 따르면 '비생식적non-reproductive으로 "맥동하는pulsating" 섹스, 노출증, 비공리주의적 낭비 및 불필요한 폭력은 "상징적 교환"의 패러다임으로 작용한다'(Kellner, *Baudrillard*, p. 45).

보드리야르는 상징적 교환의 과정을 일반 경제의 작용으로 귀속시킨다. 답례(포틀래치 형식 내에서 더 비싼 값을 지불하는out-bidding 과정으로부터 온)는 '사실상 일종의 최대 과잉으로서 죽음을 함축하는 단일하고 상징적인 과정'이다(*When Bataille attacked*, p. 61; 5).[25] 앞에서 언급한 바와 같이 보드리야르는 선물의 자연화를 경계를 경계했지만(그래서 그는 보답을 우세한 원칙으로 삼는다), 그는 사실상 바타유의 선물 개념의 사용과 거의 다르지 않다. 보드리야르는 죽음을 정의하고 조직하는 (비)중심인 가역성을 통해 답례를 발전시킨다(*Symbolic Exchange*, p. 2; 8).

새로운 자본 과잉

자본의 성공은 그것을 실재로부터 제거했고 그 결과 '실재는 죽음을 맞이했다'(*Symbolic Exchange*, p. 7; 19). 보드리야르에 따르면 자본주의는 (고정된 속성 및/또는 귀속성으로서) 가치를 확산시키는 방식에서 오랫동안 지배적이었지만(p. 10; 23), 마침내 테스트 가능한 실제가 아니라 가치가 교환되는 '가치의 구조적 형태'(p. 8; 20)를 가져오는 데 성공했다. 그러므로 가치의 신격화, 그것의 완전한 총체화는 진정한 범주로서 가치의 소멸이다.[26] 자본 해방은 기계 형태의 '죽은 노동'의 증가와 연결되는데, 이 역시 노동을 해방시킨다(그리고 노동의 최종적 죽음을 구성한다).

노동은 현재 자본의 반대편이 아니며 자본에 얽혀 있다(p. 35; 61). 급여는 더 이상 노동의 잉여가치(자본이 보는 것과 같은)나 노동의 비용을 포함한 잉여가치(마르크스가 정의한 것과 같은)를 대표하는 것으로 보이지 않는다. 대신 급여는 이제 당신에게 시민권을 부여하는 (또한 소비를 허용하는) '성체sacrament'다(p. 19; 37). 이제 노동은 그 자체를 의미하며(p. 11; 25), '비생산적 노동'도 체계에 포함된다(복지 국가의 비용 지불과 같이). '경제'와 '성장'은 '현대 자본의 목표'이자 사회를 위한 '선'인 반면에 노동은 그 자체로 목적이다. 그러므로 보드리야르는 고전파 정치경제학(마르크스주의 버전을 포함)이 더 이상 존속되지 않는다고 주장한다. 켈너는 어느 정도 이는 사실일 수 있지만 물질(유물론)적 우선성의 종말에 대한 보드리야르의 주장은 그의 '기호의 페티시즘'의 사례이며(*Baudrillard*, p. 107), 비평은 물론 역전될 수 있다고 주장한다: 마르크스의 '물질적 페티시즘'은 어떠한가? 어느 정도, 보드리야르는 아마도 자본의 지배에 대하여 이의를 제기하지 않을 것이다. 그러나 그에게 있어서 이 '지배'는 켈너 Kellner의 견해와는 형태상 크게 다르다. 보드리야르는 자본주의는 더 이상 '자본가'들의 소유가 아니며 개념적 화폐의 세계에서 고도로 불안정해지는 용어라고 주장한다. 여기서 기술화의 증가는 노동력이 이중적으로 억압받는 것이 아니라, 자본의 '유지'의 관점이든 '프롤레타리아 계급의 혁명'의 관점이든 (이 마지막 요점이 보드리야르를 에르네스트 만델Ernest Mandel의 '후기 자본주의'와 구분 짓는다) 점점 더 무의미해진다는 것이다.

보드리야르의 문제 틀은 성격이 다르다. 이는 초기 자본과 노동의 상황에서 기인한다. 노동은 이제는 자본가가 만들어낸 선물이다. '사실상 노동자는 고용주에게 자본을 기부하고 보답으로 자본가는 노동자에게 노동을 제공하는 것처럼 보인다. 선물을 시작하는 것은 자본가의 권력에 달려 있다'(Gane, *Bestiary*, pp. 89~90). 이것은 보드리야르에 의해서 자본의 초기 기능으로 돌아가는데, 자본이 현실을 대표하기 위해 가치를 분리시키고 기능적 노동력을 창출하는 데 있어서 '체계가 상징적 폭력에 의해 살아남는다'와 같은 돌이킬 수 없는 선물 제공을 시도하고 대체로 크게 성공한다(*Symbolic Exchange*, p. 36; 62). 여기서 상징적 폭력은 '도전, 반전, 그리고 오버비딩이 법이 되는', 선물/보답의 상징적 교환을 깨뜨리는 것으로 보인다(p. 36; 63). 상징적 폭력은 상징적 교환을 막아서는 시도이며 일방적인 선물의 시도로 이는 변경할 수 없고 피할 수 없는 체계의 강제로 답변할 수 없는 것이다. 그에 따라 반란, 반대, 임금이나 조건에 관한 요구가 이러한 시도의 논리를 따르게 되면 동화될 수 있게 된다. 예를 들어 마르크스식 혁명적 수사법은 그것이 반대한다고 주장하는 생산/자본의 범주내에 획득될 수 있는 가능한 변화를 제한한다. 상징적 폭력은 코드, 체계 등을 개시하고 이를 위한 자원으로 남는다. 보드리야르는 유일한 가능성 있는 반란으로 '보답'을 강조한다. 이것은 답할 수 없는 선물(노동자들을 천천히 죽음으로 이끄는 노동)을 되돌리려는 시도이며, 실제로 답할 수 없는 죽음의 선물 그 자체의 선물에 의해서만 좌절될 수 있는 선물이다. 그러면 죽음이나 자살 위협은 축적에서의 생산의 일방적인 '관용'을 위협한다.[27] 이 위험 역시 상징적 폭력이 될 수 있다. 그것은 체계를 공격하지는 않으나 그것을 개시한 프로세스와 따라서 비존재의 가능성 또한 소환한다. 모스와 바타유를 미묘하게 재구성하면서 보드리야르는 '선물'이 우리의 신화이고 타자는 가치를 나타내는 반면, 상징적 교환은 보답(이미 암시된 가역성으로)으로 기능한다고 경고한다.

> 선물은 우리의 신화, 즉 우리의 유물론적 신화와 연관된 이상주의적 신화이며 동시에 우리는 원시적인 것을 두 신화 밑에 묻어둔다. 원시적 상징 과정은 선물의 사례gratuity 대하여 아는 바가 없으며 아는 것은 오직 도전과 교환의 가역성이다. 원시인들은… 계약상의 의미가 아니라 교환과정이 필연적으로 되돌릴 수 있다는 의미에서 아무것도 보답 없이는 존재하지 않음을 알고 있다.(pp. 48~49n; 63n)

상징적 교환이 이루어지는 사회는 보다 고도로 정의된 주체-수여자로서 대상을 교환하는 사업을 하기 보다는 그 사회 안에 존재한다(데리다가 하이데거 이후 《주어진 시간Given Time》에서 주장한 바와 같이). 보드리야르는 오직 우리(자본주의 서구)만이 통제 가능한 대상의 병행 교환으로서 경제적 교환과 선물의 이중적 가치를 추구하며, '원시' 사회는 우리가 '인식'하는 교환의 어떤 형태에도 속하지 않는다고 주장한다. 상징적 폭력은 완전히 선물에 관한 행위를 멈추는 것이 아니라 이를 예외로 묶어 선물이 발생하는 시점을 정의 내리고, 그 과정에서 대부분의 '선물-경제'를 제거한다.

보드리야르의 말에 의하면 이 되돌릴 수 없는 선물을 얻으려는 시도는 체계의 '반대'가 아니라, 배제하고자 하는 급진적 타자성을 통해서만 반대될 수 있다. 예를 들어 노동 계급은 (자본주의) 생산 수단의 소유자들과 상반되지만, 이는 체계에 대한 의미 있는 반대의 기회를 제한한다. '룸펜 프롤레타리아 계급'을 제외하고 계급으로 조직하는 것은 단지 자본의 작업을 수행하는 것일 뿐이다. 보드리야르는 상징적 교환에 접근하는 행위에 관한 다음 예시들을 제시한다. 이는 자본가로부터 고정된 이익을 얻거나 인질들을 잡는 것을 목적으로 하지 않는 자의적인 파업, 심지어 도전 자체를 인정하는 것 외에는 아무것도 요구하지 않을 정도의 비교할 수 없는 교환을 주장하는 자의적인 파업이다. 궁극적으로 보드리야르는 도전défi 또는 보답이 죽음의 형태로 이루어져야 한다고 제안한다. '사람이 노동력이 되려면 죽어야 하는' 것처럼 오직 죽음의 희생 속에서만 서서히 주어지는 죽음, 즉 노동이 중단되거나 무효화될 수 있기 때문이다(*Symbolic Exchange*, p. 39; 67). 이는 경쟁 당사자에게는 실제 (생물학적) 죽음으로 보여지며, 죽음은 더 이상 지배되는 것 혹은 체계 밖에 존재하는 것으로 여겨지지 않음에 따라 시간을 엄수하는 방식으로 체계에 죽음을 안겨준다. 즉 그것은 다시 한번 침입한다.

그러면 죽음은 총체화된 자본/가치 체계에 가역성 아니면 파열을 불러올 수 있다.[28] 왜냐하면 이는 가치의 속성이며 이항적 대립을 이루는 통합된 논리를 설립하기 위해 시스템에 의해 제명당해왔기 때문이다. 죽음은 가역성을 긍정적 요소로 구성한 (p. 126; 195) '상징적 교환을 차단하는 차별을 설립하고 죽음의 부존재는 홀로 가치 교환과 등가성의 작용을 허용한다'(p. 154; 236). 보드리야르에게는 자본이 본질적으로 상징을 차단한 것이며 자본주의 내 정치경제를 대응하고자 하는 시도는 현재의 잃어버린 가능한 대안책 측면을 드러낸다 (설령 이 대안책은 얻을 수 없을지라 하더라도). 보드리야르는 상징적 교환 내에 있었던, 현재도 서식하는, 죽음을 배척하기보다는 포용하는 사회를 들여다보기 위해 자본의 세계를 남겨둔다. 시작은 상징적 죽음의 형식을 착수하며 여전히 산 자들 사이에 남은 죽은 이들의 영역을 수용하며 그 안으로 뛰어드는 그러한 것이다:

> 그들은 주고받는 죽음으로 넘어간다. 따라서 그것은 사회적 교환에서 가역적이며, 교환에 쉽게 녹아들 수 있다. 동시에 탄생과 죽음의 대비는 사라지고, 이 두 개념 역시 상징의 가역성의 형태로 교환될 수 있다.(p. 132; 203)

상징적 죽음이란 용어는 가치 체계 외부에서 죽음이 취하는 이중의 (다중의) 특성을 전달한다. 어느 한 수준에서 상징적 죽음은 보드리야르가 대부분 능가한 '상징적' 사용을 보여주며,

특정 사건이 다른 사건을 대신한다. 그러나 보드리야르의 상징은 (다소 동어반복적으로) 스며들어 있다. 그러므로 죽음을 '가장'하는 것 외에도, 우리가 실제 죽음으로 여기는 것 역시 작용하고 있는데, 이는 보드리야르에 의하면 현대 서구 문화가 특히 삶과 죽음을 분리시키는 것과 동일한 방식으로 분리되지 않기 때문이다. 시작은 이 두 개의 측면을 모두 실행하며, 동시에 죽음의 가역성을 나타낸다. 한편으로 그는 죽은 자들과 함께 있었고, 지금은 돌아왔다. 다른 한편으로 이것은 죽은 자들이 접근할 수 있다는 것을 의미하며, (성인의) 삶을 시작하는 데 있어 중요한 역할을 맡는다는 것을 의미한다. 보드리야르는 우리가 상징적인 것에서 불멸의 약속을 제거한다는 점을 정확히 기술하는데 이 것은 죽음의 배제 그리고 이번 생에서 쌓이고 지연되는 욕구는 다음 생에서 또한 얻게 된다는 것으로 이끈다(p. 129; 199). 우리는 죽음과 서로 교환하지 않기에 죽음은 우리를 괴롭히는 것이 된다. 프로이트의 '죽음 충동'이라는 극단적인 판본에 대해 보드리야르는 이것이 죽음의 배제 문제에 접근하는 것으로 본다. 프로이트는 바타유까지 가지 않았지만, 보드리야르는 '죽음 충동'에 대한 이론은 여전히 우리가 배제된 것으로서 죽음을 경험한다는 것을 의미한다고 주장한다. 죽음 충동은 '죽음의 합리화'대한 (아마도 궁극적인) 표현이며 이는 '죽음 충동이 체계이자 동시에 체계의 이중성이라는 것'을 나타낸다(p. 152; 203). 보드리야르가 배제의 합리적 논리로부터 벗어나 죽음의 역할을 표현하는 데 있어 가장 근접했다고 보는 사람은 바타유다. 이 시점에서 보드리야르가 바타유를 명백히 언급하는 것만으로도 솔직하지 않은 것인데 이는 그가 이미 일반 경제의 개념 내에서 움직이고 있기 때문이다. 바타유에게 있어서 우리는 항상 죽음, 자연, 부패, 자아 상실에 대한 우리의 저항으로 정의되지만, 그것들을 완전히 거부하기 보다는 접근하는 것이 어떤 면에서는 우리의 의무이다. 만일 현대의 합리적 사회와 마찬가지로 우리도 그렇게 한다면, '죽음은 그 [실제 세계]에 억제된 상태로 존재하지만, 그것을 가득 채운다'(Bataille, *The Accursed Share*, vo. 3, p. 220).

보드리야르에 따르면 바타유에게 있어서 '죽음은 과잉, 양가성, 선물, 희생이자 절정paroxysm'(*Symbolic Exchange*, p. 154; 237)로 에로티시즘의 '참여자들'과 절대 분리 불가능한 것이다. 죽음은 '친밀함' 속에서 주체와 객체의 상실을 표현하는 또 다른 표현이다. 바타유에게 죽음은 일종의 '너머beyond'이지만, 우리가 (현재의) 존재로서 경험하는 것 이전 너머의 것이다. 서구는 배제된 것으로서의 죽음과 이 배제(예를 들어 헤겔이나 하이데거가 제시한 예에서 볼 수 있듯이)를 기반으로 한 의식을 가지고 있다. 주체는 죽음의 배제와 그것을 '설명하는' 신화에서 비롯된다(*Symbolic Exchange*, p. 159; 244). 생물학적 죽음과 '타자'에 대한 강조와 함께 신체는 죽음의 장소이며 따라서 영혼과는 구별될 수 있다. 생물학적 죽음은 오직 상징적 죽음 이후에만 (역사적으로 그리고 개념적으로) 나타난다. 우리의 유일한 신화는 과학의 신화이다. '생명 활동은 죽음을 잉태하고, 그 안에서 형태를 이루고 있는 신체는 죽음을 잉태하고 있다'(p. 166; 253). 그에 따른 구분은 주체인 '나'가 우리 몸의 '생물학적 시뮬라크럼 속에 살고 있다는 것'을 의미한다(p. 166; 254). 모든 사회는 '자연사에 대한 혐오를 부패에 대한 사회적 혐오와 함께 막았지만'(p. 179; 274), '원시' 사회는 죽은 자들에게 그들만의 차이를 인정한다(p. 181; 275). 즉 죽음의 '실제성'은 그 자체의 차이이자 상징적 교환 내에 존재할 수 있는 차이다. 우리의 현대 사회와 달리 여기서 죽음은 실제로 아직 일어나지 않은 사건(저온학cryogenics)과 같이 살균되고, 통제되거나 부인되며, 심지어 냉동된다.

자연적 죽음은 그렇다면 특권화되지 않은 장소로서 자연의 분리를 수반하는 서구의 개념이다. 상징적 교환의 사회는 상징적 교환의 운동 속에서 상실, 낭비, 부재를 기록할 수 있었으며, 이는 죽음에 대한 친숙함과 관여의 '실제' 수준에서, 언어, 의례 방식의 '재현' 수준에서 나타나며, 이 두 수준의 효과는 사회 전체에 미친다. 이 모든 요소들은 상징적 교환이 일어나고 있고, 현실과 비현실, 진실과 거짓, 자신과 타자 사이를 미끄러지며 모두 죽음에 의해 '매개된다는' 것을 의미한다.

> 상징적인 것은 개념도, 행위자도, 범주도, '구조'도 아니라, 교환의 행위이자 실재를 종결시키는 사회적 관계이며, 이는 실재를 해소하고 동시에 실재와 상상적인 것 사이의 대립을 종결시킨다.(p. 133; 204)

따라서 상징적 교환은 차이와 모호함의 유희가 이루어지는 비장소non-place다. 그러나 나는 보드리야르가 이것을 특권적인 '외부'로 갖는 입장에서 벗어나 부재와 반대되는 (것으로서) 현존과 같은 존재에 대한 존재론적인 물음을 제기하는 입장으로 이동했다고 믿는다. 명백하게 반대되는 (또는 분리된) 시뮬라시옹의 문제는 '다른 쪽에서' (또는 내부에서) 라는 질문을 제기하며, 과잉적 리얼리즘의 토대에서 실재의 개념에 도전하고 있다.

2장

시뮬라시옹, 그리고 실재의 쇠퇴

시뮬라크르의 질서, 이미지의 단계

'실재'가 상징적 교환을 격하하고 파괴하고자 할지라도 그것은 언제나 이미 자신의 파괴의 씨앗을 품고 있으며 보드리야르에게 서처럼 현실과 매개되지 않은 것은 존재하지 않는다. 상징적 교환의 세계가 더 현실처럼 보임에도 진실은 모호성, 죽음, 희생, 폭력에서 발견할 수 있다. 더구나 보통의 현실처럼 여기에 존재하지 않는다. 그것은 항상 사라졌으며 그래서 실제 현실 대신에 우리는 자신을 현실로 제시하는 다양한 유형의 시뮬라크르를 얻는다. 시뮬라크르가 더욱 완전해질수록 우리는 실재에 대한 감각을 더 갖게 된다. 따라서 실재는 상징적 교환과 시뮬라시옹의 중간항이지만 시뮬라크르의 산물 그 이상 그 이하도 아니다.

보드리야르가 세계에 대한 지각 또는 '경험'의 지배적 양식으로 간주하게 된 시뮬라시옹에 대한 첫 번째 분석은《상징적 교환》에서 나타난다. 보드리야르는《사물의 질서》에서 제시된 것과 같은 푸코의 에피스테메épistémès 개념을 반영한 계보를 스케치한다. 봉건 사회에는 사회 구조와 함께 나란히 존재하는, 정해진 위치에 남아 있는 '자연' 기호가 있어왔다. 우리가 이 시스템을 벗어나 기호는 더 자유로워지며, 경쟁은 모방을 통해 흉내 내는 위조를 활성화한다(시뮬라크르의 첫 번째 단계). 이러한 행위는 현실을 기호에 전가하며 위조는 현실의 복제판이라고 말할 수 있게 한다(그러므로 자연 기호라는 발상과 함께 공존하며 자연 기호를 더 발전시킨다). 보드리야르는 스투코stucco를 모범적인 형식으로 들며 그것이 형식을 통해 본질을 모방하는 것이라 말한다. 이 복제 과정은 가능한 실재의 생산을 앞서 간다(*Symoblic Exchange*, p. 51; 79~80). 다음 단계, 시뮬라크르의 두 번째 질서는 생산의 형식을 취하며 기호에 관한 거의 초기 글들의 주장을 반복한다. 이 두 번째 단계는 '기호에 관한 정치경제', 현실에 대한 재현의 시대다. 이는 산업 시대 또는 대략 모더니티다.

이러한 초기 단계들은 보드리야르가 우리가 현재 살고 있는 시뮬라크르의 질서(세 번째)가 시뮬라시옹이라고 제안하는 것에 대한 구실일 뿐이며, 여기에서 거기에는 모방할 현실이 존재하지 않는데(다시 우리는 이전 텍스트에서 사진 참조점을 다시 참조할 수 있다) 이는 시뮬라시옹이 모방이 아니라 대체이기 때문이다. 이 단계는 코드가 군림하는 '구조적 가치법칙structural law of value'(p. 50; 77) 중 하나다. 이것은 특유한, 숨겨진 가치 체계가 아니라 코드의 원리다. 모든 것은 자연스럽게 나타나는 것이 아니라 모델부터 파생되어 '코드화'된다. 우리가 현재 '시뮬라시옹'에 살고 있다는 보드리야르의 개념에 대한 연구로 넘어가기 전에, 이제 네 단계로 발생하는 시뮬라크르의 '계보'에 대한 그의 다른 정식화를 살펴볼 가치가 있다. 이는 가정된 현재 상황과 현실을 보는 이전의 양식이 어떻게 다른지에 대한 물음을 도출할 때 도움이 된다:

> 재현은 시뮬라시옹을 거짓된 묘사로 해석하여 시뮬라시옹을 흡수하려 시도하나, 시뮬라시옹은 묘사의 전체적인 체계 그 자체를 시뮬라크럼으로 칭한다.
> 이미지의 연속적인 4단계
> -이미지는 깊은 사실성의 반영이다.
> -이미지는 깊은 사실성을 감추고 변질시킨다.
> -이미지는 깊은 사실성의 부재를 감춘다.
> -이미지는 그것이 무엇이건 간에 어떠한 사실성과도 무관하다: 이미지는 자기 자신의 순수한 시뮬라크럼이다.
>
> (*Simulacra and Simulation*, p. 6; 16~17)

전부 돌이켜 보면 실재가 사라지면서 '실재'에 관한 강조가 더 심해지는 현상을 볼 수 있다. 이 현상은 문화적 단계에서 발생하며 보드리야르의 글에 반영된다. 현실에 가장 적대적인 작가가 현실을 가장 잘 이용한다(요구한다)는 점은 아이러니하다(레빈Levin은 보드리야르가 플라톤의 모방에 대한 비평을 반복해 거론한다는 점으로 인해 그를 '비뚤어진 플라톤주의자'(*Jean Baudrillard*, p. 82))라고 부른다. 보드리야르에게 이런 체계와 단계는 연속이 아닌 뒤엉킨 시뮬라시옹 단계이며 우리를 깨닫게 해줄 문화의 원동력이 되는 (소급적인) 상징적 교환의 결여를 시작으로 뒤따르는 것으로 본다. 즉, 모든 위에서 언급한 단계들은 '실재에 관한 전략', 모호성을 제약하기 위한 우리의 시도다. 명백히 정의된 것은 아니나 우리의 문화는 시뮬라크르의 그 어떠한 체계의 해방도 알려주지 않았다(그럴 수 있나?). 보드리야르의 이미지 단계들에 관한 설명은 우리가 바라본 모든 것들은 사실 전부 이미지를 경유한 실재의 세계가 아닌 이미지였으며, 특정 포인트(첫 번째 단계)의 시뮬라크르는 현실, 무언가의 본질 그리고 불가분한 외양과 우연히 동일하게 맞아 떨어지기에 우리가 나쁜 재현의 책략들(즉 이데올로기에 의해 숨겨진 현실)에 속은 인식 가능한 현실에 대해 다루고 있는 것이 아니라는 점을 시사한다. 보드리야르는 이러한 해석을 의도한 것일까? 그렇다면 우리의 '시뮬라시옹 시대'는 초반의 요점과 동떨어져 있는 것은 아니다.[1] 나는 이것이 설령 보드리야르가 의도한 것이 아니라 해도 텍스트를 통해 파악할 수 있다고 믿는다. 그리하여 그의 목적은 틀림없이 '기본적인 현실의 반영'은 단지 진실된 현실의 정직한 표현임을 의도하는 것이다.[2] 이것이 사실이라면 보드리야르의 '진짜 현실'에 대한 모델은 구성된 현실을 넘어선 상징적 교환이다. 그것은 재현될 수 없으며, 현실 자각에 필요한 계기인 이미지가 반영될 수도 없다(상징적 교환은 어느 정도 실재의 구성 외부에 존재하며, 일반적으로 오히려 매개 없이 자유로운 용어로서 시뮬라시옹에 출현하는 것이 상징적 교환이다). 거기엔 항상 이미지가 있으며 이미지는 현실이 있든 없든 그 존재를 제거한다. 보드리야르에게 있어서 우리는 매개되지 않은 현실에 결코 도달할 수 없는데 이는 현실을 보는 방식만이 현실성을 구성하기 때문이다. 시뮬라시옹에 관한 그의 글은 필수적 기초로서 진짜 현실을 가지지 않고 대신 현실 지각에 대한 변경에 대해 다루며 이 지각은 존재하는 만큼이나 현실적이다.

두 번째 단계는 위조의 등가물이고, 세 번째 단계는 생산의 등가물, 그 다음 네 번째는 보드리야르의 주요 관심사(시뮬라시옹)이다. 시뮬라크르의 세 단계와 같이 네 단계는 마지막 단계를 향한 진전이 있다는 신호를 보낸다. 이미지의 네 번째 단계는 시뮬라크르의 세 번째 단계와 동등하나, 각 개발 요소에 대해 역사적으로 결정된 고정된 위치를 할당하는 데 덜 주안점을 둔 상태에서 단계를 사용한다. 이미지의 단계들은 또한 '기본적 현실'을 항상 시뮬라시옹 속에 존재하는 범주로 설정한다.

그럼에도 불구하고, 거기엔 진행 단계에 대한 단초가 있으며, 시뮬라시옹이 더 이상 아무것도 복제하지 않는다는 시뮬라시옹의 세 번째 단계에 대한 우리의 가정된 사용은 보드리야르에 의해 이전의 지각 양식과 확연히 다른 것으로 간주된다. 그러므로 보드리야르에 의해 이것은 다른 모든 방식을 대체한다고 가정되고, 재현의 가능성을 없애버린다. 보드리야르는 지금의 이 시대를 노스텔지어의 하나로 특징짓는다. 우리가 현실을 찾을 수 없을 때 재현하고 이해하려고 끊임없이 노력하지만 어느 정도 노스텔지어에 대한 그의 인식의 부족은 어떤 의미에서 그가 그 용어를 명시적으로나 암묵적으로 비판으로서 사용할 수 있도록 해준다. 따라서 그는 시뮬라시옹의 이론화를 치명적으로 손상시키는 방식은 아니지만 자신이 비판하는 내용 속으로 빠져든다. 니체는《우상의 황혼》에서 '진정한', '외견상'의 세계를 붕괴시키면서 비슷한 주장을 추구해왔다. 니체에게 실재 세계로의 접근에 대한 인식은 보드리야르의 도식과 비슷한 패턴을 가지며 후에는 단계들은 시뮬라시옹의 출현을 위한 설명으로서 역할을 수행할 수 있다.

4. 진정한 세계—이것은 도달 불가능한 것인가? 어쨌든 그것은 달성되지 않는다. 그리고 달성되지 않았기 때문에 그것은 또한 알려지지 않았다. 그 결과 그것은 더 이상 위로도, 구원도, 제약도 없다. 알려지지 않은 것이 무엇을 제약할 수 있는가?

5. '진정한 세계'—더 이상 어떤 목적에도 부합하지 않으며, 더 이상 어떤 것에도 제약을 하지 않는 관념—완전히 불필요한 쓸모없는 관념, 결과적으로 타파된 관념. 폐기하자!

6. 우리는 진정한 세계를 억압해왔다. 어떤 세계가 살아남았는가? 아마도 표면적인 세계? 물론 아니다! 진정한 세계를 폐기하며 우리는 외양의 세계 역시 폐기했다!(p. 25)

니체가 설명하는 것은 시뮬라시옹에 대한 보드리야르의 설명과 유사하다. 니체의 진정한 세계는 주어진 시간에 '진정한 세계'가 되는 것처럼 보이지만 다르게 말하려는 시도의 전제 조건으로 다시 읽혀야 한다. 우리가 '진실된' 세계를 가졌을 때에만 우리는 진정한 세계가 존재한다거나 존재했다고 주장할 수 있다. 재현은 그 자체로 기능할 수 없기 때문에 실재와 재현의 근본적이고 질적인 차이를 말할 수 없다. 만약 어떠한 단계에서든 그러한 지점에 도달하게 된다면 다른 모든 지점에서 실재의 사실성에 의문이 제기되어야 한다.

보드리야르의 에세이 〈시뮬라크르의 세차The Precession of Simulacra〉(*Simulacra and Simulation*)는《상징적 교환》에서 보여지는 시뮬라시옹을 향한 전환을 연마한 것으로, 향수를 주요 형상으로 삼아 지속적으로 실재의 다양한 단계의 소멸을 강조한다. 향수의 긴장감이 이 에세이에 스며들어 있으며 다음과 같이 나타난다. '실재가 더 이상 예전과 같지 않게 될 때, 향수는 완전한 의미를 갖게 된다. 그곳엔 기원에 대한 신화들과 현실의 기호들의 과잉이 존재한다'(*Simulacra and Simulation*, p. 6; 17). 비록 실재와 관련된 언급은 '과거'의 것이거나 더 이상 적합하지 않다는 의미를 내포하면서 확실히 장난스럽지만, 이러한 언급은 전체 텍스트를 예시한다. '더는' 그곳에 존재하지 않는 그 무언가에 대한 지속적인 참조에 의해 이 사라진 현실은 부재 속에서 보다 회고적인 실체를 부여받게 된다. 마찬가지로 보드리야르가 주목한 증식proliferation은 그의 글에서도 나타나며, 거짓과 암시적 부재의 기호들의 증식 속으로 벗어난다. 보드리야르가 의도한 향수가 무엇인지 알아내는 것은 가치 있는 일이다. 일반적인 관점에서 그는 이렇게 말한다:

[그곳에는] 간접적인 진실과 객관성, 진실성이 과잉되어 있다. 그곳에는 진실과 체험의 상승이 있다. 그것은 객체와 실체가 사라진 비유적인 것의 부활이며, 물질 생산의 공황 이상이거나 버금가는 공포에 휩싸인 실재의 생산이다.(p. 7; 17)

보드리야르는 사라진 것에 대한 장황한 글을 썼는데 이것에는 내가 판단컨대 보드리야르가 그 스스로에게 부여한 문제들, 즉 역사가 '더 이상 주체도, 초점도, 중심 또는 주변도… 더 이상의 폭력 또는 감시도 없는', 실존을 가져본 적이 없음에도, 그가 헤겔주의 역사관에 접근하는 것으로 끝난다는 문제를 보여준다(p. 29; 51). 더 나아가 보드리야르는 파놉틱 공간(그리고 재현)의 종결을 선언했다 그러므로, '더 이상 문자 그대로의 매체는 존재하지 않는다'(p. 30; 53). 설령 보드리야르가 이러한 것들이 진정한 실존을 지녔다고 말하는 것이 아니라, 실재가 생산되는 (아마 권력 효과로) 체계의 요소라고 말하는 것을 우리가 허용한다 해도, 우리는 한 시대가 지나가고 세계가 새로운 단계로 접어들었다는 느낌을 갖고 있다. 이에 따른 결과의 실체는 보드리야르가 현재 사실상 멸종된 것으로 추정되는 이러한 측면들을 인정하도록 강요받는다는 것이다. 보드리야르가 그 측면들에게 부여한 부재(부재할 때만 식별 가능한 걸까?)는 보드리야르가 무엇이든 변했다고 주장할 수 있도록 하는 데 필요한 배경으로서 '실재의 시대'가 남아 있다는 것을 의미한다. 만약 시뮬라시옹이 역사를 초월하는 것이라고 명시했다면, 시뮬라시옹의 '존재론'

에 대한 특정 분석 없이, 시뮬라시옹은, 그리고 거기에서는 '시뮬라크르의 세 번째 단계'가 장악할 때 어떠한 질적인 변화도 없다. 시뮬라시옹이 순수하게 사회적/역사적 수준(즉 실재의 단계)에 놓인다면, 보드리야르는 시뮬라시옹 이론이 작동하도록 허용하기에는 지나치게 단순하고 문제적인 역사의 한 버전을 갖게 된다. 역사적인 측면은 즉각적이진 않아도 실재와의 연결고리로서 재현을 갑자기 잃어버리게 된 이유를 설명하지 않는다는 점에서 불충분하다.

시뮬라시옹이 단지 우리가 복종해야 하는 무언가가 아니라는 것은 명백하며, 때때로 보드리야르는 시뮬라시옹을 실재의 폭정에 대항하는 하나의 전략으로 평가하며 어느 시점에서는 시뮬라시옹된 총기 강도를 도전으로 옹호하기도 한다(실제 행위로서는 처벌될 수 있지만 시뮬라시옹으로는 처벌되지 않기 때문)(*Simulacra and Simulation*, pp. 19~21; 36~39). 거짓 폭탄 전화는 범죄이기에 처벌되며 정말로 폭탄이 어딘가에 있다는 것을 알리기 위한 전화는 올바르다. 하지만 전화가 시뮬라시옹이라면 체계는 '실제'와 시뮬라시옹을 구분할 수 없다. '하이퍼시뮬라시옹'에 대한 옹호는 시뮬라시옹이 적어도 부분적으로 초역사적인 경우에만 의미가 있다. 이는 시뮬라시옹이 예를 들자면 단지 (재)생산의 시대의 효과가 아니라는 것을 의미한다. (이것은 또한 '기호의 정치경제'의 제한적 용량에 대한 보드리야르의 비판은 축소된다는 것을 의미하는데, 이는 기호가 상징적 교환에 대한 결정적인 공격이 아니라 단지 시뮬라시옹의 한가지 버전이 되기 때문이다.)

시뮬라시옹의 외양

보드리야르에게 있어서 자본/가치/생산/실재의 성공은 충만을 통해 소멸로 이어지게 한다. 생산적인 구성의 가장 물질적인 것들은 그것의 특수성을 잃게 된다. 예를 들어 공장은 '사라져' 사회의 모델 중 하나가 되며, 전체로서의 '사회는 공장의 외양을 갖게 된다'(*Symbolic Exchange*, p. 18; 35). (생산된) 실재의 하이퍼리얼로의 변형은 전통적인 자본(확장을 통한 이윤의 원천)과 관련한 화폐 역할의 변화에 집중한다. 보드리야르에게 있어서 화폐 거래의 증가를 필요로 하는 생산의 성장은 생산 자체의 중요성 제거를 유도하는 것으로 보여진다. 이는 보드리야르에 의해 1929년의 대폭락(*Symbolic Exchange*, p. 21; 39)과 1920년대, 1930년대 통화 붕괴의 시대로 나타나지만, 이러한 사건을 이미 완료된 과정으로 인식해 받아들이는 것이 보다 유용할 것이다. 보드리야르는 또한 금본위제의 상실을 모든 가능한 참조의 상실로 인용한다 (그리고 무의식을 위해 통일된 주체의 상실과의 유사성을 비교한다)(p. 23; 42). 이는 생산의 근거로서 '경제'의 도입을 이끌고 경제는 오직 재생산을 위한 '경제의 신화적 작동'을 필요로 한다(p. 33; 59). 보통의 서양 사회처럼 생산 확장이 불필요하기에 어떠한 이유나 이면의 원동력보다 경제가 '건강'하고 성장해야 한다는 점이 더 중요하게 간주된다. 심지어 이윤은 '다른 분야'에서 일어나는데, 실제 자본에 의존하지 않는다. 다시 말해 경제는 생산 단계에서 더 이상 작용하지 않는다. 1929년 대폭락은 소비의 생산 특성 인식과 (결과로 생산을 포함한다) 생산 기능으로서의 작업 생산을 마주한다.

산업 사회는 희소성을 관리하는데 이에 대한 정치적 측면은 민주주의이다. 민주주의의 근원은 대체 가능성이다. 보드리야르는 이른바 유물론자들이 반론할 좌파적 비판을 발전시킨다. 지배하는 사람은 누구나 자본(주의)을 지지한다고 주장하는 대신, 보드리야르는 우리가 직접적으로 경제에 특권을 줄 수 없다고 주장한다. 자본주의는 세계가 재현의 산물인 보다 일반적인 경제 내에서 발전하며, 추가적인 '물질적' 발전은 '사고thought' 속에서도 발생한다. 정치적 변화는 DNA 모델, 유전자 코드, 정보 기술의 이진부호와 같은 것들의 발전을 볼 수 있는 '실재'의 변화의 일부분이다. 보드리야르는 준마르크스주의의 용어인 '체계'를 대체하는 일반적인 '코드'에 관해 글을 쓴다. 왜냐하면 코드가 체계를 주도하기 때문이다. 이 코드는 일련의 단순한 변화로부터 거의 무한하게 변화 가능한 다양한 형태, 즉 모델을 생산하는 DNA 코드를 기반으로 한다. 보드리야르는 우리의 문화를 디지털화된 것으로 특징짓고, DNA를 최정점으로 여긴다(*Symbolic Exchange*, p. 57; 89). 보드리야르의 '코드'는 널리 퍼져 있지만 미정의 것이다. 균등하게 모든 것들은 코드 내에, 혹은 코드로서 소환될 수 있으며 이는 시행착오와 질문 및 응답을 통해 작동한다(p. 62; 96). 만약 변화가 코드 내에 있다면, 정치적으로 좌파와 우파 사이의 변형 가능성이 그들의 상호교환성을 입증하는 한, '급진적' 비판에서 외부성의 위치는 없다(*L'Échange symbolique*, p. 58).[3] 어떤 탈출구도 없으며 이미 동화나 전유를 수행하지 않는 입장도 없다(주류 정당의 관점에서 우리는 좌파의 '녹색' 정치가 채택되고, 우파에서는 이민 통제에 대한 극우적 아이디어가, 심지어 우익 정당에서 좌익의 아이디어가 채택되는 것을 볼 수 있다). 어떤 상징적 교환의 형태가 있더라도, 순수한 정치적 행동은 없다. 세계화에 대항하는 시위는 '초기의 보드리야르'가 상징적 교환으로 본 것과 유사하며, 그들이 '반대'하는 그 현상에 의존하며 어쨌든 다른 시대의 전술을 사용한다. 게다가 그러한 시위는 시뮬라시옹에 속하는데, 피상적이고 우익의 자유주의에 의해 중재되는 아나키즘에 대한 향수의 부활을 보여주기 때문이다. (그러므로 그것은 전적으로 그 시대에 적절하며 이것이 그 한계다.)

모델과 코드의 만연함all-pervasiveness은 실재의 부활을 대체한다. 예를 들어, '여론'은 대중들의 의견을 대체한다. '대중public'과 '의견opinion' 모두는 시뮬라시옹 모델이며, 그 쌍도 마찬가지다. 그런 다음 우리는 직접[적인] 질문에 대해 시뮬라시옹되지 않은 응답을 얻는 것에 대한 불가능성을 보게 된다(*Symbolic Exchange*, p. 67; 103). 이 만연함은 새롭지 않으나 실재의 공허한 승리의 결과이며, 시뮬라시옹된 응답들은 과학적 탐구들에 적용된다(예를 들어 '태초에 존재한' 이론화된 입자를 생성하기 위한 입자 가속기의 사용, 우주에 충분한 물질이 없는 데 따른 '암흑물질'의 발명). '이 재생산 과정의 끝에서 실재는 재생산되는 그 무언가일 뿐만 아니라 언제나 이미 재생산된 것, 즉 하이퍼리얼이다'(p. 73; 114).

모델과 코드는 배제와 관련 있는 것이 아닌(상징적 교환 관련해서는 제외), 선동incitement과 가깝다. 따라서 하이퍼리얼은 매체에서 대량 생산되나 '우리가 장관이고 극적인 실체의 끝을 향해 나아가고 전체적인, 융합적인, 촉각의, 미적인 (더 이상 미적이지 않은) 환경을 향해' 나아가는 것은 매체에 의해서가 아닌 매체를 통해서다(p. 71; 111). 이는 아르토Artaud의 총체극과 흡사하다고 보드리야르는 평하는데, 잔혹성 대신에 우리는 시뮬라시옹에서의 시뮬라시옹을 목격한다. 보드리야르가 이 공감각적 시뮬라시옹을 고집하지 않음에도 불구하고(모든 감각을 포용하고 각각의 사례로 감각들을 파기하며), 매체를 조작된 것으로 간주하는 것은 바로 이론이 탈구되는 과정에서의 제스처가 중요시된다. 리셉션의 단독적 시공간이 유지될 때, 즉 대중이 소비자로 전환되는 가운데 매체가 이미지를 생산할 때의 경우에 해당한다. 이 하이퍼리얼은 실재의 모델에서 비롯되는 실재의 재생산이다. 예를 들자면 '리얼리티 프로그램'을 고집하는 것, 건강을 위한 피트니스, 섹슈얼리티, '민중의 소리', '자연의' 생산품과 절망감을 안겨주는 진실과 같은 것들이다. '실재 그 자체를 위한 실재, 재현의 상실된 대상에 대한 페티시즘, [그러나] 부정의 엑스터시와 그것의 가상적 근절, 그것이 하이퍼리얼이다'(p. 72; 112).

현실은 공장, 감옥 혹은 정신병원이 존재하는 것과 같이 어디에나 있으며 즉, 담론(매체의 초기 버전)이 지배하는 장소에서 생산되며 전체 체계를 정의하기 위해 퍼져 나간다. 이러한 폭발적인 증가의 과정은 과정 그 자체에 집중한다. 보드리야르가 정의하는 '내파' 말이다. 이는 '생산 질서에 반대되는 논리로부터, 원인과 결과의 차이로부터, 수동과 능동의 차이로부터, 주관과 객관의 차이로부터, 수단과 목적의 차이로부터 코드가 이어받는 절차다'(*Simulacra and Simulation*, p. 30; 54). 현재는:

> 그 무엇도 극과 극을 구분하지 않으며, 시작과 끝 역시 구별되지 않는다. 간극을 없애주는 것은 딱 하나인데 기가 막힌 단축이 그것이며 이는 두개의 전통적인 극을 하나로 만드는 붕괴이다. 즉 내파인데, 내파는 인과관계가 퍼지는 방식의 흡수이며 양전하와 음전하를 측정하는 각각의 방법을 통합하는 의미를 지닌다. 시뮬라시옹이 시작하는 곳은 '내파'다. (p. 31; 55)

분산이론을 강조하는 '포스트모던'에 관한 특정 평론가들(리오타르Lyotard와 제임슨Jameson같은)과는 반대로 보드리야르는 연대solidarity, 밀도로의 붕괴를 상상한다. 게다가 시뮬라시옹의 시작점을 단정하기는 어려운데 이는 변형의 본래적 순간이 없기 때문이다. 대신 '변화'라는 것은 양적이거나 질적인 발전들의 연속성을 가지고 있다. 보르헤스의 제국의 지도에 관한 이야기,《과학의 정확성에 관하여Of Exactitude in Science》를 보드리야르가 논한다는 것은 실재는 어디로 가버렸는지, 실재는 단순히 한번에 완전히 사라지지 않는다는 것을 보여준다는 점에서 매우 중요하다. 보르헤스의 글은 특이함을 주장하거나 정당화하지는 않으나 진실인 것처럼 기능하는 점이 전반적으로 시뮬라시옹과 관련이 있다. 관심을 끌어내거나 맞서 싸워야 할 외부의 실재는 존재하지 않는다. 보르헤스의 이야기는 실재를 대체하는 모델이다. 사실, 보르헤스의 《과학의 정확성에 관하여》는 보드리야르가 이해시키고자 하는 시뮬라시옹을 보드리야르보다도 더 잘 말해준다고 할 수 있다.

보르헤스의 글에서 서술자는 극도로 자세한 지도가 있는 한 제국에 대해 설명하며 한 지방의 지도는 한 도시만큼 크다고 묘사한다. 지도 제작자들은 지도의 정확성에 만족하는 것이 아니며 '제국과 규모가 동일한 지도를 만들어낸다'(*A Universal History of Infamy*, p. 131). 후에 주민들은 이러한 지도가 과도하다고 느끼며 날씨에 의해 파괴되는 것을 내버려두었다. 남은 것들은 사막의 파편들뿐이다. 시뮬라시옹을 의미하는 것은 이 지도가 아니다. 지도는 적어도 영역의 실제를 재현하려는 시도이기 때문이다. 보드리야르에게 시뮬라시옹에서 우선 순위는 역전되고, 파편들이 지도를 가로질러 펄럭이는 것은 실재이다. 지도는 실재를 생성하려고 시도하는 모델을 의미한다:

그것은 기원도 현실성도 없는 실제의 모델에 의한 생성이다. 즉 하이퍼리얼. 영토는 더 이상 지도보다 앞서지 않으며 지도에서 살아남지도 않는다. 현재로서는 영토를 생성하는 것은 영토보다 앞서는 지도, 즉 시뮬라크르의 세차precession of simulacra 이다.(*Simulacra and Simulation*, p. 1; 10)

현실과 그 재현의 경쟁적 버전은 보르헤스와 보드리야르의 만남에 있어서 쟁점이 된다. 후자는 이야기를 시뮬라시옹의 우화로 전환하기 위해 피상적인 해석에 집중했다(지도의 실패로 인해 정반대로 해석될 수 있다). 그러나 그는 똑같이 더 많은 것을 할 수도 있었다. 다른 방식의 해석은 재현의 무익함을 강조할 수 있으며 (아마도 보드리야르 자신이 지도 파괴를 감독한 사람 중 한 명일 수도 있다), 그런 다음 보드리야르의 시뮬라크르의 도식을 이야기 속 제국의 지도의 진전으로 해석할 수도 있다.[4] 제국은 영토에 대한 자연스러운 기호로서 한 민족이나 국가가 아닌 제국이라는 특성은 후자와의 동일성을 암시한다. 지도의 발전은 위조를 시사한다. '실제' 기호만큼 좋은 사본을 만들 가능성이 존재한다(예를 들어 군대에 의한 제국의 발전을 위조하는 지도 제작자들). 완전한 정확성을 추구하려는 충동은 진실이 가능하고 생산될 수 있다고 제안한다. 마침내 지도는 자기 자신의 장치에 맡겨질 때 붕괴한다. 그러나 또 다른 해석에서는 어떤 지도든 이미 현실을 충실하게 표현할 수 있는 '생산의 시대'에 대한 문제를 제기한다. 이 해석에서 지도의 카테고리는 '시뮬라크르의 질서'와 역사적 움직임 간의 엄격한 차이를 훼손한다. 난 보드리야르가 현시대의 상태로 받아들인 완전한 시뮬라시옹의 시작과 관련한 연결고리만을 고집했을 것이라 생각한다. 후자가 전적으로 전자를 흡수하기에 그의 보르헤스 이야기의 인용은 재현과 시뮬라시옹 간 근본적 차이를 이끌어낸다.

보드리야르는 이야기 그 자체로는 시뮬라시옹의 발전기로

기능할 수 없다는 점을 인식하고, 이야기를 자신의 담론의 지도로 만드는 대신 (또는 그 반대로), 지도와 현실 간의 '주권적 차이' 자체가 붕괴되었기 때문에 그것은 기능할 수 없다고 선언한다(ibid.). 그러나 아마도 《과학의 정확성에 대하여》는 재현의 정확성을 통해 실재 그 자체를 능가하는 하이퍼리얼에 의한 실재의 식민지화를 더 잘 대변할 수 있다. 지도는 점차적으로 영토 전역에 퍼져나가며 영토와 융합하고 아마 특정 지역은 더 빠른 속도로 융합될 것이고 지도는 실재의 영역(또는 실제/재현에 대한 인식)이 지속되는 다른 곳에서는 더 느리게 유지된다.[5]

그 외에 실재의 지속은 보드리야르의 추론과 각각의 시뮬라크르의 다양한 접근 방법과 맞물려야 할 중요한 요소다. 금본위제의 손실은 하이퍼리얼리티로 향하는 길을 설명하기 혹은 심지어 묘사하기에는 물론 충분치 않다. 보드리야르에게 있어서 시뮬라시옹의 많은 부분은 매스미디어의 발전으로 인해 발생한 것이다(벤야민의 《기술복제시대의 예술작품Work of Art in the Era of Mechanical Reproduction》을 따른다).[6] 본질적으로 보드리야르에게 우리의 지각과 이 시대의 세계는 미디어가 지도와 영역이 되도록 허용한 기술적 진보를 통해 변화한다. 미디어는 DNA 코드, 즉 실재의 선제 모델과 흡사하다. 미디어의 작동이 작동의 공간을 배제하기에(미디어가 중재할 것이 아무것도 없을 때 매클루언의 '미디어 = 메시지'라는 명제를 보드리야르가 '더 이상 문자 그대로 미디어는 존재하지 않는다'라고 받아들여 인용한다), 미디어가 실재를 조작한다고 말할 수는 없다. 켈너는 보드리야르가 '미디어 본질주의와 기술 결정론'에 대한 글을 쓸 때(*Baudrillard*, p. 74), 그가 '자본 세력'에 대한 미디어의 종속을 인식하는 데 실패하고 있다는 주장을 제외하면 일리가 있다. 몇몇 사람들과 기관들은 하이퍼리얼리티의 방향에 대해 더 많은 발언권을 가지며 종속된 세계를 지배하고자 추구한다. 그러한 지배는 그러나 지배의 본질의 변화를 배제하지 않으며 그러한 종류의 통제(물론 진실과 함께)는 위협받는다. 그와 동시에 이런 통제는 더 실제처럼 보일 것이다. 다른 곳에서 보드리야르의 글은 켈너의 요지를 수용하는 것처럼 보이는데, 그의 분석 이데올로기적 비판을 복제하고 있기 때문이다. 예를 들어 워터게이트 사건과 관련하여, '스캔들'은 드물고 혼란스러우며 규범에 어긋난다는 면에서 스캔들이 아니라 미국의 민주주의의 '선한' 기능들을 정당화하는 역할을 도맡은 것이다(*Simulacra and Simulation*, p. 15; 29). 이는 균일하게 그의 베트남 전쟁에 대한 분석에도 적용되며, 북베트남을 상대로 군사적 승리를 거둔 것은 게릴라들의 위태로운 지속 가능성보다 거래의 안정성이 보장되는 '안정된 정부'가 형성되지 않는 한 우선순위로 여겨지지 않았다(p. 37; 63).

만약 보드리야르가 기술 결정론에 대해 유죄라면, 한치의 의심도 없이 그의 변명은 하이퍼리얼리티가 기술에 의해 결정된다는 것이며, 우리는 매스미디어의 대량 보급으로 인해 이제서야 이에 도달한 것뿐이다. 이 (미디어) 기술은 '시뮬라크르의 세차precession', 즉 이미 실재로서 존재한 모든 것들을 넘는 시뮬라시옹의 선재를 보장하는 것이다. 각종 것들을 결정하는 것은 기술이 아니나 모델과 기술의 몇 부분들은 기술의 진보와 별개로 취급할 수 없다(생산과 불가분하게 얽혀 있는 모델에 대한 발상).[7] 다른 말로 표현하자면 오직 기술만이 아니라 우리가 지각하는 방식을 '결정'하는 기술을 수반하는(기술의 결과가 아니라) 인식의 변환이다. 보드리야르에게 특별히 모델은 모델 속 사건들이 아니라 현실을 지배하게 된다. 이는 대량 생산(특히 미디어에 대해)과 과학과 기호에 의한 실재의 코드화 둘 모두의 과정과 유사하다.

이 세차는 실제로 미래를 포함한 역사의 운명에 대한 보드리야르의 버전에서 제시된다. 베트남 전쟁은 '현실의 환상을 유지'하는 새로운 미디어의 역할(p. 38; 65), 즉 전쟁에 대한 선제적 모델링으로 전환되는 기능의 시작을 시사한다. 이것은 베트남에서 시작되며, 전쟁의 전통적인 목적(예를 들어 승리)에서 벗어남과 함께 새롭게 만연한 미디어의 결합을 목격하는 것이다. 실재가 이미지와 전략적 모델들 사이에서 사라지기 때문에 이들은 전쟁의 하이퍼리얼화 속으로 결합된다. 베트남 전쟁에서 작동하는 시뮬라시옹의 두 수준은 보드리야르 이론의 입장에서 비일관성으로 간주될 수 있거나 대안적으로 (그리고 내 생각엔 보드리야르에도 불구하고) 시뮬라시옹 중간에서 지속되는 다음과 같은 실재의 파편으로 간주될 수 있다.

전쟁에 대한 도덕주의자들, 전쟁의 고상한 가치를 옹호하는 사람들[8]은 너무 실망해서는 안 된다. 전쟁이 그저 시뮬라크럼이라고 해서 끔찍하지 않은 것은 아니다. 살점은 현실처럼 뜯겨져 나가고 죽은 사람과 참전 용사도 똑같이 고통받는다(다른 전쟁들의 사망자와 참전 용사와 마찬가지로).(pp. 37~38; 64)

즉, 전쟁의 상태/현실을 변경시키는 세계화된 하이퍼리얼조차도 현실에 대한 지역화된 침입을 막지 못한다고 볼 수 있다. 예를 들어, 보드리야르는 '미제국주의'가 어떤 현실이 영향력을 갖게 한다고 언급하진 않겠지만, 폭력적 현실은 일종의 부산물로서 존속되는 바, '이는 사건들이 토대의 수준에서 계속되지만…미묘하게 그것들은 더 이상 어떤 의미도 없다'는 점을 분명히 하는 것이 중요하다'(p. 36; 62). 결과적으로,

누군가는 전쟁의 진실을 완전히 놓칠 수 있다. 즉 결론에 이르기 전에 전쟁이 끝났다는 것, 전쟁 자체의 중심에서 전쟁이 종결되어 있었다는 것, 그리고 아마도 전쟁이 시작조차 되지 않았다는 것. 다른 많은 사건들(석유 위기 등등)이 시작되지 않았으며, 결코 존재하지도 않았다는 것.(p. 38; 65)

이 논증은 《걸프전The Gulf War》에서 걸프전에 관한 보드리야르의 분석에 사용되었으며, 걸프전은 일어나지 않았다는 그의 주장을 전세계적인 조롱으로 이끈 것은 보드리야르의 '비사건'이란 개념에 대한 무지이다.[9]

역사적 관점에서 동일한 절차가 진행되어 미래는 사전에 소

비되고('The Year 2000 Will Not Happen')[10],과거는 '하이퍼리얼' 혹은 '쿨한' 과거로 재활용된다 ('Holocaust', *Simulacra and Simulation*, pp. 49~51; 77~80). 보드리야르는 이 절차를 핵 억지를 참고하여 '억지deterrence'로 명명한다. 핵 억지는 전쟁의 위치를 점령한다. 우리를 '마비시키는' 것은 파괴가 아닌 혼란 속에서의 시스템 혹은 '준안정 체계의 중립적이고 내부적 폭력'인 '억지'이다 (p. 32; 57). 그러나 '억지되지 않은' 세계 주변의 연속적인 전쟁들은 멈추지 못한 것으로 보인다. 보드리야르는 이 행성 전체가 '안보의 하이퍼 모델'로 전환된다고 주장한다(p. 33; 58). 이를 통해 우리는 미국과 소련 간의 대리전이 억지 목적의 일환으로 일어난다는 것을 추론할 수 있다 (비록 이와 같은 면이 보드리야르에 대비되는 하이퍼리얼의 대리적 요소로 간주되는 것으로 우리를 모이게 해도). 동기의 부재 속 체계적인 냉소주의 그 외에 실제 전쟁과 하이퍼리얼 전쟁의 차이점이 무엇이냐고 묻는다면, 거의 차이점이 존재하지 않는다. 하지만 비슷하게 내보여도 전쟁은 거슬리는 장애물이 아닌 하이퍼리얼의 결과가 되기에 현실 상태의 변화는 큰 의미를 지닌다.

1. 전쟁은 '공식적' 전략과 미디어 전략에 의해 모든 가능성이 선제적으로 소진되는 '순수한 미디어 사건'이 될 가능성이 있다. 그 한 가지 방식은 보드리야르에 따르면 걸프전은 일어나지 않았다는 것이다. 특정 전쟁의 경우, 사람들이 실제로 사망하지만, 이 경우 선생의 현실이 미디어 사건으로 사용되기 때

문에 관련이 없게 된다. 사망자는 더 이상 문제가 되지 않는 것으로 여겨진다.[11]

2. 우리가 보드리야르의 인과성에 대한 문제화, 즉 전쟁의 목적이 규정될 수 없다는 점을 받아들인다면, 목적 없는 전쟁은 합리적 이득의 결과로 끝나지 않을 것이며 그 대신 유일한 모델로서 순수한 폭력의 흐름을 취하게 될 것이다(예를 들어 적 혹은 적의 영토의 완전한 파괴를 목표로 하는 것).

3. 하이퍼리얼 전쟁은 전쟁이 실제로 전혀 일어나지 않는다는 것을 의미할 수도 있다 (순수 억지). 이는 냉전과 마찬가지로 실제 전쟁으로 돌입할 필요가 없음에도 불구하고 사실상 영구적인 전쟁이다. 대리전의 존재는 이 도식에서 하이퍼리얼이 존재하지 않거나 억지력의 울타리 안에 있는 우리에 대한 그 지위가 하이퍼리얼이라는 영역에서 발생할 것이다.

4. 두 번의 세계 대전은 전쟁을 총체적으로 만들었고, 감옥, 실재 또는 기호와 같이 실제 전쟁은 사라져 하이퍼리얼이 된다—그리고 그 시발점은 합리적이고 실제적인 전쟁을 제거하는 홀로코스트다.[12]

보드리야르 자신은 '시뮬라시옹의 현실은 견딜 수 없다'는 점을 관찰하면서(p. 38; 66) 전쟁의 하이퍼리얼화는 TV와 실재가 융합되기 때문에 'TV에서만 가능하다'는 견해를 결코 승인하지 않는다는 것을 확인한다. 나는 보드리야르에 반대하여 시뮬라시옹은 전혀 총체적이지 않다고 주장하고자 한다. 비록 그것은 마치 총체적인 것처럼 작동하지만, 이것은 아마도 '실제' 전쟁의 위협이 남아 있는 이유이기도 하다.

보드리야르는 냉전의 맥락에서 이를 언급했고 (앞의 에세이는 1976년에 처음 발간되었다) 오늘날 세계 정치 상황은 매우 다르지만, 이 주장은 여전히 유효하며 4장에서 나는 이를 입증하기 위해 노력할 것이다. 시뮬라시옹은 베트남 전쟁에 형태를 부여했지만 전쟁 또한 시뮬라시옹을 추동한다. 이는 단지 우리의 지각을 변화시키는 것이 아니라, 지각의 구조화가 다른 어느 시대보다 더욱 완전하게 실재를 추동하고 있다. 우리가 그에게 할 수 있는 질문 중 하나는 시뮬라시옹이 총체적인가하는 것이며, 시뮬라크르 시대를 특유해 보이게 만드는 것은 커뮤니케이션에 의해 연결되고 만들어진 하나의 통합된 세계에 대한 모델의 세계화다. 이것은 이전 자본주의 체계의 붕괴와 이후 시뮬라시옹된 생존으로 1929년에 시작된 과정을 완료한다. 아울러 이는 매스미디어의 확산, '체계'(또는 더욱 정확하게 이에 대한 인식)에서 벗어나려는 정치학의 불가능성, 그리고 커뮤니케이션 전략으로서의 전쟁으로 이어진다.

이론과 핵심 문제틀로서의 시뮬라시옹은 보드리야르의 작업에서 결코 사라지지 않는다. 이는 가상, 사건, 현실의 사라짐, 역사에 관한 다양한 환영에 관한 후기 연구를 뒷받침해준다. 그러나 시뮬라크르 네 번째 단계(위조, 생산, 시뮬라시옹에 이어)에 더해 이는 미묘하게 변화를 겪는데 이것이 바로 프랙탈이다. 가네Gane는 이것이 진정한 새로운 단계라고 주장하나(*In Radi-*

cal Uncertainty, pp. 22, 57~62), 새로운 것을 정의하는 보드리야르의 시각 외에 실제 세계라 불렸던 것의 어떤 것도 새로운 과장의 시대를 정당화하지는 못한다. 그래서 이는 마지막 단계 직후에 가깝다(이것은 아직 불완전하다). 이것이 바로 보드리야르가 1990년에 네 번째 단계의 개요를 짜도록 이끌어 낸 방식이다:

시뮬라크르의 미시 물리학에 하나의 새로운 입자를 도입하고자 한다. 자연, 상품, 구조적 가치 단계 이후에 프랙탈 단계가 온다. 네 번째 프랙탈(또는 바이러스, 또는 방사) 가치 단계에는 참조점이 전혀 존재하지 않으며 가치는 어떤 것도 관련되지 않고 모든 틈새를 점령하면서 모든 방향으로 방사된다.(*Transparency of Evil*, p. 5; 13)

시뮬라시옹에서 가치는 현실인 것마냥, 마치 현실이 존재하는 것처럼, 가치 간에 서로 교환되는데, 이것이 보드리야르가 정의한 하이퍼리얼리티다. 새로운 프랙탈의 차원(들)은 자의적으로 가치가 되는데, 무작위적이고 동시에 불변적이다. 이것은 적절하진 않으나 모든 것들이 정치적일 수 있고, 성적인 것이 될 수 있으나 완전히는 아니며, 경제적이거나 미학적일 수 있다는 것을 의미한다. 이 모든 것들은 동시에 발생하며 이전 인간 활동의 개별 영역을 분리하는 것은 불가능해진다. TV는 더 이상 현실을 '보여주는' 것에 만족하지 않고 현실을 더 하이퍼리얼로 만들려 한다. 그러나 이제는 사건들에 개입하며 현실과 복제 사이의 구별이라는 마지막 환영을 없앤다. 기술의 수준과 속도는 세계가 무한하게 분산되는 하나의 본체entity 라는 것을 의미한다(정확하게는 비본체). 이는 오래된 위계와 질서의 분산을 강조하는 포스트모더니즘에서 유래하는 단계마저도 구별한다. 우리가 가지고 있는 것은 적절히 프랙탈적이며, 거기에는 혼란스럽게 분산을 명령하는 전체가 있다. 개인적인 생각, 이데올로기, 개념, 이론들 역시 바이러스처럼(바이러스로서) 무한히 재생산되도록 추동되지만 여기엔 아무런 숨은 목적도 없다. 그러나 프랙탈의 텍스트적 존재는 거의 없으며(즉 보드리야르가 이를 주장하지 않은 것처럼 보인다) 만약 그것이 새로운 질서의 시뮬라크르의 지위를 갖고 있다면 (내가 주장하는 바와 같이 세 번째 단계의 변수로서 작용하는 것보다는)[13] '불가능한 교환'과 같은 개념들은 프랙탈화된 세계 모델에는 부합하지 않는다. 상징적 교환에 대립하는 시뮬라시옹의 역설적인 이중성은 절대 사라지지 않는다(보드리야르의 새로운 이론의 원동력을 약화시키지 않고서는). 시뮬라시옹과 대립하며 '외부'에 나타나지만 궤도 안에 붙잡힌 것이 다음 장의 주제다.

3장

시뮬라시옹 이외의 것들

시뮬라크르의 질서, 이미지의 단계

이전까지의 시뮬라크르 질서가 상징적 교환의 배제를 필요로 하고 타자성, 죽음과 외부를 위협으로 간주한다면, 유일하게 모든 것을 아우르는 체제인 시뮬라시옹 또한 스스로의 한계의 가능성으로 인해 위협받아야 한다. 보드리야르의 텍스트 중 특정 지점에서(아마도 《시뮬라시옹Simulacra and Simulation》의 중반부에서), 실재는 쟁점으로 다뤄지지 않는다(시뮬라시옹 또한 마찬가지다). 이러한 전환은 상징적 교환이라는 용어의 남발로부터 변화를 추구하려는 시도이지만, 그로 인해 보드리야르의 텍스트에서 상징적 교환과 시뮬라시옹의 연관성에 관한 문제는 풀리지 않은 상태로 남게 된다. 시뮬라시옹에 대한 이론을 펼치는 이후의 텍스트들은 이 문제의 구간에 속한 것처럼 보인다. 시뮬라시옹으로의 이러한 전환 또는 미끄러짐은 설명되는 때도 있지만, 단순히 무시되는 때도 있다. 시뮬라시옹을 다루는 부분에서는 이러한 문제가 더 이상 일어나지 않기 때문이다.

유혹seduction이 상징적 교환을 대체하게 되며, 시뮬라시옹 전반에 걸쳐 같은 자리를 차지하게 되지만(즉, 유혹은 단순히 상징적 교환의 타자인 것이 아니다), 유혹은 상징적 교환과는 달리 실재의 파열이 아니라 시뮬라시옹의 안쪽에도 존재하는, 미끄러지는 위협이다. 왜냐하면 유혹은 시뮬라시옹에 대항하는 역할이 아니라 모든 유형의 시뮬라크르 장치의 영감 역할을 하기 때문이다. 유혹이 그러한 역할을 하는 이유는, 시뮬라크르가 외형의 '수수께끼'에 대한 응답이라서 그렇다. 상징적 교환은 유혹으로 대체되어, 이제는 유혹이 '참'을 확고하게 만드는 차등적différential 움직임이 된다(보드리야르의 텍스트 내에서, 이는 역사적 계승이 아니라 이론적 계승이다). 유혹은 보드리야르가 외형의 세계와 그 매혹을 우리에게 설명할 수 있도록 하는 단어다. 시뮬라시옹의 여러 단계가 외형을 사용하면서도, 그 외형을 지배하고 제한하여 우리가 보는 것들을 언제나 더 실재적으로 만들려 한다. 그리하여 우리에게 그것만 보이게 되면, 그건 진실된 현실이 아니라 과도 현실을 보게 되는 것이다.

유혹은 비록 완전히 다른 법칙처럼 보이겠지만, 보드리야르 사상의 전반적인 경제에서 유혹이란, 상징적 교환의 추구가 수단만 달리하는 것이다. 유혹이란 결과적으로, 시뮬라시옹 체제에서 빈번히 등장할 일련의 용어들 중 하나인 셈이다: '한편으로는: 정치경제학, 생산, 암호, 체제, 시뮬라시옹. 다른 한편으로는: 연회, 지출, 희생, 죽음, 여성성, 유혹, 그리고 최후에는 숙명'(*Ecstasy*, p. 79: 69). 1990년대와 2000년대 초반에, 우리는 상징적 교환의 위협이 '악'의 형태와 '불가능한 교환'의 형태로 돌아오는 것 또한 보게 될 것이다. 유혹 자체는 '환영' 내에서 재발생하고 재구성된다. 시뮬라시옹 너머의 장소에 대한 시사로부터의 움직임마저도 표시하는 유혹과 마찬가지로, 이 장에서는 상징적 폭력, 숙명, 악, 환영(완전범죄라는 개념까지 포함) 그리고 불가능한 교환이라는 용어들에 대해서 다루고자 한다. 이러한 용어들은 한편으로는 필자의 주장대로 동일한 것으로부터 나온 변종이지만, 다른 한편으로는 대행을 떠나서, 우리와 총체적 과도 현실 사이에 존재하는 유일한 것인 예측 불가능한 것, 폭력적인 것, 파국에 이르는 것으로 향하는 진전을 나타낸다.

유혹

보드리야르에게 유혹이란 유희를 의미한다. 어떤 유희냐면, 환영의 함정으로부터 자유로울 투명한 현실의 존재를 항상 가로막아온 동시에, 진실의 시뮬라시옹이 작동하는 걸 허용해온, 외형의 유희인 것이다. 진실의 시뮬라시옹의 작동은 시뮬라시옹의 '외설' 속에서 축소되는데, 그곳에서는 현실의 과잉(하이퍼리얼리티)이 유혹의 가역성을 제공하는 것처럼 보이지만, 실제로는 그것을 사전 차단하는 역할을 한다. TV를 예로 들자면, TV는 우리에게 무척이나 많은 선택지를 제공하며, 우리는 TV의 초대를 받아들일 수밖에 없다. 이것은 '매혹의 근원이지만, 황홀감enchantment이나 유혹의 영역이 어디까지인지는 더 이상

확답할 수 없게 된다. 그 대신, 매혹의 시대의 막이 오르고 있다'(*Seduction*, p. 158; 216). 유혹은 성적인 것을 암시하지만, 에로티시즘과 유희는 가시성과 만연함omnipresence으로 대체되었다. 또한, 이제 모든 것은 성애화되어 '유혹에 대한 노골적 요구를 표현하지만, 그 유혹이란 상태가 약화되었기에 이 사회에서 분위기, 조작, 설득, 만족감, 욕망의 전략 등 다른 너무나도 많은 것들과 의미가 같아지게 된, 부드러운 유혹이다'(p. 178; 243). '유혹의 시뮬라시옹'(p. 178; 244) 중에서 정확히 이 부분이 바로, 유혹이 스스로를 시뮬라시옹과는 다른 존재로 나타내는 부분이다.

보드리야르에게 있어서 유혹이란, '계략의 (중략) 질서'(*Seduction*, p. 2; 10)에 있기에 상징적 교환의 더 나은 판본을 제공하는 존재인 것처럼 보이며, 또한 유혹은 근원적 진실에 대한 주장으로부터 자유로운 존재이면서도 시뮬라시옹보다–앞선 위장과 함께 이전의 시뮬라크럼, 또는 어쩌면 시뮬라크럼 이전의 것에 대한 설명을 제공하는 존재이다. 항상 긍정주의를 추구하는, 즉 진실의 체제가 되고자 하는 존재가 시뮬라크르 이외에도 있을 가능성을 보드리야르가 암시하는 건 이때가 처음이다. 이제 '거짓보다 더 거짓된 것'이 존재할 가능성이 생긴 것이다(pp. 60, 94; 86, 130). 이전까지의 보드리야르의 이론들은 실재, 진실 또는 고정된 가치의 생산/외양에 초점을 맞추었는데, 이것들은 전부 매력이 없어 보였다. 유혹은 생산과는 분명히 반대되는 것이며, 유혹과 생산은 '유혹이란 어디에나 존재하며 항상 생산과는 반대되는 것'(*Forget Foucault*, p. 21; 27)이 될 정도까지 마니교적인 섭리로 자리잡았다. 이것이 표준적인 이분법적 반대가 아닌 이유는, 생산만이 다음과 같이 고집하기 때문이다: '유혹은 생산에 반대되는 것이 아니라, 생산을 유혹하는 것이다. 부재가 존재의 반대가 아닌 것과 마찬가지이다'(Ecstasy, p. 58; 52). 그렇지만, 반대되는 외형, 그리고 생산 바깥쪽의 세계(생산이 진실과 현실로 이루어져 있으며, 생산이 일방적이고 비가역적인 과정이 되는 세계)에 대한 인식은 존재한다. 보드리야르는 자신의 저서《생산의 거울》과 푸코의 저서《성의 역사History of Sexuality》를 모두 인용하여, 성적 대상의 생산이 현대 사회의 중심이자, 그 사회에 도입된 통제를 바꾸기 위한 시도의 중심이라고 논의한다. 그러나, 유혹은 진실 자체에 도달하고 무제한의 절차와 외형들을 안정시키기 위하여 진실로서의 성의 구심점에 문제를 일으키는 개념이다. 유혹은 '성의 지시성을 깨뜨리고 욕망이 아니라 유희와 반항의 공간을 제공하는, 아이러니하고 대안적인 형태이다'(Seduction, p. 21;38).

우주, 세계 또는 현실의 근본적 허위로의 변화라는 게 존재한다. 현실에 대한 우리의 감각이나 거기에 대한 도전은 모두 유혹의 형태와 생산의 형태 사이의 끊임없는 투쟁으로부터 발생하며, 그것이 단순히 우리가 어떻게 세계를 알거나 재현하는지에 대한 것뿐만이 아닌 존재론적 논쟁이라는 점은, 그것의 강점인 동시에 약점이기도 하다. 그것은 보드리야르의 '토대'(즉 세계, 현실, 상징적 교환에조차도 존재하지 않는 것)를 명확하게 만들지만, 그렇게 함으로써 반역사적 모델로 보이는 것을 가져오게 된다.[1] 대체로, 시뮬라시옹의 모델은 이런 방식으로 만들어진 유혹을 필요로 하지 않는다. 시뮬라시옹은 이미 재현의 역사에 관한 것뿐만이 아닌, 모호한 존재론적 모델이기 때문이다. 그 안에서 현실은 '재현'의 결과일 뿐이다. 유혹의 이론은 외형의 해로운 판본을 제의하며, 쟁취의 대상이 되고 정의되기도 할 실제 세계가 있다는 것을 암시한다. 우리가 세계 자체에 대해 전혀 모르더라도 말이다('외형의 치세를 지배하는 유혹은 의미의 우주를 지배하는 힘과 반대된다'(*Ecstasy*, p. 62; 55)라는 말대로).

상징적 교환에서 암시된 (회고적) 단절에 대한 인식이 제거됨에 따라, 유혹은 거의 보편적이라고 할 수 있는 명칭이자, 근원적이라기보다는 독창적인 명칭이라는 높은 특권의 위치를 차지하게 된다: '유혹은 피할 수 없는 것이다'(*Seduction*, p. 42; 65); '모든 것이 유혹이며, 유혹 이외에는 아무것도 없다'(p. 83; 115); '유혹은 피할 수 없는 것이다'(p. 180; 247). 법칙으로서의 유혹은 분산되고 불투명하고 치명적이며 장난기 많은 존재이기에, 암시들이 존재하기는 해도 단순히 유혹이 최후의 진실인지 아닌지의 문제가 아니다. 앞의 세 인용문 중 두 번째 인용문은 니체의 《권력에의 의지The Will to Power》의 마지막 줄을 고쳐 쓴 것인데, 세계가 '권력에의 의지'라는 게 존재할 만큼 공허하다는 점을 보여주는 글이다(§1067). 상징적 교환의 맥락과, 시뮬라시옹에서 상징적 교환이 소멸하는 맥락 속에서, 유혹의 사용과 함께 대두되는 문제는 보드리야르가 이제 모호함과 죽음 또는 도전défi의 가능성을 (도달할 수 없는) 외부로의 개방의 가능성과 마찬가지로 차단할 수 있다는 점이다. '난제Le défi'는 저항의 기반이 되긴 하지만, 너무 뻔해 보이고 (언제나 '반대하므로'), 너무 제한된 것처럼 보인다. 바타유의 일반 경제에 대해 서술하던 때에 자신이 비판하고자 하는 죽음의 배제를 모사했던 것(제외된 타자가 되게 하는 것)과 비슷한 방식으로, 지금의 보드리야르는 시뮬라시옹과 유혹을 연결하여 '실재의 전략'을 반복한다. 즉, 모든 것들이 실현될 것이며, 외부는 존재하지 않게 될 것이다. 유혹으로부터 제공받은 유희와 도전에도 불구하고, 어떤 성공이든 외형의 영역에 머무름에 따라 옅어지게 되기 때문이다. 보드리야르는 시뮬라시옹이 유희와 도전 등을 없앤 점을 비판하였으나, 유혹을 완전하고 지속적이며 억제된 대타자Other로 삽입하면서 그 또한 그것들을 없애게 된다.

유혹 이론의 중심이 되는 대타자 중 필자가 지금까지 언급하지 않았던 대타자는, 여성 및/혹은 여성성이다. 유혹은 (동일한 정신분석적 페티시화의 수많은 묵살과 함께) 성에 대한 보드리야르의 의견이면서도, 외형에 대한 이론이기도 하다. 그 이론은 매우 보수적인 이론으로 받아들여질 수도 있고, 이리가레Irigaray나 주디스 버틀러Judith Butler같은 이후의 작가들의 특정한 이론(및 스타일)에 부합하는 이론으로 받아들여질 수도 있다. 결국에는 그 이론을 비판할지 또는 빅토리아 그레이스Victoria Grace가 《보드리야르의 도전Baudirillard's Challenge》에서 그리하였듯이 그 이론을 이용할지에 달린 문제라는 것이다.

보드리야르는 여성의 성 해방이 여성이 가지 말아야 할 길이라고 주장한다. 그것은 성은 물론 여성성마저 흔적도 남기지 않고 말소시키는 일이자, 모든 것을 알기 쉽고 생산적인 체제에 집어넣는 일이기 때문이다(*Seduction*, p. 5; 15). 1970년대 후반에는 상대적으로 새로운 것이었으나 1980년에 더욱 널리 퍼지게 된 예시로는, 오르가즘에 대한 개인의 권리 주장과 더불어 성 자체의 과학화가 있다(p. 17; 32). 요컨대, 보드리야르는 여성의 성 경험 향상 및 인식 개선을 위한 페미니스트적이거나 준페미니스트적인 주장이 이전까지 생산이 아닌 유혹의 영역에 존재해온 대상인 여성을 제한하는 과정에 속한다는 주장을 고수한다(p. 8; 19). 여성성은 외형에 대한 것이며, (남성적 구조인) 남성성/여성성의 양극성을 흐린다(p. 12; 25). 남성성이 진실, 현실과 결과(오르가즘)의 세계라면, 여성성은 도망쳐서 여전히 알 수 없는 세계다.[2] 이는 '결투와 투쟁의 관계'이며(p. 105; 145), 유혹하는 자와 현혹되는 자 안에 모두 존재한다(p. 81; 112). 이러한 특징 중 대부분은 '여성적 글쓰기écriture feminine'로 불리는 것으로부터 나올 수 있으며, 우리는 보드리야르의 성별만 보고 그의 텍스트를 오해하지 않도록 유의해야 한다. 성에 대한 보드리야르의 의견은 이리가레의 (초기) 글만큼이나 문제적 혹은 성공적이며, 그 의견은 대체로 '여성성'의 가치를 증식시킨다고 볼 수도 있겠다.

그러나 여성에 대한 보드리야르의 입장에 우리가 의문을 제기해야 할 때도 있다. 남성을 위해 유혹의 기법을 만들어내는 여성(p. 86; 118), 남성이 심도에 대한 접근성을 지닐수록 유혹에 가까워지는 여성(p. 68; 97), 그리고 외형으로서의 여성에 대한 가벼운 서술과 마찬가지로, 객체로서의 여성의 가치를 증식시키는 개념 또한 문제다. 보드리야르는 포르노그래피에 대해 매우 뚜렷한 비판을 제의한다. 모든 것을 '보이는 것'으로 만들어야 한다는 점에서, 포르노그래피는 시뮬라시옹과 다를 게 없다는 것이다 (pp. 25~31; 43~51 참고). 그렇지만 유혹은 외형을 가지고 놀며, ('대문자 여성Woman'의 화신으로서의) 여성은 성적 대상으로서의 자신들의 입장을 과장시킴으로써 복수한다. 보드리야르에게 있어서 객체의 지위는 급진적인 것이며(p. 92; 126), 사실 여성성이 객체가 되었다기보다는 객체가 여성적이게 된 것에 더 가깝다(p. 27; 45). 물론 페미니즘은 이에 동의하지 않으며, 이러한 객체화로 인해 현실의 여성이 고통받는다고 주장할 것이다. 그러나 가장된 전쟁이 덜 실제적이라고 해서 덜 위험한 건 아니라는 보드리야르의 주장과 마찬가지로, 여기에서는 상황의 '현실'이 문제가 아니다. 여성의 상업적 및/또는 시각적 성애화는 이전보다 빈번해졌으며, (학술 담론의 세계 바깥에 있는) 많은 이들이 이번에는 그러한 현상이 적어도 서구의 특정 지역에서는 '실제 세계'에서 '노출' 의상을 입는 것과 마찬가지로 자발적인 선택이라고 주장한다. (미시 엘리엇Missy Elliott등의) 매우 영향력 있는 여성 연예인들은 자신들의 성애화를 선택하고 두 배로 되돌려놓는 선택을 한 바 있다. 현대 여성의 사고방식은 페미니즘적인 사고방식보다는 보드리야르의 사고방식에 더 가까운 것일까? 혹은 현대 여성은 (1) 자유로서의 페미니즘, (2) 자유로서의 성이라는 이중 시뮬라시옹을 믿게 된 것일까?

페미니스트적 주장에 약간 더 가까운 것으로는 보드리야르가 히스테리와 거식증을 유혹의 극단적 예시로 든 주장이 있다(p. 121; 167). 그 둘은 스스로를 증상으로서 제의하지만(또는 '나타내지만'), 정신분석가들에게 유혹의 '피상적 심연'이 아니라 다른 의미 있는 심층이 있다고 믿게 만들 뿐이다. 사실 정신분석은 의미를 만들기는 하며, 유혹하는 히스테리를 생산의 영역에 끌어들인 초기의 실수를 악화시킨다 (더욱 불가피한 실수는, 여기에서 유혹을 제한된 형태로 읽는 일, 또한 '증상을 만든 자'가 분석가 또는 다른 누군가에게 호소한다고 상상하는 일이다).[3] 예를 들어, 프로아나(거식증 희망자)들은 자신들의 외형이 정신분석의 환영과는 관계없다는 점을 인정할 것이다. 하지만 보드리야르는 그들의 입장이 지지하는 입장이라고 간주하지는 않을 것이다. 있는 그대로 받아들이는 것처럼 보이거나, 급진적 재배치 이전의 것의 가치를 증식시키려는 시도(가치 증식)로 보일 수 있기 때문이다.

유혹 이론은 '프랑스인 페미니스트'의 입장과, 여성을 매우 보수적이고 구시대적인 시각으로 보는 입장 사이를 오고 간다. 또한, 유혹 이론은 (모든 차원의) 성생활이 유혹을 실현하고 깎아내린다고 비판하려는 경향이 있다. 유혹의 도전이란 실재에게 도전하는 일이며, 그 도전의 목적은 실재에 반대하거나 실재를 흡수하기 위해서이다. 그 어떤 유혹이든 굴복하기 마련이지만, 급진적이고 부도덕하며 유혹적인 저항 또는 반란의 법칙은 계속 남는다. 보드리야르는 1980년대의 행위 예술과 흡사한 의

견까지도 제의하는데, 그 예술은 오늘날까지 신체 개조, 가상 신체, 우리가 우리의 소실을 실현할 수 있는 '포스트휴먼'에 대한 기술적 자극의 상태로서 지속되고 있다. 보드리야르는 변장과 위장이 시뮬라시옹에 대항하는 길이라고 서술한다. 이를테면, 전산화된 감시를 피해 숨는 것보다는 '체제'를 어리둥절하게 만드는 쪽을 택할 수 있다는 것이다: '전략적 및 신체적 발명품으로서의, 생존을 위한 변장으로서의, 미끼의 무한한 확산으로서의, 소실 및 부재의 기술로서의, 그리고 체제의 만류보다도 더욱 강력한 만류로서의 유혹'(*Ecstasy*, p. 75; 65~66).

상징적 폭력

이 용어는 시뮬라시옹에 속하지 않는 다양한 현상들을 잇는 법칙이라는 점에서 유혹과도 다르며, 이후에 나오는 다른 용어들과도 다르다. 이 용어는 모호한 용어이면서도, 가장되지 않은 형태들을 근절하고자 균등하게 사용되는 용어이기도 한데, 사실 그 방식은 우리가 보드리야르의 사상을 처음 접하게 되는 방식이기도 하다. 또한, 상징적 폭력은 저항이 가질 수 있는 작인의 상실을 시사한다: (9/11 테러에 대한 보드리야르의 분석을 통해 알 수 있듯이) 상징적 폭력은 통제되는 것이라기 보다는 복종하는 것이다. 상징적 폭력은 원래 이상화된 상징적 교환의 파괴이다. (이성적이고 자본주의적인) 체제는 '상징적 폭력을 통해 살아가며'(*Symbolic Exchange*, p. 36; 62), 그것은 체제가 기반이 되는 폭력에 근거하는 것 이상의 의미를 지닌다. 상징적 폭력이란 원래의 근거로 보이기 위해 지속되어야 하는 근거이기 때문이다. 그와 동시에, 상징적 폭력은 상징적 교환 내부에서 발생한 것처럼 보인다. 기원에 대한 질문을 둘러싼 이러한 폭력에 대한 인식도 존재하는데, 그러한 인식은 상징적 폭력을 되돌릴 수 있게 만드는 일종의 경첩과도 같다:

> 상징적 폭력은 (징후나 활력과 아무런 관련이 없는) 상징의 논리로부터 추론된 것이다: 전환, 선물-보답의 끊임없는 가역성, 그리고 반대로 선물의 일방적 운동에 의한 힘의 장악.(p. 36; 63)

'체제'(우리의 문화, 특히 자본주의에서)는 선물을 도입하여, 그것이 '원시' 사회에서는 가지고 있지 않던 독립성을 부여하고, (그들의) 가역성의 백지화 내에 존재하는 계급, 축적, 사회, 죽음의 배제의 불변성을 가져온다(ibid.). 다시 말해, 우리의 문화는 (주로) 일방적이기에 폭력적인 노동의 선물을 위해 도전, 선물-보답, 호혜의 양상을 없애고자 한 것이다. 자본주의의 궁극적 성공은 자본주의의 '적'인 프롤레타리아 계급과 이후의 화신들로 하여금 노동을 청하거나 요구까지 하게끔 만드는 데 있다. 자본주의를 구성하는 관계는 (대체로) 일반적이고 돌발적이며 희생적인 경제의 재현만큼은 막으려 한다. 그와 동시에 무효화된 이 요인은 일방적인 것(불가역적인 것)에 스며들게 되며, 상징적 폭력은 죽음과 마찬가지로 내부에서 배제에 대한 공포로서 끊임없이 지속된다. 다음의 글에서, 보드리야르는 상징적 폭력의 이러한 이중적인 본질을 도전défi의 지속과 함께 제시한다:

> 이러한 상징적 대립이 일어날 직접적 가능성은 더 이상 없어야 한다. 모든 것이 협상되어야 한다. 그리고 이것이 바로 우리의 깊은 권태의 원천이다. 그렇기에 인질을 잡는 행동이나 다른 비슷한 행동은 매혹을 어느 정도 되살리는 것이다. 그것들은 스스로를 억압하는 폭력의 체제의 터무니없는 거울이자, 유일하게 가할 수 없는 폭력인 스스로의 죽음을 항상 금기시해온 상징적 폭력의 모델이기도 하다.(p. 38; 65~66)

우리는 (시뮬라크르의 순서에 따라 변화하는) 실제성의 형태로 부재의 부재(시뮬라크르의 순서, 특히 시뮬라시옹 중에서 세 번째)를 가져오는 총체적 부재의 용어(상징적 교환)를 남겨두고 있다. 다시 말해, 자아, 동일한 것, 그리고 진실로서의 신분이라는 이유로, 데리다가 '적절함propre'의 명백한 견고함을 세우고 무너뜨리는 부재와 현존의 불가피한 유희라고 인식한 것이다.

보드리야르는 68운동을 상징적 폭력(*Simulacra and Simulation*, p. 151; 217), 유희에서의 권력 또는 지식의 가역성을 정하는 일, 문화적 및 이론적 차원에서 힘의 일방성을 자리잡게 만드는 폭력의 전환이라고 이야기한다. 상징적 폭력은 공백이 가치로 전환되는 지점이자 가치가 공허로 전환되는 지점이기도 하다. 이렇게 제한이 만들어지는 일(언제나 뒤늦게 보이는 일)은 불가능으로부터의 가능의 폐쇄를 유지시킬 것이며, 이러한 제한이 제한으로 남아 있는 한, 상징적 폭력은 그 형태가 달라지더라도 제한의 재개 (및 생성) 또한 상징할 수 있다.

관심의 핵심─보드리야르의 주장에 따르면 푸코가 간과한 '권력의 가역성'─은 상징적 폭력의 생성을 되풀이하는 일이며, 그 자체가 유혹 및 '도전, 우월 의식 그리고 죽음의 순환형이자 가역적인 과정'(p. 48; 65)과 긴밀히 연결되어 있기는 해도, 상징적 폭력의 이중적 본질에 대한 고려는 《푸코를 잊어라Forget Foucault》에서 간단한 형식으로 다시 서술된다. 상징적 폭력이 세운 체제는 상징적 폭력의 체제이다. 이는 정치적 차원에서는 (여러 사례 가운데) 프랑스 혁명이라는 사례를 통해 설명할 수 있을 듯하다. 프랑스 혁명은 허용되어야 할 것과 허용되지 말아야 할 것의 경계를 강제로 정하고, 적절한 가치(이성, 민주주의, 평등)를 시사한다. 하지만, 프랑스 혁명은 테러의 형태로서는 이성과 그 외의 것들 사이의 전형적인 줄타기이며, 지속적, 가역적 과정의 응결이기도 하다.[4] 상징적 폭력은 다른 모든 형태의 폭력이나 일방성(진실이나 현실 등 스스로의 고유성을 고수하는 것이라면 무엇이든)을 에워싸고 이끌며 위협하는 존재로 언급된다. 또 하나 주목해야 할 점은, 이러한 폭력이 시뮬라시옹의 개시와 함께 끝나기보다는 어찌 보면 스스로 전환될 위험과 불안정한 승리의 위험에 노출되어 있다는 점이다:

상징적 폭력에 관해 우리는 정치적 관념에서 근본적으로 결여된 그 정의, 그 존재의 결여, 그 시뮬라시옹, 그리고 그 시점부터 무엇이 공허의 거울을 힘으로 돌려보내는지를 정확히 파악해야 한다. 상징적 폭력은 그 어떤 정치적 폭력보다도 강력하다.(*Forget Foucault*, pp. 57~58; 79)[5]

일부분이라도 시뮬라시옹 바깥쪽에 위치한 모든 것은 상징적으로 '나쁜' 것으로 간주되어 금지되고, 상징적 폭력에 이끌린다. 또한, 약술되었듯 가역성을 포함하는 상징적 폭력의 과정을 거친다.

숙명

가역성은 오브제Object의 형태로 이어진다. 보드리야르에게 있어서 이것은 본질적으로 존재하는 것으로부터 분류되기까지 머나먼 길을 걸어왔다(*Ecstasy*, pp. 77~95; 67~82 참고). 이제 그것은 '숙명'의 위치이며, 그 자체로서는 내재적으로 소재 및 그 세계와, 모든 것을 현실로 반입하려는 행동에 대한 도전을 상징하게 되었다. 보드리야르의 서술에 따르면 오브제는 가역적이며, '숙명적 가역성'을 지니고 있다(*Fatal Strategies*, p. 72; 80). 오브제가 구체적으로 어떻게 가역적인지는 어디에도 서술되지 않는데, 그것은 적어도 애초에 우리가 오브제를 객체object와는 다른 존재로 봐야 한다는 뜻이다. 객체의 세계는 늘 소재에 주어진 것처럼 보인다. 과학은 (그리고 속세는) 객체를 알기 위해 존재하며, 객체는 그 자체를 위해 존재한다(존재하게 되었다). 이 객체는 인간의 형태일 수도 있고(푸코의 《감시와 처벌》에서처럼), 대중의 형태일 수도 있으며, 그리고/또는 설문 조사, 소비자 단체, 시장 조사, 도표, 유행에 의해 만들어진 인류의 형태일 수도 있다. 그러나 보드리야르는 묻는다. 객체가 지식의 응시를 수동적으로 받아들이길 거부한다면 어떻게 될까? 객체가 예속된 존재가 아니라, 소재/과학/시뮬라시옹을 지속적으로 비껴가는 불가해한 변증법을 이끌 수 있다면? 순수 과학에서조차 물질은 관찰 거리가 가까워질수록 저항한다 (Fatal Strategies, p. 84; 92). 보드리야르는 양자역학, 그리고 물질을 더 작은 구성 요소들로 무한히 분해하는 등의 현상뿐만 아니라, 객체가 벌이는 놀이 또한 어느 정도 염두에 두고 있다: 과학은 입자를 무한히 만들어낸다. 이를테면, 그 입자들을 찾기 위함이다 (말 그대로, CERN 같은 입자가속기를 떠올려보면). 천체물리학이나 우주론을 들여다보면, 우주의 시작, 끝, 크기, 방향, 탄력에 대한 위태로운 해답의 무한한 집합이 보인다. 소칼Sokal과 브릭몽Bricmont은 현대 이론에 대한 자신들의 일갈 《지적 사기Intellectual Impostures》에서, 우주론이 어떤 우여곡절을 거쳤는지 알지 못한 듯이, 보드리야르가 블랙홀이나 초공간 같은 과학 용어를 허울만 그럴듯하게 사용했다고 비판한다. 그러나, 천체물리학이 운영상의 시뮬라시옹이라는 근거는 차고 넘친다(이를테면 후술할 텍스트라던가).

이 부분에서 보드리야르를 공격한다고 여기는 현상 하나는 암흑 물질이다. 간단히 말해, 우주는 충분히 거대하지는 않은 듯

하다: 우주의 내용물은 충분하지 않다. 이에 대한 기발한 해결책이 바로 암흑 물질 이론이다. 암흑 물질은 우리가 감지할 수는 없어도, 모든 곳에 존재한다는 것이다. 그렇게 만들어지고 나니, 암흑 물질의 중력을 관측할 수 있었다. 암흑 물질은 어쩌면 존재하는 것일지도 모르나, 무엇이 진실인지를 우리가 이전보다 더 잘 파악할 수 있게 되었다고 믿는 일은 우리의 (현대 서구의) 주된 편견이다. 우리가 실제로 이룬 유일한 발전은 세계에 대한 우리의 평가가 어느 때보다 정확하다는 믿음의 형상에 있다. 그렇지만, 세계는 아이러니하게, 혹은 심지어 유머러스하게 자신을 제공한다. DNA마저도 우리와 게임을 하고 있다: 천문학적인 양의 시간과 연구가 수반됨에도, 유용하거나 '적절한' 것으로 보이는 해답은 여전히 부족하다. 그럼에도 DNA보다 먼저 '생명의 비밀'이라는 명칭의 자리를 차지할 다른 것들이 있을지도 모른다. 또는, DNA 자체가 쓸데없이 복잡해서 항상 더 많은 수수께끼를 만들어내기 때문일지도 모른다. 어느 쪽이든, 'DNA가' 저항을 제공하는 것이다.

(대중, 조사 결과 및 관찰 결과의 형태인) 더 일상적인 차원에서는, 대상이 여러 방법으로 저항한다. 우리는 물론 설문조사에서 거짓말을 할 수 있는데, 그러한 현상은 지난 몇 년간 증가해왔다 (대표적인 예시로는 1992년 영국 총선이 있다). 여론조사에서 이 현상이 일어날 경우, 우리는 결과에 영향을 줄 수 있을 뿐만 아니라 그 결과를 무관한 것으로 만들 수도, 또는 실제 선거의 목적을 틀어버릴 수도 있다 (이를테면, 2002년 프랑스의 대선이

국민전선당의 파시즘으로부터 공화국을 지킨다는 목적이 되고, 총선이 그 '사명'을 다수로 만든다는 목적이 된 사례가 있다). 하지만, 더욱 수동적으로 '저항'하는 방법들이야말로 보드리야르가 '숙명적 전략'으로서 염두에 두는 것이라고 할 수 있겠다. 대중의 수동성이 여론조사를 망가뜨리는 방식은,《시뮬라시옹Simulacra and Simulation》,《침묵하는 다수의 그늘 아래서In the Shadow》, 그리고《치명적인 전략Fatal Strategies》에서 되풀이되는 주제 중 하나이다. 대중은 무기력해지고, 모든 걸 수용하며 선택을 꺼리게 된다. 그러한 반응은 대중이 자신들을 만든 체제에 가하는 복수이다 (여기에서의 대중은 계급으로서의 대중이 아니라, 처음에는 설문조사 등에 예속되지만 이후에는 가역성의 절차를 개시하는 존재를 의미한다). 대중은 그 뒤에 설명을 따르고 체제를 과부하시킨다. 이를테면, 크리스마스에 특정 제품이나 콘서트 티켓을 최대한 빨리 구매하라는 권고를 받았을 경우이다. 보드리야르의 최적의 예시는 공휴일이 지루해질 것을 염려한다. 모두가 똑같은 장소에 가거나 집에 있을 때와 다름없이 행동한다 해도 그것은 어리둥절해할 일이 아니다. 그것이 '진부함surbanalité', 즉 평범한 것보다 더 평범한 것이기 때문이다(*Fatal Strategies*, pp. 184~185; 204~205). 또한, 대중은 구경거리로부터 억압되거나 소외되는 것보다는 구경거리 자체를 매우 좋아한다(ibid.). 상업화로부터 떠나가고 싶어하는 사람들은 너무나 소외되었기에, 구경거리보다 더욱 나은 진짜 세계(자율적autonomous 존재를 상실한 세계)가 있다고 생각한다.

스펙터클의 주요 원천은 사고accident다. 자동차 충돌사고나, 너무 가깝지 않은 어딘가에서 일어났지만 언론이 가까운 곳에 전달한 재앙 등이다. 지식인들은 구경거리를 즐기는 이들의 구경거리를 통해 스스로를 달랜다. 하지만, 사고는 그 자체로 현상이며, 우리를 '숙명' 그 자체로 이끈다. 사건이 발생하면, 우리에게 가능한 습관적 반응은 두 가지다: 우연의 일치에 따른 결과인 경우이거나, 사건의 합리적 진행이 뚜렷히 보이는 경우이다. 두 경우 모두 목표인 중립적 세계에 값을 매기는 데 있어서 우리가 책임지거나 연루되지 않아도 되도록 만들어 준다. 하지만, 보드리야르의 서술에 따르면 우연 같은 건 존재하지 않는다(*Fatal Strategies*, pp. 150~151; 167~168). 우연이란 세속화된 세계의 발명품이며, 개연성과 더 깊이 연관되어 있다; 우연은 그 어떤 참된 무작위성보다도 개연성의 계산을 더 고려한다.[6] 그렇긴 해도, 우리는 여전히 그러한 개연성이 적용되지 않는 세계를 일시적으로나마 바란다(혹은 두려워한다)(p. 153; 171). 이것은 숙명 혹은 운명le destin이다. 가령 우리가 복권을 살 경우, 우리는 사실 수백만 분의 1의 확률을 뚫고 복권에 실제로 당첨되는 일을 바라는 게 아니다. 그보다 우리는 자신이 선택받은 한 명이 되는 순간으로 이어지는 불가사의하면서도 불가피한 사건들의 연속을 추구하는 것이다. 이것이 진정한 '우연'인 숙명과, 거짓된 우연인 개연성의 차이이다. 우연은 그냥 일어나는 것이라기 보다는 나에게 일어나는 것이다(pp. 159~160; 178). 그러므로, 마찬가지로 우리는 번개가 우리에게 떨어지거나 거대한 운석이 지구에 떨어지지 않길 바란다. 우리는 숙명이 지배하는 세계에서 살고 싶지 않은 것이다. 보드리야르는 숙명의 이러한 불가피성에 흥미를 느꼈다: 우리는 숙명에 직면했을 때 더 이상 숙명의 대리인이 될 수 없다: 사건의 연속은 언제까지나 예측 가능한 것으로 남기보다는 피할 수 없는 것이 될 것이다. 이것의 궁극적인 모습이 '참사'다(이후의 텍스트에서는 '사태'라는 단어로 언급된다). 참사는 돌발적으로 발생하지 않고, 필연적이면서도 통계를 통해 단순화할 수 없는 사건의 연속에 의해 생겨난다. 이 참사야말로 '오브제'가 우리에게 선사하는 가장 큰 도전이다(pp. 155~156; 173~174).

우리는 이 도전에 어떤 방식으로도 저항해서는 안 되며, 침묵은 결국 아무것도 바꾸지 않는다. 우리는 세계의 숙명성과 어울리면서도 이전에 다른 사회와 시대에서 성공했던 전략들을 의식의 형태로 채택할 수 있다. 의식이 일종의 역도전을 제의하기 때문이다(태양신에게 바치는 제물이 선물-보답인 것처럼). 참사는 대행을 없애고, 법의 규율을 대신하며, 상징적 폭력을 재연한다: '의례적 폭력은 위반의 형태로 나타나는 게 아니라, 전 세계가 경기의 중단으로 인해 유예되는 규율의 악화라는 형태로 나타난다'(p. 169; 188).

이미 알려졌거나 알려질 예정인 실재와 달리, 규율, 의식과 의례는 내재적이다(p. 170; 189). 상징적 폭력은 말 그대로 (방향을 바꿔) 되돌릴 수 있는 것이며, 그 자체의 가역성 (불가능해 보이는 총망라성 체제의 부재에 대한 '가능성')을 열거나 닫는 것이기도

하다. 상징적 폭력의 이러한 소환에서는 어떠한 것도 통제되지 않기에 숙명은 받아들여지지조차 않는 것처럼 보이나, 사실 숙명은 그저 받아들여질 뿐이다.

악

《상징적 교환》에서, 보드리야르는 시뮬라시옹에서 마침내 완전해지는 (이전까지는 감춰지거나 부정되거나, 아니면 흡수되었기에) 죽음의 배제에 대해 서술하며, 특히 《악의 투명성》에서 그것을 어떤 악의 존재든지 부정하려는 시도로 확장시킨다. 보드리야르는 가장된 사회가 선만 알고 있기 때문에 우리가 과잉 보호를 받고 있다고 주장한다. 하지만, 우리가 악을 배제한 일은 치명적인 부작용을 가져오게 된다(*Transparency*, p. 65:72). 우리의 긍정주의가, 즉 우리가 건강과 생명을 궁극적인 '선'으로 고집하는 태도가 우리의 몰락을 가져온다는 것이다. 이러한 긍정주의는 질병의 형태로 드러난다. 항생물질로 인해 '슈퍼 박테리아'(하이퍼박테리아?)가 발생했고, 특히 에이즈가 발생한 게 그 예시다. 우리가 이야기하는 가장된 세계 혹은 가상 세계에 대한 저항에서, 저항이란 우리의 통제 바깥에서 오는 것이다. 하지만 다른 차원에서는, 우리의 정치는 '권리'를 최우선으로 두는 '선한' 현상들의 관리에 대한 일이 되었다. 보드리야르는 이러한 사례를 맹렬히 비판한 바 있다: '권리를 요구해야 하는 상황은, 싸움에서 이미 진 상황이나 마찬가지다'(p. 87; 94). 결국 우리는 무관해보일 만큼이나 미미한 것들('나다울' 권리), 혹은 사실 속임수인 것들(일할 권리)을 요구하게 되는 것이다. 하지만, 권리 요구자들은 자신들이 어디에 있어야 할지, 또는 자신들이 어떻게 행동해야 할지를 근본적으로 잘못 판단했다. 오늘날의 (보드리야르는 '포스트모던'이라고 칭하는) 사회에서,

개인은 스스로를 참고하고 스스로를 운용하는 단위이다. 그러한 상황에서, 인권 체제는 완전히 불충분하고 공허한 것이 된다: 가변적인 기하학적 형태의, 신축성과 기동성을 갖춘 개인은 더 이상 권리를 가진 소재가 아니게 되고, 오히려 자기 자신의 존재에 대한 책략가이자 기획자가 되었다. 그러한 개인은 규율의 대행 같은 게 아니라 자기 자신의 기능 또는 성과의 효율성을 참고하게 된다.(p. 87; 94)

이것은 네트워크로 구성된 바이럴 소재이며, 대체로 자기 자신의 활동에 대해 어떠한 통제도 가하지 않는다. 이것은 유토피아적 이념이 빠진 들뢰즈Deleuze와 가타리Guattari다. 바이럴 혹은 프랙탈은 어딜 가나 존재한다. 비록 가장된 세계의 문제는 그 세계가 일방적인 선을 고집하는 점이라고 보드리야르가 주장하긴 했지만, 이 선은 사실 진짜로 선한 무언가가 아니다(p. 6; 14). 우리가 니체의 《선악의 저편beyond Good and Evil》의 진부한 판본 속에 있기 때문이다(p. 70; 77). 그 안에서 선과 악은 서로에게 스며든다. 사실 우리를 위협하는 모든 것들을 근절하려 하

는 우리의 행동이 '악의 투명성'을 불러오는 것이다. 여기에서의 투명성이란, 악으로 보인다기보다는 어디에서나 나타난다는 의미에 가깝다. 이러한 종류의 투명성은 다른 하염없이 긍정적인 형태로 인해 생긴 것이다: 모든 조직은 '투명성'을 고집하는데, 물론 이 투명성이야말로 더 높은 차원의 통제를 만들어내고 원래는 사라질 운명이었던 푸코주의적 세계를 재건해낸 존재다(*Illusion* 참고, p. 82; 120). 폐쇄된 것은 나쁜 것이기에, 우리는 개방성에도 모든 면에서(어떠한 저항도 존재할 수 없음) 흥미를 가진다.

차이의 가치화는 크게 강조되고 있지만, 보드리야르는 차이를 속임수로 여기며, '차이는 타자성을 파괴하는 존재'(*Transparency*, p. 127; 131)라고 주장한다. 차이는 으스대는 자만심일 뿐만 아니라, 사실 다른 수단으로서의 억압이기도 하다: "우리는 여러분이 다르다는 사실을 존중합니다"라는 말은, "미개한 너희들은 계속 이런 구분에 매달리기나 하시지. 너희가 가진 것이라곤 그것밖에 없으니까" 라고 해석할 수 있다'(p. 132; 137).[7] 차이의 권리에 대한 고집은 단순한 강요 두 가지를 함께 묶는 일이다(권리, '차이'). 사실, 결국 우리가 얻을 수 있는 결과는 무관심indifference이 상품인 일종의 개념적 세계화다(*Illusion*, p. 108; 151~152).

최종 결론은 체제는 공격할 준비가 되지 않았다는 것이다. 체제는 선을 '위해' 살지 않는 사람을 이해할 수 없기 때문이다. 하지만 저항의 종류는 가지각색이며, 그중 일부는 실제 의학적

혹은 전자공학적 바이러스의 차원이다. 어떤 저항은 정치적 폭력의 차원으로 일어나며, 특히 (4장에서 다룰) 테러리즘의 형태를 띠게 된다. 그러나, '참사' 또한 존재한다. 참사는 '숙명'의 개념을 반향하는데, 왜냐하면 참사는 이전까지 당연한 것으로 여겨졌던 모든 대행이 붕괴하며 객체의 세계로 돌아가는 순간이기 때문이다(이런 면에서는 자연재해와 테러 활동이 거의 같은 것이다). 생태론적 인식이나 그 이상의 형태를 지닌 우리의 신념은, 자연이 선한 존재라는 전제가 그저 신념일 뿐일 가능성에 대해 여전히 '우려한다'. 자연은 악의적이고 임의적인 존재이며(*Illusion*, p. 81; 119), 아마도 '대상'이 과학을 상대로 속임수를 쓰기 시작하여 우리가 에덴동산(지배가 기껏해야 환영에 불과하던 곳) 이래 전무후무한 방식으로써 자연을 지배하고 있다고 믿게 하기 때문이다.

악은 이 모든 세계 내에서 생산된 법칙이며, 법칙으로서의 악은 선과 연결되어 있지 않고 바타유의 '저주받은 몫'의 형태로 등장한다. 서구 사회는 무언가가 희생되어야 한다는 발상을 지속적으로 배척해온 바 있다. 낭비와 파괴의 법칙은 인정되지만, '자기 자신의 저주받은 몫을 몰아내려 하는 건 스스로를 죽이는 거나 마찬가지다'(*Transparency*, p. 106; 111). 역사적으로, '저주받은 몫의 활력과 폭력은 악의 법칙에 대한 표현이다'(ibid.). 하지만, 앞서 언급한 바와 같이, 우리가 사는 사회는 그러한 활력을 파기하고자 하는 사회이다. 우리는 저주받은 몫이 사라진 사회에 살고 있는 것이다(하지만, 저주받은 몫의 부재는 이미 바타유의 이론에서 필수적인 부분이었던 바 있다). 악은 갈수록 더 위험한 방식으로서 체제를 그 체제가 거부하는 것으로 채우는 행위이다. 그러면 우리가 더욱 악한 존재가 되었을 때 그러한 행위는 장려되어야 하는가? 나는 보드리야르가 악의 작동 방식을 그렇게 보았다고는 생각하지 않는다. 악은 정확히 말하자면 이성적인 통제와 행동의 실패다. 악은 상호작용하지 않고 '선한 투명성'을 스며들게 만듦으로써 되돌릴 수 있는 현상이다(p. 139; 144). 악은 이상 현상, 참사, 상징적 폭력의 형태로 나타나고 유혹의 형태로도 나타나지만, 더 이상 우리와 관계될 만한 존재가 아니다: 악함이 근본적으로 타자인 이유는, 우리가 악하다고 판단하는 존재가 항상 타인이라서가 아니라, 악이 모든 동화의 바깥쪽에 있기 때문이다.

> 악의 법칙은 도덕적 법칙이 아니라, 불안정성과 현기증의 법칙, 복잡성과 이질성의 법칙, 유혹의 법칙, 불화합성과 적대감과 정복 불능의 법칙에 가깝다. 악의 법칙은 죽음의 법칙이 아니며, 그것과는 전혀 반대되는 것이다. 악은 괴리의 필수적인 법칙이다.(p. 107; 112)

환영

시뮬라시옹은 진실에 의한 의지로서 맞서 싸울 수 있는 게 아니라 넘어서야 하는 것이다. 그 경우 시뮬라시옹은 하이퍼시뮬라시옹의 형태를 띠거나, 작인에 덜 의지하는 환영의 형태를 띠게 된다.[8] 《완전범죄The Perfect Crime》에서, 보드리야르는 환영의 역사에 대하여 매우 니체주의적인 사고의 윤곽을 드러낸다(보드리야르가 《우상의 황혼The Twilight of the Idols》과 《권력에의 의지The Will to Power》를 상기시키는 것은 이번이 처음이 아니다). 우리에게는 환영만이 있으며, 그 너머엔 아무것도 없다: '의지란 없다. 실재란 없다. 어느 것 하나 존재하지 않는다. 아무것도 없다. 또는, 다시 말해, 잡을 수 없는 대상에 대한 끊임없는 환영과, 자신이 그 대상을 잡고 있다고 믿는 소재만 존재할 뿐이다'(The Perfect Crime, p. 14; 31). 이 이론은 빅뱅과 (그리고 신화와) 마찬가지로 찾을 수 없는 기원인 태초에서부터 적용되는 이론이다(p. 2; 14). 그리고, 이 이론은 서양사의 추세를 거치면서 약화되어, 결국에는 첨단 기술의 시대가 찾아오고 실재에 대한 고집이 동반됨에 따라 미완으로 그치게 되었다(p. 64; 95 등). 하지만, 환영 없이는 아무것도 존재하지 못하며, 우리가 향하는 곳에는 아무것도 없게 된다.

'완전범죄'란 세계의 '생생한vital 환영'에 대한 '살인'이다(p. i; 10): 완전범죄가 범죄인 이유는 파괴이기 때문이며, 완전범죄가 완전한 이유는 그것이 항상 이미 일어난 일이며, 동기도 없고 용의자도 없으며 단서 또한 없다시피 하기 때문이다(p. ii; 11).[9] 하지만 그와 동시에, 이 '완전범죄'의 순간이야말로 환영이 되는 순간이다. 이러한 생각은 관련된 철학적 논쟁이 평소보다 더 빈번하게 일어나는 생각일 뿐만 아니라, 평소보다 더 모호한 생각이기도 하다. 이 발상의 뒤편에는 맨 먼저 실존하는 현실이란 없다는 개념이 존재한다. 일단 지금 당장에는 '그 무엇도 실존하지 않는다' 정도로만 가정해 두자(보드리야르에 따르면, 이러한 발상 또한 환영/낭설에 속한다). 인간의 존재는 환영과 함께 찾아오는데, 그 환영은 죽음을 중요하다고 느끼는 점, 우리가 생각하고 논리적으로 행동하는 존재이며 기억을 지닌 존재라는 점, 또는 그밖에 우리가 선호하는 독창적인 신화 등이다. 환영은 거짓이 아니라 필연적인 것이며, 환영이 필연적인 이유는 환영 없이 실제 세계를 견딜 수는 없고 더 중요한 것은 우리에게 선택의 여지가 없기 때문이다: 환영은 이미 일어났으며(또는 아직 일어나지 않았으며), 환영이 필연적인 이유는 환영이 필연적인 존재였기 때문이다. 그러므로 우리는 '그 무엇도 실존하지 않는다'라는 순수 허무주의적 관점에서 벗어날 수 있다. 왜냐하면, 보드리야르에게 있어서는 환영'이야말로' 실존하는 것이기 때문이다. 그렇다고 해서 환영이 진실된 것이라는 뜻은 아니다(오히려, 모든 게 진실이 아니라는 뜻에 가깝다). 또한, 환영 외에 실존하는 건 없다. 하지만, 그 '없다'는 데에는 아무런 의미가 없다: 인간이 존재하고 '없는 것'을 인식하는 순간, 환영 또한 그러기 때문이다. 인간을 지운다고 해도 여전히 그 어떤 진실도 현실도 존재하지 않을 것이다.

우리는 '세상의 환영'이라는 기초로부터 벗어나, 신, 자연의 섭리, 도덕 체계 등 다른 것들을 만들어낸다. 과정, 직선적 시간과 종점을 기반으로 한 사회에서, 이러한 환영은 한 번쯤 환영

그 자체의 점진적 쇠퇴를 불러온다: 과학이 실재를 가져오고, 환영을 깨뜨리는 것이다(아직 실존하거나 알려지거나 통제 가능해지지 않은 영역을 지속적으로 열어서, 아이러니하게도 환영을 영속시키더라도(p. 74; 109)). 모든 것이 환영이기에, 우리가 속한 싸움은 실재와 환영의 싸움이 아니라 서로 다른 환영끼리의 싸움이라고 보드리야르는 시사한다:

[생생한 환영은] 외형, 되고자 하는 형태, 베일의 환영이며, 거기에서의 베일이란 사실 우리를 진실의 환영인 객관적 환영, 세계와 객관적 진실의 투명한 관계, 그리고 사람과 그 사람 본인의 진실의 투명한 관계로부터 기꺼이 지키는 모든 베일을 가리킨다. 이것을 '의미의 환영'이라고 하며, 이는 사람이 역사와 세계의 소재가 되고자 할 때 그 사람에 의해 발생한다. 또한, 그러한 시도는 우리가 세계 자체의 환영에 맞설 유일한 방법이다.(*Illusion*, p. 94; 135)

두 환영 중 스스로가 환영이라는 것을 아는 쪽이 더 나은 쪽이며, 다른 한쪽(모든 것을 나타나게 하고 모든 것을 투명하게 만드는 쪽)은 모든 묘책의 가능성을 제거할 것이다. 모든 유토피아와 꿈 그리고 새로운 발상이 사라지겠지만, 죽음이나 육체 등 핵심으로 여겨지는 것들 또한 마찬가지로 사라질 것이다(p. 95; 136). 환영이 없다면 아무것도 변하지 않을 것이며, 고정된 실재가 이길 것이다. 이러한 상황은 이 시대에만 해당되는 것이다. 완전한 투명성과 가시성을 지녔으며, 발화가 관찰되고 동작이 갈수록 감시를 전제로 하며, 내 신원이 나 자신의 이념 체제도 아니고 다른 누구의 이념 체제도 아니라 '세계' 안에서의 내 존재를 통해 구현되는 시대가 이 시대이니 말이다.

21세기 초는 우리가 가상세계에 서서히 발을 들이기 시작한 시기다. 가상은 실재가 되기를 갈망하며, 범죄를 손에 넣고자 하는 우리를 나타냄과 동시에 완전범죄를 완전히 완성시킨다(The *Perfect Crime*, pp. 109~110; 155~156). 가상은 가능한 가상 IT 환경뿐만 아니라 모사가 목적인 모든 시도에서 발생하기에, 이를테면 복제 또한 가상에 포함된다고 할 수 있다. 복제로 인해, 이제 불멸의 환영(가공의, 확실한 실상)은 실제 판본에 길을 내어주게 되는 것이다(*Illusion*, p. 90; 131). 그러나, 이것은 비록 실제일지언정 진정한 불멸이 아니다. 이것은 시뮬라시옹이며, 보드리야르의 세계에서 시뮬라시옹은 결코 허위와 동등해질 수 없다는 점을 더욱 확실하게 나타내는 예시다.

때때로, 보드리야르는 이에 대해 우리가 뭔가 할 수 있는 일이 있다고 시사한다: 예술가는 완전범죄를 언제나 처음처럼 되풀이할 수 있다 (*The Perfect Crime*, p. 1; 13); 우리는 (시뮬라시옹을 공급하는) 현실을 고집하기보다는 '세계 환영'에 동조할 수 있다(*The Perfect Crime*, p. 94; 135). 그렇지만 대체로, 그리고 논리적으로 더욱 일관되게, 보드리야르는 환영이 '객관적'이라고 주장한다(*The Perfect Crime*, p. 54; 80). 환영은 선택, 용도, 전략과는 전혀 무관한 것이다. 전략, 그리고 전략을 위한 능력은 세계에 의해 철회되었다. 이론은 이 사실을 깨달아, 그것이 중요한 위치를 차지한다고 믿는 게 아니라, 오히려 환영, 유혹, 모순, 심지어는 악으로 보이는 것을 제공한다고 생각해야 한다.

불가능한 교환

최근의 작품들에서 우리는 '완전범죄'의 변형을 '불가능한 교환'이라는 발상의 형태로 본다. 완전범죄와 마찬가지로, 불가능한 교환은 '현실'(즉, 우리가 역사를 통해 다른 방식으로 현실이라고 간주했던 것)을 지속적으로 보강했으며, 최근에는 시뮬라시옹에서 악화되고 있다. 불가능한 교환은 완전범죄보다 더 역동적인 개념이다; 이원적이며, 위협적이면서도 이로운 듯하며, 실제이면서도 실제가 아니다. 그것은 (가장된) 실재의 한계점인 동시에, 급진적 환영의 한계점이기도 하다. 불가능한 교환은 시뮬라시옹에 의해 발생한 뒤에 언제나 그곳에 있던 것처럼 보였던 급진적 상황이다. 세계는 투명성을 추진하여 현실이 되며, 세계가 완전히 현실이 되면 외부에는 아무것도 존재하지 않게 되고, 교환할 것 또한 없게 된다(*Impossible Exchange*, p. 3;11). 즉, 참조 세계도, 참조 세계의 시뮬라시옹도 없게 되는 것이며, 외형의 진실을 판단할 길도 없게 되는 것이다. 이제 가치는 '아무것도 아닌 것le Rien'과 교환해야 한다; 다시 말해, 끝도 없고 의미도 없는 관계이다. 이것은 '경제' 등의 현상에도 적용된다. 오늘날 경제가 참고하는 것은 경제 자체(p. 7; 15)와 '정치, 법률 그리고 미학'(p. 4;

12)뿐이다. 각 영역은 각자의 시뮬라크럼으로 스스로를 몰아붙여서 모두를 아우르려 했고, 그 뒤 스스로 프랙탈화에 이른다. 이는 위험한 순간이다. 우리가 모든 환영을 상실했는데, 환영은 우리에게 현실을 주는 존재였기 때문이다. 그러므로 불가능한 교환 이론의 첫 단계는 죽음, 환영, 악 등과의 교환을 폐쇄하는 일이다. 비인간 또한 사라져야 한다: '우리는 무슨 수를 써서든 비인간을 몰아내고, 모든 것을 인간의 관할 하에 두려는 인류학적 통합주의로 나아가려 한다'(p. 16; 26). 하지만, 이것은 인본주의의 승리가 아니라 인본주의의 종말이다. '인간의 발상이라면 어떤 것이든지 우리 스스로가 몰아내는데, 이는 오로지 비인간에서부터 나오는 것'이기 때문이다(ibid.).[10]

  그 뒤 우리는 불가능한 교환의 순간에 다다르며, 법, 경제나 인본주의는 모두 외부 참조나 기초 교육의 불가능성을 직면해야 한다. 성공의 순간이자 완전한 시뮬라시옹의 순간, 활동 및/혹은 생각의 영역은 줄어들고, 불가능한 교환이 궁극의 현실인 무의 현실로 남는다: '죽음, 환영, 부재, 부정적인 것, 악, 저주받은 몫이 만연하며, 모든 교환의 표면 아래를 지나게 된다. 이러한 무의 연속성마저 교환의 대승부의 가능성을 좌초시킨다'(p. 7; 16).[11]

  그러므로, 시뮬라시옹의 종점은 불가능한 교환의 계시나 부정이지만, 불가능한 교환은 시뮬라시옹 내부에 개입하여 보드리야르가 시뮬라시옹의 네 번째 단계라고 밝힌 '프랙탈'을 추진하기도 한다 (Transparency 참고, p. 5; 13). 극사실화된 세계가 스스로의 유일한 현실을 버리기 때문이다: '우리의 모든 체제는 급진적 불확실성에서 벗어나기 위해, 그리고 불가능한 교환의 필연적이며 숙명적인 사실을 몰아내기 위해 필사적으로 수렴하고 있다. 상업 교환, 의미의 교환, 성적 교환—모든 것이 교환 가능한 것들이어야 한다'(Impossible Exchange, p. 14; 24). 모든 교환은 가치 있는 것으로 보이게 되며, 모든 의사소통은 그 자체로 선한 것으로 보이게 된다. '교환'이라는 단어 자체는 ('문화적 교환'에서처럼) 극도의 양의 값을 지닌다. 교환은 교환 외의 목적으로부터 떠나가기 때문이다. 그러한 일이 문화적 차원, 혹은 전반적 차원에서도 발생하는 한편, 개인 또한 불가능한 교환을 직면하게 되는데, 이때의 개인에게는 교환할 상대가 없거나 교환할 것이 없다. 보드리야르가 신이 나 '더 높은 가치'를 생각하고 있기 때문이다(p. 13; 23). 개인은 자신에게만 집중하며 '나다울' 권리를 요구하는데, 그 권리는 권리의 형태 및 자유의 형태 중에서도 가장 보잘것없는 형태이다 (p. 52; 77). '그저 나답게 산다'는 게 정확히 무슨 뜻일까? 보드리야르에 따르면, 그것은 존재의 종말이자 소재가 사라지게 되는 순간이다. 이후, 개인은 스스로에게 취해 프랙탈(대중의 일부—대중의 전달자, 또는 기껏해야 한 단위로서의 개인), 바이럴이 된다. 그 바이럴 자체는 우리가 시뮬라시옹, 투명성 등에 대한 저항으로 여기는 행동으로부터 나온다. 보드리야르는 행위 예술, 익스트림 스포츠, 그리고 마약 투여를 '자기 자신으로 하는 더 많은 실험일 뿐'이라고 비판하며, 그러한 실험들은 이미 수도 없이 검증되고 조사되고 관찰되는 중이라고도 언급한다(pp. 48~49; 68~69). 보드리야르가 그것들을 향수로 본 건 정확한 관점이지만(p. 48; 68), 그러한 행위 예술가 중 특정한 일부가 자신들의 일은 손실된 위대한 육체 혹은 정신을 복원하는 일이 아니라는 점을 잘 알고 있을 가능성이 높다는 점을 고려하면, 보드리야르가 그것들을 전부 묵살한 건 성급한 행동이라고 할 수 있겠다. 데이비드 블레인David Blaine이 단식투쟁을 홍보 중심의 인내력의 위업으로서 전유한 완전한 시뮬라시옹의 사례조차도, 현대사회에서 그런 위업들이 어떤 형태를 띠는지 보여주는 완벽한 예시다. 뿐만 아니라, 데이비드 블레인은 디즈니랜드와 마찬가지로 이제는 가장되고 향수 어린 것들이 된 나머지의 신뢰성을 높이는 존재이다. 마찬가지로 진부할지언정 더욱 평범한 차원에서는, 개인이 스스로를 항상 '다른 존재'로 바꾸고자 할 때 그 사람의 내면에서 불가능한 교환이 이루어진다. 그러한 생각을 부추기는 상업화는 차치하고, 보드리야르는 그러한 일이 자아의 배제를 악화시킨다고 주장한다. '나다울 권리'를 요구하는 데 있어서 내용물은 제거되고, 요구되는 자아는 프랙탈화된 존재이자 결국에는 공허한 존재이다(우리를 모든 자아의 생각에 대한 하나의 진실 같은 것으로 되돌아가게 하는 존재). 결국 내가 나 자신의 생명을 교환할 수는 없다는 것이다. 갈곳이 어디에도 없기 때문이다(pp. 77~78; 99~100).

주체의 세계 너머에는 객체의 반응이나 현실 그 자체가 존재한다. 그것이 지식과 가시성에서 소비되기에, 그것은 수동성을 버리고 관찰자들을 속이기 시작한다:

유순한 현실은 모든 가설에 굴복하며—아예 고분고분한 것까지는 아니지만—, 차별 없이 그 모든 가설을 입증한다. 현실에게 그 가설들이란 전부 한낱 피상적이고 잠정적인 하이데거식 '끼워 맞추기[Gestell]'에 불과하다. 현실 그 자체가 모방이 되었으며, 우리에게 그 근본적 난해함만을 남긴다. 그 자체로는 신비할 게 없고, 오히려 아이러니하게 보일 법한 것이다.(p. 23; 35)

이 순간 우리에겐 몸 돌릴 곳이 없다. 우리가 현실이라고 상상하는 것조차 현실이라는 보장도 없고 그 자체가 보장되지도 않으며, 우리가 구성한 시뮬라크르를 방해하여 환영과 교환의 불가능성을 감히 숨기려 한다. 이제 남은 계책은 가상화뿐이다. 가상이 있다면 우리는 '환상적인 일반 균형'을 얻게 된다(*Mots de passe*, p. 92). '0과 1의 교대'를 통해 만들어진 가상은, 결정할 수 없는 것으로서의 불가능한 교환에 접근하면서도(p. 93) 돌이킬 수 없는 것이기도 하다: 값은 0 또는 1이 될 것이다. 시뮬라시옹은 가상에서 자신의 한계를 벗어나려 하고, 실재는 가상에서 자신을 지키려 하나, 그러한 움직임에서 더욱 나아가게 되는 것은 불가능한 교환과 허무다.

다행스럽게도, 보드리야르의 서술에 따르면 환영은 떠나지 않는다고 한다: 환영은 여전히 존재에게 외형을 가져다주며, 그렇기에 세계 또한 가져다준다. 그 환영마저 실재에 싸여 있다고 해도 말이다. 가장된 세계에서 시뮬라시옹 이외에는 무엇이 있을지에 대한 보드리야르의 모든 개념과 마찬가지로, 불가능한 교환은 긍정적인 것과는 거리가 멀며, 결코 탈출구가 아니다. 선은 언제나 '체제'의 편이다: 모호한 것만이, 어떤 의미에서는 악만이, 우리를 우리 자신에게로, 세계로 데려다줄 수 있다. 그곳에 도달해봤자 또 다른 '허위'로 돌아올 뿐이며(시뮬라시옹의 형태를 택할지, 환영의 형태를 택할지의 문제), 그 과정은 폭력적일 수도 있다. 그러나 적어도, 그것을 안다면 유용할 테고, 어떤 면에서는 과도 현실적 세계 내의 나에게 도움이 될 것으로 보인다. 그것이 우리가 그 세계를 통제할 수 있다는 뜻은 아니다. 이러한 이원적인 형태가 시사하는 것은 사건이 일어나는 게 허용되는 근본적 정적주의quietism이니 말이다(*Impossible Exchange*, pp. 61~62; 83).

4장
초정치적 세계

시뮬레이션 또는 초현실의 시대는 정치 세계에 심각한 변화를 가져오고, 사건의 본질을 변화시킨다(그리고 이것은 다시 시뮬레이션을 제공한다). 이제 보드리야르에 따르면 그 무엇도 진짜 현실이 아니며, 우리는 현실에 대한, '정치적인 것', 그리고 사회적인 것에 대한 점증하는 주장들을 보게 된다. 진정성도 특정한 이데올로기적 목표를 전달하는 수단이라기보다는 그와 같이 평가된다. 물론 진정성이라는 말을 들었을 때 이것은 진짜 정직함을 의미하지는 않는다. 비평가가 아니라 극단의 과장된 이론가가 되고자 하는 사람에게 보드리야르의 글은 정치에 대한 지속적인 관심을 배반하고, 숨겨진 이데올로기적 진실을 폭로한다는 의미에서 비평은 아닐지라도 비판적인 관점을 자주 제공하기도 한다.

정치는 자신의 낡은 용어와 심지어 그 자체에서 벗어나야 한다. 정치적인 것은 끝났고 이제 우리는 '초정치적인 것'의 상황에 있으며, 이 상황에서는 낡은 용어가 지속되지만 진정한 현실을 이해하지는 못한다(*In the Shadow* p. 40; 44 및 *Fatal Strate-*

gies, p. 25; 29를 참고할 것). 초정치적인 것이란 정치가 편재하는 때다(그리고 투명성은 우리가 명백하게 보거나 무언가를 통해 보게 되는 것이 아니라 편재하는 현상의 외양이다(*Fatal Strategies*, p. 44; 51)). 이 시점에서 오래된 참조점은 더 이상 작동하지 않으며, 국가, 계급 또는 이데올로기와 같은 아이디어를 테러리즘, 사건, 심지어 비만(보드리야르가 《치명적인 전략Fatal Strategies》에서 '초정치적인 것의 형상' 중 하나로서 잠시 관심을 가졌다)으로 대체해야만 한다. 우리는 또한 권력 자체의 개념뿐만 아니라 사회적인 것과 대중과 같은 용어들에 대해서도 재구성할 필요가 있다.

푸코를 넘어서려는 보드리야르의 시도인 《푸코를 잊어라Forget Foucault》는 1977년에 출판되었는데, 푸코는 적어도 프랑스에서 당대의 주요 사상가로 자리 잡았으며 정치, 권력 또는 현대 사회에 대해 글을 쓰는 사람은 정도의 차이는 있어도 그의 작업(이전에는 사르트르처럼)을 다루지 않으면 안 되었다. 보드리야르에게 있어서 《감시와 처벌Dicipline and Punish》과 《성의 역사The History of Sexuality》에 드러난 권력에 대한 푸코의 사상은 우리가 갈 수 있는 한계이며, 권력과 그것에 대한 분석 모두의 한계를 나타낸다. 권력에 대한 생각을 완성하면서 보드리야르는 권력이 현대 서구 사회에서 모든 것에 스며들어 있다(그래서 효과적으로 우리 모두를 가둔다)고 주장했지만, 푸코는 실제로 권력을 비워냈는데, 그것은 용어로서 가질 수 있는 비판적 가치를 제거하는 것이 아닌 권력이 저절로 끝난다는 것을 드러냄으로써 그렇게 했다(*Forget Foucault*, p. 33; 45). 그것은 약해

지거나 소멸되지 않으며, 실재와 떨어져 시뮬레이션이 된다(p. 51; 69~71). (만약 우리가 권력이 억압과 동일하다 생각한다면) 시뮬레이션된 권력은 그에 못지 않게 억압적이지만, (비록 테러리즘이 시뮬레이션에서 단절의 힌트를 제공한다 하더라도) 싸울 수는 없다. 죽은 권력은 니체의 죽은 신과 같다. 아무도 신이 죽었다는 것을 깨닫지 못한 것 같지만, 시체의 무게는 살아 있는 신/살아 있는 권력보다 무겁다(p. 59; 82). 이것은 가장 유능한 정치인들이 사용하며 특히 죽은 권력의 영역에서 기능한다. 너무나 명백해서 보드리야르가 진술조차 못하는 것처럼 보이지만 이것의 사례는 유권자가 관심을 갖는 것이 피상적 특성이라는 것을 깨닫는 정치가다. 그가 제공하는 예는 훨씬 더 반직관적이다. 그는 파시즘이 권력의 종말 이후에 온다고 주장한다(p. 61; 84). 우리는 특히 나치즘이 권력의 정점이라고 주장할 수 있으며, 그것이 실제로 핵심이 될 것이다. 총체적으로 나치 치하의 권력은 이전과 같은 동일한 방식으로 지배되지 않는다. 그것은 또한 기원, 소속의 신화, 의례, 권력의 시각화를 재활성화하면서 자유민주주의의 남겨진 틈에 호소한다.[1] 전체주의는 과거의 사회를 대체하기 위해 '사회적인 것'을 창조하는데 이는 과거에 존재했던 것으로 추정되는 것, '자체의 합리적이고 계약적인 토대를 비관하는 사회에서 사회적인 것의 폭력적인 재활성화'(p. 61; 84)의 시뮬레이션이다.

역설적이게도(아니면 아이러니하게도?) 제 2차 세계대전 이후에 먼저 복지국가의 확장이라는 형태로 상실한 '사회적'인 것을 창조하려고 시도한 것은 좌파였으며, 그런 이후 개인이 가장 중요하다고 여기는 신자유주의, 우파의 관념에 반대했다. 사회적인 것에 대한 모든 실정적인 생각은 현재의 자본/자유주의 국가의 초현실적인 권력과 연루되어 있다. '사회적인 것 그 자체는 자본에 의해 난폭하게 배치된 후 비판적 사고에 의해 이상화된 전략적 가치 형태이기 때문에 반드시 시뮬레이션의 모델이자 전복되어야 할 형태로 간주되어야 한다(*Forget Foucault*, p. 53; 73). 자본은 1929년 주식시장의 폭락과 이어진 대공황의 여파 속에서 사회적인 것을 출범시켰다(*In the Shadow*, p. 27; 31). 제 기능을 하기 위해서는 소비주의가 장려되어야 했고, 생산은 광고나 선전 주도의 수요에 종속되어 운영되었을 것이다. 요약하자면, 사회적인 것은 먼저 자본주의의 구성물이고, 그 다음에는 전체주의로 더욱 밀려가고, 그리고는 비혁명적 좌파에 의해 되찾아진다. 1980년대까지 사회적인 것은 권력과 마찬가지로 어디에나 있고 그래서 현실로는 존재하지 않았다(pp. 18~19; 24). 개념이자 현실로서 사회 자체는 이러한 성공의 희생자다. 갱신된 바타유와 같이, 보드리야르는 사회가 '이전 사회의 상징적이고 제의적인 건축의 폐허' 위에 세워졌다고 말하면서 다른 오래된 사회가 일종의 현실을 가지고 있었고, 어떤 방식으로든 실제로 공동체적이었다고 말한다(p. 65; 69).

사회적인 것은 그 자체로 파멸이고, 자기 창조적이다. 이는 사회의 이해관계가 자신의 한계에 놓여 있기 때문이며 그것은 스스로를 모든 단계에서 조사하고 육성한다. 사회적인 것은 잔여물이 된 모든 것에 맞춰 조절된다. 즉 사회적 문제는 질병, 차별, 배제, 문제 행동과 관련이 있다(*In the Shadow*, p. 75; 79). 우리는 사회사업의 형태로 새로운 생산 영역을 고안하기도 했다. 사회는 정확하게 통일된 사회나 공동체가 아니라 네트워크나 회로의 집합으로, 각각은 서로 분리되어 있고 그 안에서 사회는 고립된 개인으로서 당신을 상대한다(p. 83, 87). 새로운 사회적인 것은 총체적 구성물이며, 통계, 투표, 컴퓨터 모델로부터 하이퍼리얼리티를 구성하는 것이라는 점을 알고 있다(p. 20; 25). 개인은 더 이상 커뮤니티의 구성원이 아니라 데이터 집합, 범주이거나 어떤 유형이다. 푸코가 생체 권력(신체와 그 움직임의 조절)의 사용에 대해 쓴 지점에서부터 보드리야르는 다음 단계를 관찰하는데 그곳에서 우리는 정보에 의해서 정의된다. 푸코와 마찬가지로 일부는 다른 것보다 더 나은 위치에 있는 것처럼 보이지만(예를 들어 소비자와 비교된 상점), 권력은 더 이상 자신이 누구를 통제하고 있는지에 대해 신경 쓰지 않는다. 예를 들어, 사생활 침해의 이유로 CCTV를 비판하는 것은 오류다: 우리 모두가 TV에 출연할 때 아무도 다른 누구보다 더 이상 흥미를 느끼지 못할 것이다. 시위는 누군가 또는 무언가를 셈하는 감각을 재창조하려는 필사적인 시도이지만, 시뮬라시옹된 힘은 모든 것 중에서 가장 차가운(또는 가장 냉정한) 것이다. 상점 포인트 카드가 당신의 구매에 대한 정보를 처리할 때 그들은 당신에게 관심이 없으며, 프로세스는 당신을 분류하는 데 관심이 있으므로 당신은 계산되지 않지만 귀하의 구매(또는 '선택')는 계산된다.

사회는 계급이 거주하는 것이 아니라 대중이 점유하고 있고, 보드리야르는 이를 '사회를 집어삼키는 블랙홀'로 묘사했다(In the Shadow, p. 4; 9). 대중은 소비주의와 19세기 자본주의에 의해 형성된 대중 사회의 부산물로 만들어졌다. 정부와 기업 모두 대중의 순응성과 유연성을 사랑했지만 이것은 잘 이어졌다(p. 23; 28). 이제 권력은 (예를 들어서, 과거 대중들에 의해 점차적으로 묵살당했던 투표의 형태에) 사람들이 가담하도록 조장해야 할 필요가 있다. 대중은 시장 자본주의나 시장 민주주의에 의해 제공되는 '선택'을 받아들일 수 없는 비활성 저항의 한 형태가 되었다(p. 41; 46). 그 대신에, 대중들은 '초과 순응hyperconformity'(p. 47; 52)을 통해 저항한다: 예를 들어 최신의 건강 권장 사항이나 건강 염려(p. 46; 51), 과도한 이메일 또는 '인터렉티브' TV 제작물에 참여하라는 전화 요청, 또는 공황 상태에 이르기까지 정부가 주입한 두려움(2001년 9월 이후의 미국처럼)을 수용하는 것들이다.

어떤 사람들은 사회의 대중화에 적어도 부분적으로 미디어가 책임이 있다고 말할 수 있다. 그러나 보드리야르에게 그들은 동일한 현상의 일부('the mass and the media are one single process', In the Shadow, p. 44; 48)이며 위에서 언급한 바와 같이 대중성 속에서, 복종에 저항한다(여기에 소외의 가능성은 없다). 그렇다면 어떻게 매스미디어가 대중들을 조작한다는 강력한 믿음이 존재하는 것인가? 그것은 TV 채널이나 신문이 그것을 믿도록 하는데 적합하며, 비소외적 행위자 개념을 유지하려는 매스

미디어 비평가들에게도 적합하다(즉 일단 미디어의 이데올로기가 드러나면 대중은 자신들이 통제되어왔다는 것을 깨닫고 벗어나려 할 것이다. 문제는 그와 같은 것이 가능하다고 해도 텅 빈 대중 개인이 함께할 수 있는 내용이 없다는 것이다). 그러나 보드리야르는 미디어 접근에 대한 문제를 다루기 거부한 것에 대해 비판을 받을 수 있다. 우리가 그의 견해를 전적으로 받아들이더라도 여전히 일부는 전송에 더 많이 접근할 수 있고 다른 일부는 수동적 수신자일 가능성이 더 높다(그리고 '상호작용'에 끌리는 사람보다 더 수동적인 사람은 없다.) 따라서 어떤 메시지는 다른 메시지보다 더 잘 들리고, 어떤 메세지는 이것으로부터 재정적으로 이익을 얻을 것이다. 이에 대한 반론으로 우리는 인터넷을 통해 미디어 접근이 민주화되고 더 저렴하고 쉽게 접근할 수 있게 되었다는 점을 주목할 수 있지만 이는 세계의 일정 지역으로 제한되어 있고, '그' 인터넷은 글로벌하기 때문에 독점자의 이름만 변화된 것이다.

대중은 그들 입장에서 대중들로부터 권력을 빼앗아 대중들을 위해 행사하는 것에 행복해한다. 따라서 대중은 권력의 본질을 변화시키고, 권력을 약화시키고, 역설적으로 현실 세계에 대한 권력의 지배력이나 그렇게 생각되는 것을 축소시킨다. 대중은 사회의 하층 계급과 반드시 같은 것은 아니다. 그들은 (하층 계급을 명확하게 정의한) 생산의 시대에서 시뮬라시옹의 시대로의 변화의 일부로서 창조된 하나의 현상이다. 그들은 룸펜lumpen일 수는 있지만 프롤레타리아트는 아니다. 개인으로서 그들은 더 이상 박탈당한 자의 아노미anomie를 겪지 않는다.

대신 그들은 비정상적인 경향이 있다(*Fatal Strategies*, p. 25; 29). 다시 말해 그들은 사회에 적합하지 않지만 신경 쓰지 않는다. 범죄는 점점 더 비효율적이고 목적을 상실해간다. 시스템은 계속해서 배치를 시도하지만 실패한다. 이것의 궁극적인 최종 지점은 테러다.

테러리즘

테러리즘을 시뮬라시옹된 사회의 산물이라고 생각하는 것이 이상하게 들릴 수도 있지만 보드리야르는 1970년대 중반 이후 일관되게 그렇게 이해했다. 테러리즘은 위축된 권력 시스템의 필연성에 저항하고 이데올로기가 아닌 시스템(국가 또는 글로벌 '시스템')을 공격한다. 보드리야르에게 테러리즘은 조직의 가정된 목표에 관한 것이 아니라, 이러한 목표를 초기 근거로 사용하면서 초과하는 과정이다.

　시뮬레이션은 그 자체로 테러이며, '테러리즘과 함께 하고…항상 실재의 테러리즘'(*Simulacra*, p. 47; 75)이다. 이는 그것이 자의적으로 자신을 부과하고 종속된 대중의 일부로서 각 개인에게 영향을 미치려 하기 때문이다. '테러리즘은 처음부터 미디어와 매혹의 집중적인 파도에 사로잡힌 똑같이 하이퍼리얼한 행위로 반응한다'(*In the Shadow*, p. 50; 55). 즉, 대중과 매스미디어 없는 테러리즘은 존재하지 않으며 권력이 그 자체로 시뮬레이션 되는 세상도 없을 것이다. 테러리즘은 시스템과 그 반대의 것

둘 모두이다(*In the Shadow*, p. 113; *Le Ludique et le policier*, p. 429를 참조).[2] 그것은 단순히 악도 단지 시뮬라시옹도 아니다. 그것은 시뮬라시옹과 같은 악이다(*Transparency*, p. 81; 88).

전략으로서 테러의 실행이라는 관점에서(무장 투쟁에서 반대 세력에 대한 이데올로기적 묘사가 아닌), 보드리야르는 테러 실행을 이성적 선택보다는 자의성과의 관련성을 강조한다. 이러한 자의성은 시스템의 미분화, 즉 모든 개인이 대체 다능하다는 사실을 공격한다. 대중은 모두 표적이 될 뿐만 아니라, 미디어를 통해서도 표적이 되는데, 우선 두려움의 확산이라는 관점에서, 둘째, 미디어의 폭력 미화에 대한 복종이라는 측면에서 그러하다. 이러한 관점에서, 미디어가 아동 유괴에 대한 공포를 조장하는 것도 테러리즘이라고 할 수 있다. 보드리야르의 관점에서 이것은 미디어가 자신의 제작물을 판매하기 위해 만들어낸 공포가 아니다. 대중은 이러한 현상의 일부이며 그들 자신안의 끔찍한 매력에 공모한다.

테러리즘은 특히 그것이 만약 정치적인 것이라면, 테러리스트의 의도를 초과한다. 보드리야르에게 테러리즘은 근래의 모든 시뮬라시옹에 스며든 것이며, '테러 행위는 자연 재앙과 흡사하다'(*In the Shadow*, p. 56; 61). 이러한 재앙이 핵 원자로의 고장과 같이 인간에 의해 초래된 것이라 할지라도 말이다. 그래서 우리가 표면적으로 정책, 국가, 인종을 표적으로 삼는 테러리즘을 볼 때, 보드리야르는 우리가 관련된 테러리즘의 현실을 놓치고 있으며 이를 게릴라전으로 오인하고 있다고 주장한다. '팔레스타인이 인질의 중재자를 이용해 이스라엘을 공격하는가? 그렇지 않다. 그들이 가공의 또는 심지어 가공되지 않은 익명의, 구분되지 않는 적을 공격하는 것은 중재자로서 이스라엘을 통해서다'(*In the Shadow*, p. 55; 60). 보드리야르는 그것이 가장 직접적으로 관련된 사람들이 인식하는 방식이 아니라는 것을 알고 있지만, 그는 테러리즘이 비난적인 묘사로 사용되기보다 하나의 범주로 기능하는 방식을 살펴보고 싶어한다. 그리고 만약 당신이 마지막 인용문의 끝에 '서구와 같은'이라는 단어를 추가한다면, 그것은 이미 보다 그럴 듯해 보인다.

1970년대는 뉴스 미디어뿐만 아니라 주로 항공 여행의 성장과 같은 운송 미디어 덕분에 테러리즘이 전 세계적 규모로 재현될 수 있었던 시대였다. 많은 테러리스트 그룹들은 국가 주권이든 독립이든, 혁명을 위해 싸우든, 단순히 죄수를 석방하기 위해 싸우든 이 시기에 가장 활발했다. 인질은 중요한 협상 카드였다. 그러나 보드리야르에게 있어서 이 활동은 테러리즘의 끝이 아니었다. 국가들은 핵전쟁의 위협 때문에 국민과 궁극적으로 세계 전체를 볼모로 한 초강대국들과 함께 동일한 방식으로 행동하기 시작했다(시뮬라시옹에 대한 보드리야르의 글에서 그 시대의 대부분을 차지하고 있는 한 가지 요소는 1989년 소련의 붕괴 후 '실제' 세계에서 희미해진 억제에 대한 주장이다). 국가는 또한 테러리즘에 대응해야 할 것을 요청받고 있으며, 이를 위해서는 법과 일반적인 군사 교전 규칙을 넘어서는 행동을 요구한다. 즉 테러리즘이다(*In the Shadow*, pp. 115~116; *Le Ludique et lepolicier*, pp.

432~433). 대테러 활동은 그들이 싸우고 있다고 주장하는 것의 일부이다(바스크 분리주의자 조직 ETA에 대항하는 스페인 정부의 '죽음의 부대death squads', 영국 정부의 IRA에 대한 접근, 휴전 중 하마스 지도자에 대한 이스라엘의 공격, 9/11 이후 등장한 미국의 '테러와의 전쟁' 9/11).[3] 이런 일이 발생하면 테러리즘이 승리하여 시스템에 가역성을 가져왔으며(p. 116; 433), 이는 시스템의 진정한 폭력을 폭로했다고 주장할 수 있다(20세기 초 아나키스트의 '행위에 의한 선전'처럼).

정치화된 형태의 테러리즘에 대해 우리가 보드리야르에 동의하든 그렇지 않든, 예를 들어 '소수자', 난민, 심지어 고용인 범주(공무원 등)에 대한 테러 확산을 무기로 생각할 때 그의 일반적인 주장을 뒷받침하는 증거를 추가할 수 있다. 개인은 스스로 테러리즘을 행해왔다. 미국에는 국가가 자신들의 자유를 제한함으로써 자신을 배신하고 있다고 믿는 사람들이 있고, 전 세계적으로 개인적인 원한을 품고 자의적으로 처벌하는 사람들이 있다. 대량 학살자가 살해한 사람이 특히 '평범한' 어린이인 경우, 이는 아노미가 이례적이란 테러의 완전한 사례가 되며(*Fatal Strategies*, p. 34; 39). 콜럼바인 살해와 같은 사건을 소외의 징후로 생각하는 것은 실수다. 그것들은 소외의 스펙터클이고, 그것의 시뮬라시옹이며, 무작위로 움직이는 기계의 일부에 훨씬 더 가깝다. 이것은 폭력의 원인이 TV와 음악이라고 주장하는 사람들의 주장과 다소 비슷하게 들리는데, 테러리즘에서는 원인과 결과가 완전히 사라진다는 점을 명확히 할 필요가 있다. 여기에 연결고리가 있다면 그것은 실재를 맹렬히 추구하는 시뮬라시옹의 세계(이전에는 현실 세계)가 야기한 연결고리일 것이다. 아마도 그것은 폭력을 허구화하고, 신화화하고, 낭만적으로 만드는 사람들에 대한 항의일 것이다.

전쟁

매우 초반에, 보드리야르는 일어나지 않은 전쟁에 대해 썼다. 이는 전쟁이 미디어 재현, 어떤 일이 일어날지에 대한 모델, 그리고 전지구적 억제 모델에 포함되어 있기 때문에 (미국 대 소련의) 실제 전쟁은 일어날 수 없다는 것을 의미한다. 2장에서 주목한 바와 같이, 전쟁이 시뮬라시옹 된다는 사실은 (공격받는 사람들의 형태로 남아 있는 현실을 암시하면서) 이미 전쟁을 겪고 있는 사람들을 실제로 더 위험하게 만들며, 일부 전쟁을 시뮬라시옹에 대항하는 현실의 전투로 만든다(1차 걸프전의 사례에서, 이라크와 싸우는 연합군은 실제 전쟁과 같은 것을 기대했고, 이라크는 다른 게임을 했다. 유고슬라비아에서 미국은 전쟁이 완전히 시뮬라시옹에 들어갔다고 믿었지만, 세르비아는 전쟁을 다시 실재로 끌고 들어갔다).

실제로 전쟁이 일어나지 않는다는 이론은 1차 걸프전의 비현실성에 대한 보드리야르의 논쟁적 사상에서 완성된다. 만약 베트남 전쟁이 첫 번째 미디어 전쟁이었고, 따라서 전쟁의 양상을 변화시켰다면, 이라크에 대한 1차 걸프전(1991)은 같지만 그 이상이었다.[4] 그것은 현실로 정당화될 필요가 있는 첫 번째 전쟁이었다(2차 걸프전의 여파로 비슷한 일이 일어났는데, 여기서 정당화의 흐름은 수그러들지 않았다).

1차 걸프전 전후에 보드리야르는 각각 <그것은 일어나지 않을 것이다>, <그것은 일어나지 않는다> 그리고 <그것은 일어나지 않았다>라는 일련의 글을 썼다. 이 글들은 《걸프전은 일어나지 않았다The Gulf War Did Not Take Place》라는 책으로 묶였으며, 면밀히 독해되지 않은 상태에서 크리스토퍼 노리스는 《무비판 이론Uncritical Theory》를 통해 이 책을 강력하게 비판했다.[5] 전쟁이 일어나지 않았다는 것에 대한 보드리야르 주장의 주된 이유는 미디어에서 행해지는 선점pre-emption이다. 이것은 두 가지 요소를 가지고 있다. 첫째, 전쟁을 자신의 시뮬라크럼 그리고 전쟁 일반으로 번역하는 공공 미디어나 매스미디어(이것은 특히 '실시간' 보도를 통함)이며, 둘째, 정보 기술 형태로 군 자체의 뉴미디어 이용을 통한 것이라는 점이다. 이것들의 조합은 실제 전쟁이 일어나는 것을 방지하는데, 그것은 언제나 이미 발생했기 때문이다(The Gulf War, pp. 35~36; 27~28)[6], 노엄 촘스키와 달리 보드리야르는 미디어에 의한 또는 미디어를 통한 신비화나 이데올로기적 통제를 보지 않는다. 미디어는 통제할 수 없는 다양한 영향을 미치고 이 중 많은 것들이 전쟁의 정치적인 정당화를 감소시킬 수 있으며, 특히 그것은 오락물이 되고 참과 거짓의 구분을 상실하기 때문이다(따라서 2차 걸프전에서 '코믹 알리Comical Ali'의 인기는 그가 정말로 거짓말하지 않는다는 한에서 그의 진실에 대한 무지에 달려 있었다).

신기술의 군사적인 사용은 실제 전쟁이 일어날 필요성을 약화시킨다. 이것은 단순히 전쟁이 일어날 필요가 없다는 것을 의미할 뿐만 아니라, 형편없이 부정확한 '초정밀 타격' 또는 아군 포격에 의한 사망의 형태로 자체 기술 수준을 빗대어 말함으로써 그것이 결코 일어날 수 없다는 것을 보증한다. 보드리야르는 다른 곳에서 '따라서 모든 우리의 기술들은 아마도 우리가 지배한다고 믿는 세계의 도구라고 말할 수 있지만, 사실 세계는 이 기계를 사용하여 스스로를 드러내며, 우리는 그저 구경꾼에 불과하다'고 쓰고 있다(The Perfect Crime, p. 71; 106). 그렇지만 표면적으로 보드리야르는 이 부분에 대해서 완전히 틀렸다. 전쟁, 또는 그것과 매우 비슷한 것은 이미 일어났고, 그 결과로 많은 이라크인들이 목숨을 잃었다. 그러나 우리가 알다시피, 시뮬라시옹된 전쟁은 아무 이유 없이 싸우고 있기 때문에 더욱 위험하게 만들며 예측과 반대되길 바라는 것처럼 보인다(이 경우에 있어서는 '시뮬라시옹된 상실'로 이끄는 '깨끗한 전쟁'에 대한 강박(The Gulf War, p. 44; 41)).[7] 뿐만 아니라, 걸프전은 하드웨어와 미국의 개입을 서비스로 판매하는 것(p. 30; 20)과 전 세계에 접근 가능한 전면적인 TV보도(BBC 국제 방송으로부터 이어받은 CNN)의 명백한 민주주의에 관한 것이다.

따라서 미국 주도의 연합군은 군사적으로, 정치적으로, 연합 자체를 구축함으로써 경제적으로 복수의 승리를 주장할 수 있었다. 그러나 이 모든 것들은 시뮬라시옹의 영역 내에서 이루어졌다. 사담 후세인 역시 패배하지 않고, 애초에 미국에 대항함으로써, 본질적으로 세속적인 정권을 유지하고 이란과 이라크의 시아파와 싸우면서도 무슬림의 지지를 획득했다는 점에서 그 또한 승리했기 때문이다. 다시 말해, 군사적 '현실'은 발생한 것들 중에서 가장 중요하지 않은 구성 요소 중 하나라는 점이다. 보드리야르는 사담이 대이라크 연합군보다 더 미디어를 잘 사용했고, 이는 그가 미디어를 통제했기 때문이 아니라 스펙터클을 이용(예를 들어 포로(p. 39; 33)나 인간 방배의 스펙터클)했기 때문이며, 과잉의 시뮬라시옹이 시뮬라시옹된 세계가 주장하는 고유한 현실을 넘어설 가능성을 높인다고 주장했다.

전쟁의 수행은 또한 전쟁이 일어나지 않는 것에 기여한다. 즉 이 전쟁은 '정밀 타격'을 주장했지만 2차 세계대전의 폭격보다 덜 정확했으며, 이는 사실 적의 통신이 두절되어 무엇이 남아 있고 실제로 무엇을 타격했는지 우리는 모르며, '우리가' 멀리 떨어져 있어서 얼마나 많은 로켓 발사대가 남아 있는지(p. 43; 39), 실제로 화학무기가 있었는지 말할 수 없다는 것을 의미한다. 이러한 직접적 조우의 결여(퇴각하는 군대들을 제외하고)는 전쟁의 모델링이 우선시되었고, 또한 컴퓨터화된 방어 시스템에 대한 총체적 믿음이 아군 '오폭' 사상자를 발생시켰다는 것을 의미한다. 이는 또한 미국이 결코 타자와 싸운 적인 없다는 것, 타자를 다른 나 이외의 것으로 상상할 수 없으며(pp. 37, 39; 30, 34), 결코 타자를 패배시키지 않을 것이라는 것을 의미한다. 이 상황은 여전히 '테러와의 전쟁'과 함께 발생하(지 않)고 있다. 그 전쟁은 걸프전처럼 사담Saddam이 체포된다 하더라도 끝나지 않을 것이다. 이는 결코 실제로 시작되었거나 발생되었거나, 보드리야르가 말한 것처럼 '이 전쟁은 결코 시작되지 않았으므로, 이 전쟁은 끝이 없기' 때문이다(p. 26; 14).

'현실' 세계에서, 전쟁은 끊이지 않았고, 계속되는 제재를 통해 전쟁에서 사망한 숫자보다 분명히 더 많은 사망자가 발생했다. 사담은 또한 '자국민'을 계속 공격했지만 1980년대 이라크가 이란과 싸우고 서구가 사담에게 무기를 지원하는 동안 무시되었을 때와 같이 처벌받지 않았다. 서구, 특히 미국과 영국은 이 '내부 폭력'을 당시 이라크와의 전쟁의 명분으로 삼았다. 이것은 냉소주의를 보여주는 것인가? 당연하지만 그것은 또한 진실과 거짓에 대한 총체적인 경멸을 보여준다. 이러한 노골적인 역사 다시 쓰기는 필요해 보이는 모든 것을 합법화하는 것이다. 그렇다면 왜 더 많은 것을 제공하는가? 미국과 영국이 더 많은 것을 제공했을 때, 그것은 시대에 뒤떨어진, 도용된 테제, 날조된 무기 재료의 구매, 상상된 알카에다와의 연결, 사담의 힘과 그의 군대의 효율성에 대한 명백한 편집증적 믿음과 함께 다른 쪽에서 생산된 어떤 것만큼이나 우스꽝스러웠다. 보드리야르의 주장은 실제 사건으로 대체되었는데, 미국/영국 연합군은 이러한 대량 파괴 무기들이 적을 공격하고 체제를 수호하기 위해 사용된 것이 아니라 침략 직전에 해체되었다고 주장해야 했다. 이는 무기를 가지고 있지 않다는 것으로는 충분하지 않다는 초기의 주장 이후에 나온 것이며, 증거가 필요했기 때문에 무기들은 파괴되었다. 마지막으로, 만약 모두가 첫 번째 전쟁에서 승리했다면, 우리는 모두가 졌다고 말할 수 있고, 말 할 필요도 없이 전쟁도 끝나지 않을 것이다.

그곳에 한 명의 승자가 있었다. 즉 알카에다나 오사마 빈 라덴이 아닌, 기존의 서구 케이블 채널이 아닌 새로운 기준방송사가 된 알자지라al-Jazeera였다. 미국과 영국은 뉴스를 통제하기 위해 새로운 아이디어를 내놓았는데, 언론인을 '파견'하고 그들의 보고를 점검하는 것이었다. 바그다드에 머물렀던 기자들이 의례적으로 그들의 '보도 제한'을 언급한 반면, '파견된' 기자들은 놀랄 만큼 객관적인 알자지라(빈 라덴의 메시지를 전송하는 장소라는 이전의 명성을 감안할 때)에 의해 선수를 뺏기기 전까지 미디어와 군 모두에 이익을 주면서 그들의 보고서에 사실성을 유지하려 했다는 것이다. 이는 그들이 더 진실하다고 말하는 것이 아니라 그들이 미디어 내에 진실을 귀속시키는 기준에 부합하고, 서구의 채널이 할 수 없었던 혹은 하지 않으려 했던 방식으로 죽음의 스펙터클을 시뮬라시옹으로 끌어들이며 세밀히 그려냈다는 점이다. 여러 면에서 서구의 보도는 베트남 전쟁 이전으로 돌아갔고, 사건이 한창임에도, 모든 것을 말할 수 없다는 것이 상황과 미디어의 책임 있는 태도 둘 모두의 중대성을 보증한다는 향수 어린 태도로까지 후퇴했다.

마찬가지로 이와 같은 향수는 대량 살상을 주장하고 문자 그대로 인종 청소를 자행했던 유고슬라비아에서 벌어졌던 10년 동안의 폭력에서 나타난다. 보드리야르는 그곳에서 발생했던 서유럽의 인식에 매우 냉소적이었으며, 서구는 고통, 전쟁 그리고 죽음에 대한 현실과 그 기준을 절실히 바라야 한다고 주장했다. 그것은 '인간의 비극'이라고 불리는 것에 대해, 희생자들의 곤경에 대한 단지 '최소한의 공통 분모'를 갖는다(*The Perfect Crime*, pp. 134~135; 186). 그는 또한 전쟁의 현실에 대해서 매우 흥미롭게 진술하는데, '실재'는 여기에서 다시 재출현할 수 있지만 이는 전쟁에 의해 피해를 당한 사람들에게만 해당되며(p. 133; 184), 이 현실조차 미디어의 존재를 통해 감소(또는 하이퍼리얼리티로 고조)된다고 했다. 따라서 실재는 폭력에 굴복하도록 만들어지고 있다. 처음은 아니지만 보드리야르는 시뮬라시옹이 실제로 폭력을 멀리하는 유용한 기능을 가지고 있다고 주장한다 (장기적으로 본다면 항생제 남용과 같이, 이것은 새로운 취약성을 초래한다).[8]

보드리야르는 또한 티미쇼아라에서의 대학살에 대해 글을 썼는데 대학살은 한 번이 아니었음이 드러났고, TV의 통제와 사용이 주요한 부분으로 옛 루마니아 정권을 해체하는 데 있어서 미디어가 중심적인 역할을 했다는 것이 밝혀졌다(*Illusion*, p. 56, 86). 그가 보는 모든 곳에서 전쟁은 진실을 제거하는 요소를 가지고 있는 것처럼 보인다. 적어도 서구에서 우리는 모든 이데올로기적 관점으로부터 '세상에서 무슨 일이 일어나고 있는지 알아야 한다'는 도덕적 권고와 함께 일어나는 모든 일들을 보고 있다고 믿는다. 보드리야르의 심오한 회의주의에 비추어볼 때 우리는 그가 말하는 홀로코스트의 내용에 대해서도 살펴볼 필요가 있다. 리오타르와 마찬가지로 홀로코스트 부정론자들/홀로코스트 부인자들이 틀렸다고 말하는 것만으로는 충분하지 않다(어쨌든 그가 말한 것은 *Screened Out*, p. 108; 122 참조). 당신은 또한 그들이 주장을 구성하는 근거―증거 부족과 의심―가 홀로코스트가 발생했다는 주장에 부적격하며, 가스 잔재 등을 과학적으로 평가하려는 시도가 그들의 목표에 어긋난다는 것을 의미한다는 점을 강조할 필요가 있다. 홀로코스트를 부인하지 않는 사람들 또한 수백만 유대인의 대량 학살을 추모하는 것이 그것의 축소라는 사실을 인식할 필요가 있다. 왜냐하면 그것은 발생한 일을 하이퍼리얼의, 매개화된 '현실'로 변형시켜 실제 사건을 축소하는 동시에 어느 정도 다시 반복하고, 재상연하는 것이기 때문이다. (특히 《악의 투명성Transparency of Evil》의 91, 97쪽에서 쇼야Shoahd와 홀로코스트Holocaust에 대해 언급함: 이 책의 제목은 한나 아렌트의 《예루살렘의 아이히만Eichmann in Jerusalem》을 연상시킨다). 홀로코스트를 부정하는 것은 기이한 일인데, 그것이 발생했다는 너무 많은 증거가 존재하기 때문이다(비록 아우슈비츠 자체는 대부분 재건되어야 했지만). 따라서 보드리야르에게 이것은 아마도 주의해야 할 가장 중요한 사항일 것이다. 증거의 부재나 도덕적 상대주의가 나치를 다시 끌어들이는 것은 아니다. 오늘날 진실의 과잉, 모든 것이 하이퍼리얼화 되어가는 것은 아무리 중대하고 폭력적인 사건이라도 시뮬라시옹을 피할 수 없다는 것을 의미한다. 이것이 위험이다(*Transparency*, pp. 91~93; 97~99).

사건의 종말

많은 사람들은 세계 경제를 기반으로 한 다양하고 순수한(즉 비참조점의) 가치, 전 지구화된 대중매체, 자본주의에 반대하는 모든 이데올로기의 점진적인 소멸 그리고 서구 생활의 위생화가 결합되어 시뮬라시옹과 같은 것이 된다는 것을 받아들이게 될 것이다. 그러나 가장 큰 예외는 전쟁이 될 텐데, 보드리야르에게 전쟁은 점증하는 가상 세계의 일부일 뿐만 아니라 그러한 가상화의 원인이다. 그렇다면 가장 마지막 가능성은 통제된 인간 생태계의 흐름을 방해하는 사건이다. 이 사건이 우리에게 어떤 충격을 줄 것인가? 본질적으로, 우리가 사건에 접근할 수 있는 것은 미디어와 무엇보다 실시간 TV를 통해서다. 그러나 이것은 정확히 우리가 비사건을 접하게 되는 곳인데, 실시간 보도는 사건의 타락의 스펙터클이기 때문이다(*The Gulf War*, p. 48; 47). 왜냐하면 이것은 사건을 실시간으로 포착하고, 설명하며, 처리해 잔혹한 침입이 될 수 없도록 하기 때문이다―그것은 항상 가상의 사건일 뿐이며, '우리가 실시간으로 진행되는 사건에 더욱 가까이 접근할수록, 우리는 가상의 환영에 더 깊게 빠지게 된다'(p. 49; 48). 폴 비릴리오가 《사막 스크린Desert Screen》에 기술한 것처럼 실시간 TV는 영국적인, 무비판적인 현재의 도래가 아니라, 영구적으로 부재하고, 보류되고, 논평되고, 거주할 수 없게 된 대체된 현재의 도래이다.[9]

사건들은 여전히 보드리야르의 관심을 끌고 있으며, 정적이거나 지속적인 상황보다 우선시되기 때문에 그는 발생하는 사건에 신속히 대응하는 신문 《리베라시옹Libération》에 관심을 갖는다. 왜냐하면 이것은 어떤 측면에서 우리가 이데올로기의 종언 혹은 다니엘 벨Daniel Bell, 레이몽 아롱Raymond Aron, 알렉상드르 코제브Alexandre Kojève, 프랜시스 후쿠야마Francis Fukuyama가 예견했던 역사의 종말에 있기 때문이다. 보드리야르는 이에 대한 자본주의-승리 모델을 받아들이지 않는다. 만약 마가렛 대처가 1989년 이전에 벽에 적힌 공산주의를 지지하는 글을 보았다고 생각했다면, 한 세기 반 전에 예를 들어 러시아에서 선도적인 경제 권력이 또한 공산화되지 않았다면 공산주의는 불행한 운명을 맞게 되리라는 것을 알고 있었던 마르크스와 일행이 되었을 것이다. 보드리야르는 대신에 아무도 눈치채지 못하고 끝나버린 엘리아스 카네티Elias Canetti의 역사에 대한 개념을 언급한다(*Illusion*, p. 1; 11, 그러나 보드리야르는 《침묵하는 다수의 그늘 아래서A l'Ombre des majorites silencieuses》, 95쪽에서 훨씬 더 이전에 언급했다).[10] 이 모형에서, 우리는 역사가 끝나지 않은 것처럼 계속하는데, 그것은 언제나 이미 끝났기 때문에 결코 끝날 수 없다. 전설적인 역사의 종말은 단지 환영일 뿐이고, 심지어 2000년의 '밀레니엄'과 같이 구체적이고, 예상되는 사건들이더라도 일어나지 않을 것이고(*Illusion*, p. 9; 22), 위협으로 나타났던 '밀레니엄 버그'는 발생하지 않았다.

역사는 끝내지 못한 채 끝이 난다(*Illusion*, p. 4; 15 그리고 *Passim*). 이것은 우리가 시뮬라시옹된 세계를 가지게 되는 순간 일어나는 일의 무의미함 때문에 일어난다. 보드리야르는 특정한 종착점으로 향하는 선형적인 역사의 행진은 끝났다는 '역사의 종말' 사상가들에 어느 정도 동의한다. 그러나 그들의 모델은 언제나 특정한 이데올로기에 대한 승리를 함축하고, 따라서 실세로 우리를 '어딘가'로 이끈다:

> 그렇지만 보드리야르의 모형은 선형적인 것과 위치의 분산에 기반을 두고 있다. 모든 정치적, 역사적, 문화적 사실은 그것을 자신의 공간에서 하이퍼스페이스로 비트는 운동에너지를 갖고 있으며, 그곳에서 그것을 결코 돌아오지 않을 것이기 때문에 모든 의미를 상실한다… 이제, 완전한 전파와 유통에 대한 충격을 통해, 모든 사건들은 그 자체로 해방된다. 어떠한 사건도 지구 전체로 방송되는 것을 견디어 낼 수 없다. 어떤 의미도 가속을 견딜 수 없다.(p. 2; 12)

사건의 상태에 결정적인 변화가 생기는데 이는 해방의 시점에서 발생하며, 의미에 다다르면 의미를 상실한다든가 하는 것이다. 분명히 이것은 대중매체화된 세계와 관련이 있지만, 시뮬라시옹 속에서 그리고 그 이후에 모든 것과 마찬가지로 원인과 결과관계는 사라진다. 이 경우 역사적 사건 자체가 내러티브로서의 역사를 무효화하기도 한다. 보드리야르는 냉전 종식과 함께 국민국가의 재창조, 신화 그리고 피비린내 나는 갈등으로 시계가 거꾸로 돌아간다고 썼다(pp. 11, 32; 25, 54).

하지만 미디어와 대중은 끝나지 않는 과정의 중요한 역할을 하며 비사건이 되는 사건에도 중추적이다. 현대 사회에서, 사건은 매개된 경우에만 중요하다고 여겨진다(pp. 15~16; 30~31). 일단 매개되면, 특히 '실시간'을 통해 매개되면, 사건은 역사적 내러티브에서 위치성을 상실하고, 해설과 사건의 모델링(사건을 구성하는 것이 무엇인지, 그것을 어떻게 보여줄 것인지, 그것에 대해 누구에게 물어볼 것인지, '대중'이 보고 싶어하는 것은 무엇인지 그리고 어떤 배경이 제공될 것인지에 대한 결정)에 의해 대체되어 특이성을 잃게 된다. 보드리야르는 일이 발생했다고 주장하지만, 이제는 더 이상 과거처럼 '이전에 일어난 것이 아닌 일어나도록 설계된 것이라고 주장한다. 그러므로 그것은 가상의 인공물로 발생한다'(*Transparency*, p. 41; 48). 사건이 해방되면, 그것에 대한 기억은 점점 불가능해질 것이다(그러나 실재가 시뮬라시옹 안에 있는 것과 같이, 사건에 대한 당신의 경험, '당신은 … 할 때 어디에 있었는가'라는 형태로 조장된다). 따라서 선형성은 해체되고, 의미(즉, 현실)는 사라진다. 아이러니한 것은 '그 사건'이 현실의 마지막 기회, 실시간으로 펼쳐지는 실재의 마지막 지대였다는 것이다. 대신에, 사건들은 '블랙홀'이 된다(*Illusion*, p. 20; 36).[11]

실시간으로 현실이 아니라 가상인데 이는 현실이 대체되기 때문이며(*The Vital Illusion*, p. 50), 사건이 발생할 때, 그 장소는 가상화 된다(*Illusion*, p. 56; 85). 그것은 또한 일반적으로 시뮬라시옹된 세계를 앞선다(*Paroxysm*, p. 30; 60). 가상적인 것은 시뮬라시옹에 대한 글로벌 이론 내에서 다른 관점에서 볼 수 있다. 첫째, 확장, 하이퍼리얼리티의 새로운 (비-)차원으로, 완벽함까지, 둘째, 이것은 시뮬라크르의 진행을 넘어선 무언가인데, 그것은 의도된 완벽한 복제—절망적인 주장이 아닌 현실의 의도적인 대체물이다(그래서 가상이 '스펙터클의 사회'를 해체한다는 주장(*Screened Out*, p. 153; 171)이다). 셋째, 이것은 현실/시뮬라시옹 대한 저항의 형태다. 보드리야르는 가상의 사건이 우리를 실제 사건으로부터 보호한다고 제안했다(걸프전, 1987년의 가상 충돌the Gulf War, the virtual crash of 1987).[12]

가상은 비사건의 세계이다. 비사건은 예를 들어 1968년 5월의 혁명적 잠재력과 (향수적으로) 비교되는 1995년 프랑스 파업과 같은 이전의 진지한 의도가 결여된 사건일 수 있다. 뉴스에 나오는 것의 대부분은 사건이 아니다(그는 비사건의 사례로 소아성애자, 실업자, 광우병을 인용한다(*Cool Memories* IV, p. 42; 57)). 따라서 단순히 기대에 부응하지 못하는 사건이나 그것의 선례와 같은 비사건의 진부한 의미가 거기에 있을 수 있지만, 이는 사건이 가진 어떤 힘을 제거하는 사건의 매개화와 대중화에 대해 부차적이다. 비사건은 사물이 발생하는 방식이고, 우리가 반드시 주목해야 할 곳이다. 비록 보드리야르가 두 번째 걸프전의 재발과 마찬가지로 발생할(하지 않을?) 일에 너무 가까이 있다면 문제가 있지만 그것은 정확히 우리가 보아야 할 곳이다. 비록 보드리야르는 그가 너무 가까워서 어떤 것이 일어나는지 모를 수도 있다는 문제를 가지고 있지만, 그것은 두 번째 걸프전쟁의 재발과 마찬가지로 그것은 아직 발생하지 않았으며 그렇게 될 가능성도 낮다. 그러나 이러한 사건들을 비판적으로 보는 것은 불가능하다. 따라서 다이애나 비의 죽음이 (보드리야르적인) 비사건의 예이지만(*Impossible Exchange*, p. 137; 173), 관심의 초점은 실제로 일어난 일을 파악하거나 미디어의 책임을 분석하는 것이 아니라 비사건성 그 자체에 있어야 한다.

그러나 TV가 유일한 스크린은 아니다. 비록 보드리야르는 놀랍게도 가끔 IT 미디어에 관심을 기울이지만, 그가 쓴 글은 이러한 현상들을 바라볼 때 유용하다. 그는 이제 모든 것이 온라인 상태이며, 아무것도 온라인 사건에 대응할 수 없다고 지적한다(*D'un fragment*, p. 76). 온라인 사건은 비공간에서, 이론적으로는 실시간으로 펼쳐지지만, 그것의 가상의 기술(TV는 가상적인 것에 적응하려는 시뮬라시옹 기술이다)에 대한 접근은 사건이 실제로 발생했다는 상상(희망?)으로부터 자유롭다는 것을 의미한다. 가상은 꾸준하게 자유에 대한 어떤 표지를 보여주지만, 그것은 객관적인 자유, 즉 어떤 주체도 가상세계에서 해방되지 못할 것이다. 채팅방이나 오래된 멀티 사용자 환경에서 정체성의 변화가 급진적이라고 믿는 사람은 정체성이 중요한, 그 놀이가 끝날 수 있고 (마치 프로이트의 꼬마 한스처럼) 실제 주체성으로 되돌아갈 수 있다는 모델에 갇혀 있는 것이다. 가상은 사람들을 근본적으로 자유롭게 만들 수 있을지 모른다―엄청난 시간 동안 자유롭게 살거나, 게임을 자유롭게 즐기고 평생 꿈을 꿀 수도 있다. 아니면 가상은 신체의 필요성을 제거하거나, 신체를 확장하거나, 가상을 포함하도록 우리의 공간이 확장될 수 있다. 이 모두가 매우 흥미롭지만, 이것은 1960년대나 및/또는 1980년대의 기술 미래주의에 속한다. 가상은 그것 스스로 비사건이고, 우리는 윌리엄 깁슨William Gibson, 브루스 스털링Bruce Sterling, 패트 캐디건Pat Cadigan에 의해 그려진 1980년대의 미래로 반복적으로 이동하는 것이다. 그렇지 않을 때는 우리가 필립 K. 딕Philip K. Dick이나 마셜 매클루언Marshall McLuhan의 1960년대 미래에 있을 때다.

9/11

보드리야르는 뉴욕이 세계의 중심이라고 쓰고 있다(*America*, pp. 14~16; 20~21). 이는 자본주의의 발전이 건물과 디자인을 통해 드러나는 유일한 도시가 뉴욕이기 때문이다(*Symbolic Exchange and Death*, p. 69; 108). 그러므로 오늘날 뉴욕은 특정 (브랜드) 제품과 미디어의 편재성에서 명확히 드러나는, 시장, 개인의 자유, 진보와 지구화의 이데올로기의 시뮬라시옹된 또는 가상의 세계의 중심으로, 그것은 그 중심을 향하고 그 중심으로부터 발산한다. 이는 또한 세계무역센터에서 구체화된다. 1976년 보드리야르는 이 건물이 이중화, 양극화(유전자와 유사한)됨으로써 궁극적으로 독점을 실현한다고 주장했다. 시장에서 두 존재가 거의 독점하거나 과점하는 것조차 경쟁의 형태로 해당 그룹의 지속적인 지배를 보장한다. 쌍둥이 빌딩은 완전한 독점체인데, 맨해튼 스카이라인의 나머지와 어우러지지 않고, 그들의 중복은 '모든 경쟁의 끝, 모든 원본 참조의 끝을 의미한다'(*Symbolic Exchange*, p. 69; 108). 탑이 언제나 이미 (서로에 의해) 중복되어 있다는 사실은 우리가 원본과 사본을 구별할 수 있는 재현 공간을 끝장낸다. 세계무역센터는 시뮬라시옹으로 가는 또 다른 계기이며 궁극적으로 전 지구화라는 가상의 세계가 된다. 이는 의미화 또는 설명의 수준이 아니라, 보드리야르가 장 누벨Jean Nouvel(파리 국립도서관의 네 개의 타워를 책임지고 있는)과의 대화에서 주목했던 하이퍼리얼리즘의 수준에서다. 이 대화에서 그는 세계무역센터가 '이미 하이퍼-리얼리티를 경험하고 있는 사회의 맥락을 완전하고 구성된 형태로 표현하고, 의미하고, 번역한다'고 말한다(*The Singular Objects of Architecture*, p. 4; 14). 알다시피, 전 지구화하는 서구라는 하이퍼리얼리티는 단일적 특성에 따른 문제에 직면하고 있으며—이것은 스스로를 약화시키고 변칙적으로 행동하며, 이상을 촉진한다—보드리야르가 뉴욕을 '재앙의 진원지'라고 말한 이유일지도 모른다(*Cool Memories* IV, p. 9; 18). 그의 관점에서 쌍둥이 빌딩의 파괴는 시스템 자체를 파괴하려는 시도이거나 최소한 이러한 파괴를 위한 조건을 제공하는 것이다.

9/11로 알려진 사건에 대한 보드리야르의 논쟁적 해석은 모든 권력 시스템에 의해 생성된 파괴 의지에 중점을 두고 있으며 다른 어떤 동기나 근거에 중요성을 부여하는 것을 거부한다. 그 사건 자체는 미국과 세계, 이슬람 세계, 세계화에 저항하는 사람들 사이의 관계뿐만 아니라 세계의 가상화의 효과이기도 하다.

그 공격은 오랫동안 잊힌 현실의 침입인가? 보드리야르는 그럴 수도 있지만 그것이 중요한 것은 아니라고 말한다. 이는 시뮬라시옹에 대응하는 전략을 시뮬라시옹 자체를 결합하는 데 있다. 이로써 그것은 전세계적인 의미를 가진 진실 사건이 되며 이는 전지구화에 대한 것이기 때문이다(*The Spirit of Terrorism*, p. 3; 9). 그리고 이것을 전 세계에 접근 가능하게 만드는 것—미디어와 '실시간'—은 더욱이 단순한 현실이 되는 것으로부터 그것을 제거하는 것이다. 그러한 공격은 폭력으로서의 전 지구적인 것의 귀환이다. 테러, 미디어화 어디에서든 일어날 수 있는 폭력인 것이다.

조종사들의 자살이 더 많은 죽음, 상징적이고 희생적인 죽음으로 현실보다 '더 많은 죽음을 만들어냄으로써 공격은 죽음이 없다고 가장하는 세계로 그것을 다시 되돌린다'(p. 17; 25). 너무나 많은 죽음은, 너무 눈에 띄게 사건을 실제와 다른 것(그것이 배제하는 모든 것) 사이에서 진동하게 만들고, 궁극적으로 사건(행위 또는 그것의 직접적인 결과)을 상징적으로 만드는 것은 되돌릴 수 없는 도전, 불가능한 교환이라는 것이다(*Power Inferno*, p. 30).[13] 지금까지 이것은 이전 글의 논리적 확장이지만 서구의 공격 역할에 대해 그가 말하는 것은 어떤 사람들에게는 다른 수준의 어려움으로 이어진다.

보드리야르는 '우리'(아마도 서구)가 오늘날 세계 시스템의 중심, 세계 무역의 중심의 어떤 것의 파괴에서 즐거움의 요소를 완전히 묵살할 수 없다는 점을 스스로 인정한다고 주장한다(*Spirit of Terrorism*, p. 4; 10). 이것은 반미주의가 아니다. 왜냐하면 '우리'는 모든 사람을 포함하고, 공격을 받고 있는 것은 우리의 세계이기 때문이다. 미국은 상징적인 상처를 찾고 있었고, 결국 그것을 찾았으며, 이 사건을 원하는 대로 사용할 수 있는 일종의 신용카드로 삼게 되었다(*Power Inferno*, p. 40).[14] 그래서 파괴에 대한 첫 번째 요점은 '우리'가 그것을 원했다는 것이다. 두 번째는 타워 자체가 붕괴 속에서 자살하고, 따라서 시스템의 일부로서 공격에 대한 일종의 응답을 제공한다는 것이다(죽음의 선물로서 자살의 척도를 갖는 유일한 것은 자신의 죽음을 돌려주는 것이다(*Spirit*, p. 7; 13)). 우리는 이것을 건물의 의인화가 아니라 모든 죽음과 자살이 여기에서 시스템의 효과라는 표지로 보아야 한다. 셋째, 보다 직관적으로 합리적인 주장은 '우리'가 공격자에게 필요한 모든 것을 제공했다는 것이다. 관련된 테러리스트의 대부분은 미국의 주요 동맹국 중 하나인 사우디아라비아 출신이었고 조종사는 미국에서 훈련을 받았으며 비행기는 미국 국적의 민항기였으며, 미디어는 공격을 세계적인 현상으로 만드는 핵심 요소를 제공했다. 이 공모는 이 사건에 의해 생성된 다양한 음모이론에서 절정에 달하지만, 역설적으로 이러한 음모론에 대한 주장은 공격의 영향력을 억제하고, 이를 합리화하며, 아마도 마침내 '적'을 무시하는 것이 될 것이다(*Power Inferno*, p. 32).

보드리야르 자신은 순교에 대한 주장을 정확히 비판하며 이데올로기의 영향력을 기꺼이 무시하지만(*Spirit*, pp. 23~24; 33), 공격자들이 맞서 싸웠거나 미국의 대응이라는 공격 어디에서도 이데올로기가 관여하지 않았다고 주장한 것은 성급했다.[15] 그러나 실제 정치적 관점에서 그는 분명하다. 9/11의 폭력은 미국이 '세상을 안전하게 만들려고' 노력할 때, 폭력과 대응폭력을 생산하는 가역성을 가지고 있다. 궁극적으로 서구는 이제 '경찰 국가전 지구화'(*Spirit*, p. 32; 43)를 제공하면서 세계화에 휩쓸리지 않은 세계의 작은 지역들을 파괴하는 알리바이를 갖게 되었으며 동질화를 확산하고 있다(*Power Inferno*, pp. 75~76).

그러한 주장이 어떻게 모욕이나 비웃음을 자아낼 수 있다는 것은 쉽게 알 수 있다. 사물의 현실을 주장하는 사람들이 자신들의 증거로 폭력을 인용하는 것을 좋아하기 때문이다. 그러나 그의 도발의 목적은 우리를 자기만족적 인본주의에서 벗어나게 하고, 우리가 이해할 수 없는 것, 즉 죽음과 죽음을 가져오기 위해 자살하는 의지에 접근하도록 하려는 것이다. 이러한 생각의 한계 없이는, 세계무역센터에 대한 공격은 동일한 유형의 공명을 갖지 못했을 것이며, 복수에 대한 요청은 여전히 활성화되었을 수 있다. 이 사건에서 생각할 수 없는 것은 인명 손실이 아니라(따라서 최근 전 세계에서 발생한 대량 학살에 대한 생각의 결여), 전체 문화 또는 세계가 공격받을 수 있는 단계적 교환에서 죽음을 사용하는 것이다. 이 사건은 시뮬라시옹에 특정한 많은 현상을 결합하고 그 외부에 있는 것과 함께 맞물린다. 이는 또한 보드리야르의 생각을 또 다른 응집의 정점으로 이끌며, 이 정점에서 이러한 생각들이 어떻게 문제적인 것이 되는 것은 이 글들이 철학적으로 급진적이기 때문이다.

5장
문화의 객체

보드리야르는 사건, 물리적인 대상, 예술이나 과학 분야의 발전, 또는 시뮬라시옹의 '거시적' 세계 (그리고 더 나아가서는 가상의 세계)가 '마이크로' 수준의 세계까지 스며드는 방식 등 다양한 현대 문화 현상에 대해서 항상 관심을 가져왔다. 그러므로 보드리야르의 현대 세계에 대한 인식은 제유적인(부분이 곧 전체이고 전체가 곧 부분인) 것처럼 보일 수 있지만, (지도나 영토 같은) 구별의 가능성이 사라졌기 때문에 우리는 재현의 층들에 대해서 얘기할 수 없다. 부분은 전체이고 전체는 부분이다. 이는 그의 분석에서 매우 다양한 사건, 제도, 이론 및 객체들이 어떻게 통합되는지를 보여주는 것에도 동일하게 적용된다. 이 장에서는 비록 많은 사람들이 이러한 현상들 자체를 저항적인 것으로 여길지 모르겠지만 저항을 생성하는 일련의 객체들(넓은 의미에서)에 대해서 살펴본다.

《체계》는 이미 구조주의적인 방식으로 이 경로를 따르며, 가구, 시계 또는 자동차와 같은 객체를 예시로 삼지 않고 이론의 위치로 간주하며, 길들여진 현대 세계를 통일하고 동질화하는 '주변ambience' 개념을 고려한다. 이 책은 이미 의도적으로 고급 문화에 대한 고찰에서 벗어나고 있지만, 수집된 부분들에 대한 분석이 전체에 대한 진실을 밝혀낸다는 것에 한해서 전통적인 사회학적 관점을 유지하고 있다. 나중에 상징적 교환과 마찬가지로, 분석은 그라피티, 세계무역센터 또는 스트립쇼 같은 것들이 어떻게 세계에 대한 그 무엇도 드러내지 않으면서 동시에 세계를 묘사하는지, 그 아이러니한 반복의 방법을 알려주었다. 그의 '냉정한 기억' 시리즈는 여행에 대한 평가부터 특정 도시의 거리나, 정치적 발전, 뉴스 이벤트, 공간, 유명인, 광우병, 의학 등에 대한 생각까지 적극적으로 제시한다. 이러한 스타일은 우리에게 전시된 세계의 표면적인 면을 알려준다. 그러나 비판적 거리 없이(어느 정도의 비판은 있지만) 이 '기억'들은 겉치레 같고 격언처럼 깊이 있는 것보다는 공허한 소리로 빈약하다. 아마도 그 자체가 어떤 비평의 형태일 수도 있다(브렛 이스턴 엘리스Bret Easton Ellis의 《글래머라마Glamorama》와 같이). 그러나 내 생각에 우리가 그들을 시뮬라시옹에 불가항력적으로 갇혀 있는 것으로 간주하고 (그저 멈출 수 없는) 이론의 끝을 암시한다면 우리는 그것들의 정신에 더 가까워질 수 있을 것이라고 생각한다.

세밀한 구조주의의 극한과 《냉정한 기억》의 빠른 이론화 사이에는 보드리야르에 의해 규정된 일련의 강박관념들이 놓여 있다. 그리고 이것들에 대해서 주목할 만한 점은, 그것들이 명백히 현대적이며 적어도 일부에 대해서는 보드리야르로 하여금 그것들의 새로움에 접근하게 한다는 것이다. 보드리야르는 대부분의 경우에 관해서 새로운 현상을, 항상 이미 앞서가는 오랜 역사 속에 배치해 다루는 것을 선호한다는 점에서 그의 동료 프랑스 이론가들 대부분과 차별점이 있다. 또한 프랑스에서는 저급문화와 고급문화의 구분이 보드리야르처럼 교란되었다고 보기 어렵다. 물론 보드리야르는 대중문화를 칭찬하지는 않을 것이다(논쟁적인 경우를 제외하고). 또는 '포스트모던' 미디어 연구처럼 대중문화를 가치 있게 여길 것이다. 왜냐하면 대중문화가 다른 문화의 형태들과 마찬가지로 시뮬라시옹된 문화의 재생산에 사로잡혀 있다고 보기 때문이다. 그러나 그는 많은 사람들이 대중들에게 영향을 주었다고 생각하는 문화에 시간을 할애할 것이다. 이를 위한 최고의 사례는 틀림없이 리얼리티 TV이며 (복제를 포함한) 많은 것들과 마찬가지로 보드리야르는 이미 1970년대부터 이것들을 다루고 있었다(*Simulacra and Simulation*, pp. 27~32; 48~56). 물론 리얼리티 TV는 물론 그러한 종류의 것은 아니다. 리얼리티 TV는 카메라의 존재가 현실을 왜곡하고, 2000년대 초반의 쇼들이 보여주듯이 현실이 너무 지루해서 모험적인 일들로 풍부하게 만들어질 필요가 있다. 결과적으로, 이 매체는 실재가 일어나지 못하도록 방해한다(*The Perfect Crime*, p. 29; 50). 보드리야르는 또한 디즈니랜드가 미국의 나머지 지역의 비현실성을 가리기 위해 존재한다고 썼다(*Simulacra and Simulation*, p. 12; 26). 그리고 우리는 리얼리티 TV에 관해서도 같은 말을 할 수 있다—그것의 '거짓falsity'은 '실제 삶'이 거짓이 아니라는 가정에 편리한 알리바이를 제공한다. 실제로 우리를 괴롭히는 것은 하이퍼리얼리티에서 진정성을 찾으려는 노력이다.

　우리는 모두 캠코더, 모바일, 이미지 및 비디오 폰, CCTV을 통해 매개된 세계 속에서 대중의 '참여'라는 형태로 리얼리티 TV(*Télémorphose*, p. 10)에 (적어도 잠재적으로) 관여하고 있다.[1] 현실 자체가 스크린이 되었으며 이는 완전한 또는 총체적 현실이다('완전한 현실la réalité intégrale')(*Télémorphose*, p. 48). 보드리야르는 프랑스에서 가장 성공한 리얼리티 TV인 〈로프트 스토리Loft Story〉와 〈빅 브라더Big Brother〉에 대해 언급한다. 그 두 쇼는 모두 참가자들을 실험 공간에 감금해두고 일상 행동을 연구할 수 있도록 한다(*Télémorphose*, p. 9). 이 쇼들이 상황을 더욱 극적으로 묘사하려고 시도함에도 불구하고, 대중들이 흥미로워 하는 것은 진부함이며(p. 11), 프로그램의 실제 객체로서 진부함 자체와 실제성realness으로 환원된 존재는 그것이 대중의 수동적 저항이기 때문에 지금까지 통제를 벗어났다. '현실 세계' 어디서에나 존재하는 카메라와 스크린들은 사람들로 하여금 이러한 TV 비사건에 참여하도록 유도했으며. 프로그램들은 팝 스타 창출을 목표로 하는 프로그램에서, 또는 진정으로 진부한 일본 가수/유명인 '아이돌', 웃기게도 '팝 아이돌'이라 불리는 캐릭터의 빈속화에서 선택 과정을 통합시키는 데 성공했다. 이 개념은 의도되었던 것보다 더 진실되었으며, 시각적인 요소가 중요하다는 것을 나타낸다. 따라서 음악적 완결성의 부족을 한탄하는 사람들은 요점을 놓치고 있는 것이다. 그러나 '리얼리티 TV'를 넘어서, 우리는 대중으로서 보여지길 원하지만 보이지 않기를 원한다(p. 13): 우리는 나타나기를 원하지만 '사생활'(그 자체로 매우 매개된 개념)이 침해되지는 않기를 바란다. 카메라 또한 우리의 이미지를 전부 담으려고 하는 것은 아니다. 스포츠 행사장에서의 카메라를 일례로 본다면, 그곳에서 카메라는 개개인의 팬들에게 달라붙어 관중의 다양성, 팬들의 열정, 우리가 그 이상으로 보여줄 수 없는 반응들을 담는다. 그런 장면들을 담음으로써, 카메라에 담긴 사람은 경기장의 전광판에 띄워지고, 그리고 그로 인해 자신이 보여진다는 것을 의식하게 되며 손을 흔드는 등의 방식으로 참여하게 된다. 그런 다음 카메라는 점점 멀어진다. 이것은 '체계'가 이미지를 통제하려는 시도를 보여주는 것인가? 아니면 '그 체계'가 상호작용의 혼란과 '자발적인' 반응 및 대중화의 늪에 완전히 빠져버리는 것에 대해 저항하는 것인가?

둘 중에 무슨 경우이든, 리얼리티 TV는 미디어에 대한 접근을 민주화하고, 그 존재에 대한 일종의 바람을 충족시키는 데서 찬사를 받을 수 있다. 그러나 보드리야르는 이러한 평범함에 대한 과도한 노출이 민주주의의 파산, 어쩌면 민주주의의 미래(p. 27)를 강조한다고 본다. 여기서 민주주의 원칙은 정당성의 기준에 따라서 판단하기에는 너무 무의미하다. 반면에, 평범한 사람들을 스타덤에 올리는 것은 스타가 어떤 일을 했거나 명성과 유명인사가 될 만한 가치가 있는 일'이라는' 믿음에 의존하는 스타 시스템에 대한 믿음을 약화시킨다(p. 28). 그래서 보드리야르는 인식 가능한 비판적인 관점을 통과하고, 결국 겉보기에 공허해 보이는 객체가 비판이 되는 방식을 발견하게 되지만, 이는 비판 대상을 탐색하기보다는 선회한다.

예술과 문화

대중의 형태로서 사람들은 문화에 대한 저항을 제공할 수 있다. 문화는 보드리야르가 대부분 피하는 단어인데 그것은 사회적인 것과 마찬가지로 하이퍼리얼이며, 의미와 참조성(즉, 현실)을 모두 상실했을 때에만 주목받게 된다. 퐁피두 센터Pompidou Centre, 그러니까 보부르Beaubourg는 오늘날의 문화에 대한 그의 견해를 확고하게 규정짓는다. 한편으로 이 작품은 새로운 건물에 대한 분석이며, 사라지거나 다른 것으로 변하는 현대 예술을 좇는 정부의 상징적 자본 획득 노력에 대한 비판이다. 다른 한편으로 그는 그 건물이 어떻게 의도치 않게 사회의 새로운 공허함과 포퓰리즘을 보여주는지를 본다. 그는 건물은 비워져야 한다고 쓰는데(*Simulacra and Simulation*, p. 63; 96), 이는 현대 예술이 모든 의미를 잃었으며, 잔여물이 건물 자체를 대체하거나 예술을 앞지르기 때문이다 (프랭크 게리Frank Gehry의 빌바오 구겐하임 미술관Bilbao Guggenheim이나 대니얼 리버스킨드Daniel Libeskind의 베를린 유대인 박물관에서 이 과정이 더욱 진전되어 있다). 이외에도, 보부르는 이러한 개방형 접근 정책(거대한 건물과 무료인 공공 도서관, 여러 개별 서비스 지점, 대중들의 방문 장려, 그리고 무엇보다도 내부 벽의 부재를 통해서)을 통해 그 자체와 예술의 쇠퇴에 기여할 수 있으며, 결국 성공을 견딜 수 없어 궁극적으로 붕괴될 것이다.

그리고 그렇게 된다면, 저항은 거부가 아닌 하이퍼리얼적 참여가 된다.

보드리야르는 1977년과 1990년대 후반에 건물은 리모델링되어야 했으며, 건물에 벽을 설치하고(그 건물에서 일하는 사람들은 열린 공간이 방해가 된다는 것을 발견했다), 도서관과 갤러리 기능은 분리하고(대기열을 추가하되 순환을 통제함), 외부 엘리베이터의 자유 이용을 막고, 구조적 지지력을 강화했다고 썼다. '보부르 버클을 만들라'는 보드리야르의 명령은 그가 알았어야 했던 것처럼 대중이 그렇게 서두르지 않았음에도 이행되었다. 보드리야르가 여기서 명시적으로 반포퓰리즘 입장을 취하는 것은 아니다. 보부르의 교육학을 약화시키는 대중에는 대중화된 예술 애호가, 전문가, 큐레이터들이 포함되어 있으며, 이들은 모두 보다 명백한 '대중'(교육받지 못한, 하위층, 예술 공간에 침입한 저임금자들)에 대한 함축과 최소한 같은 정도로 어리석다.

보드리야르는 항상 예술계를 경멸하고, 점점 더 현대 예술의 존재 가치나 심지어 그 바람직성에 대해 반대하는 것처럼 보인다. 그가 선호하는 예술가 중에는 마르셀 뒤샹Marcel Duch-amp, 앤디 워홀Andy Warhol 그리고 프랜시스 베이컨Francis Ba-con이 있다. 뒤샹과 워홀은 비판적 우월성의 입장을 내세우지 않으면서 세계에 대해 논평한다는 점에서 보드리야르를 예시한다. 뒤샹은 제조된 객체를 예술의 세계로 가져와 서로 구분되던 경계를 무너뜨리고 각각의 작동 방식을 약화시킨다. 워홀은 이미 발견된 이미지들을 반복적으로 사용함으로써 아무것도 독창적이지 않다는 것을 보여준다. 따라서 작품으로 남아 있는 단 하나의 복제본도 존재하지 않는다. 보드리야르는 예술가들에 대한 상세한 설명을 제공하지는 않지만, 예술가들의 설명을 읽을 때는 지극히 문자 그대로의 상태로 읽는다. 그리고 그가 그들을 좋아하는 기준은 본질적으로 현대화되는 세계에 대해 제공하는 그들의 평가와 관련이 있다.[2]

　보드리야르는 현대 예술의 매력이 그것이 주장하는 것만큼 텅 빈 진부함으로 간주한다. 따라서 그는 현대 예술이 심지어 무nothingness에 대해서조차 우리에게 설명하고 비판하고 말하는 것이 아니라, 문자 그대로 아무것도 제공하지 않는다고 본다. 현대 예술은 시뮬라시옹이 재현을 대체함으로써(그는 추상적인 예술을 무시하는데, 아마도 그가 가치 있다고 생각하는 예술의 가장 최후의 형태는 그것을 벗어나기보다는 재현에 대한 공격을 포함한다) 본질적으로 사라졌으며, 이제 실험은 아무런 성과를 내지 못하고 있다.[3] 모더니즘 예술이 우리가 현실을 보는 방식을 해체하는 것에서조차 환영의 요소를 가지고 있는 반면 현대 예술은 진부함에만 관심이 있다(*Screened Out*, p. 181; 205). 이는 미학 이후에 나타나고 다른 형태들과 합쳐진다는 점에서 초미학적이다. 그는 우리에게 보여지는 것들이 '너무 피상적이어서 정말 쓸모없는 것'이어서 진부함을 추구하는 것은 실패한다고 주장한다(p. 182; 206). 사실 그것은 너무 지루하고 공허해서 우리는 그것에 어떤 관심이라도 기울이려고 노력할 수밖에 없다(p. 184; 208). '바로 그것이 핵심이다'라고 말한다면 그건 우리가 보드리야르의 진부함에 대한 신랄한 비판의 맹점을 놓치는 것이다. 그 프로젝트는 그것을 원하지 않는 척하면서 동시에 아이러니하게도 일정한 거리를 유지한다. 이 모든 것이 그것을 진부함으로 실패하게 하고, 그저 아무것도 아닌 것으로 만든다. 워홀은 너무 무의미하지만 그래서 흥미롭다(*Screened Out*, p. 184; 208). 반면 제프 쿤스Jeff Koons는 나약하고 비패러디적인 워홀의 복제본이며 그의 키치kitsch에 대한 패러디의 시도는 실패한다(*Cool Memories* IV, p. 92; 118).

보드리야르는 뉴미디어, 설치, 공연 예술, 순수 미술 또는 드로잉 및 사진 예술을 타겟으로 하지만, 정작 구체적인 내용을 다루거나 특정한 예술 작품이 어떻게 항상 본질적으로 취약한 지에 대해서 다루지는 않는다. 아도르노Adorno와 같이 보드리야르에게 모더니즘 예술은 어느 목표를 향하고 있었다. 그리고 그것과 같은 방향을 향하는 것과 그렇지 않은 것 모두 예술 시장, 대중 시장 혹은 둘 다에 의해 회복될 수 있었다.[4] 그럼에도 불구하고, 비록 보드리야르가 새로운 예술에 저항하는 사람들과 공감할 수 있었다 해도, 그는 전혀 그들과 같은 진영에 있지 않다. 그에게 있어서 모든 예술은 끝이 났으며(*Transparency*, p. 11; 19) 그래서 우리는 다른 것을 해야 한다. 그리고 문제는 예술가들이 예술을 그저 그 자체의 시뮬라시옹으로 더 밀어붙이고 있다는 것이다(그리고 그것이 '좋은 방향'으로 가고 있지는 않다). 그의 문제는 그가 예술가들이 무엇을 하고 있는지에 대해서 충분히 관찰하지 않고, 여태까지 아무도 이런 아이디어를 내지 못했으리라고 생각하는 것이다. 하물며 예술가들은 더 이상 거기에 머물러 있지 않을 수도 있는데 말이다. 예술 세계는 그 자체로 조정되었고, 자본주의가 확장하여 새로운 제품과 시장을 찾아야 하는 것과 마찬가지로 사물을 가치 있게 평가하기 위해서 예술이라고 부를 수 있는 것(혹은 '예술은 무엇인가'라는 질문을 제공하는 것)을 계속해서 확장해 나가는 중이다. 20세기 초에 색다른 실험적인 예술은 예술로써 인정받기 전에 일정한 시간을 거쳤다. 오늘날의 트레이시 에민Tracey Emin과 같은 사람은 그런 자유를 가지고 있지 못하다.

차이

무수히 많은 방식으로 이해되는 '차이'라는 개념은 인종, 성, 성별, 신체적 속성, 심지어는 나이의 관점에서도 차이를 존중하는 것에 중점을 두고 있으며, 현대 이론과 '현실 세계'에서도 상당한 통용력을 갖고 있다. 보드리야르는 이에 대해 매우 비판적이며 '차이'에 대한 요청은 무관심을 의미한다고 비판한다(*Illusion*, p. 108; 152). 긍정적인 지표로서 차이에 호소하는 것은 타자성을 용광로라는 세미-인종주의자의 개념 속에 포함시키거나 동질화시키는 것과 같이 다름을 감소시킨다. 현대 세계는 동일성이 장려되는 세계화된 상태이며, '차이'는 다른 것이 있던 자리의 공백을 메워줄 뿐이다. 보드리야르에 의하면 우리(현대 서구)의 타자성 거부는 언제나 이미 길들여지고 매개된 다른 사람에 대한 노스텔지어를 불러일으킨다. 이는 18세기 유럽 작가들에 의해 재구성된 '고귀한 야만인noble savage'의 개념까지 거슬러 올라갈 수 있다. 그 시점에서 '야만인' 자체는 멸망하거나 통합되거나 질병으로 죽었기 때문에 신화화될 수 있었다. 그는 야만인들이 적게 남아 있을수록, 그들의 삶의 방식에 대한 향수가 더 커진다고 쓴다(*Cool Memories*, p. 165; 145). 우리가 차이를 칭송하는 대중적 노스텔지어 버전 속에서 살고 있다는 것이 보드리야르의 주장이다.

특히 '문화적 차이'의 관점에 있어서 차이는 일반적으로 우리 모두가 하나의 삶의 방식이나 사고방식을 채택해야 한다는 위계나 가정에서 벗어나서, 세상이 어떻게 서로 맞물려 있는지를 긍정적으로 재생각하는 것으로 간주된다. 그러나 차이는 여전히 서로 다른 몇 가지 고정된 정체성들이 모여 섞이는 것을 의미하며, 문화 자체가 이것이고 항상 그래왔다.[5] 보드리야르는 백인들이 가장 혼합된 인종이며, 순수성에 대한 허위적 추론에 기반한 타자의 찬양은 기괴하다고 말한다(*Transparency*, p. 136; 140). 그는 '차이'에 대한 높아진 감수성이 실제로 '타인'에 대한 우리의 생각과 행동들을 제한한다고 본다. 실정적인 (그리고 살짝 모순되는) 반대 사례로, 그는 인종이 너무 혼합되어 더 이상 별도의 정체성을 갖지 못하는 브라질을 대표적인 예시로 제시한다(p. 144; 149).

이러한 가능성에도 불구하고, 우리는 차이의 육성을 거부해야 한다. 그는 억압받거나 소외된 집단이 먼저 정체성을 가질 필요가 있다는 주장에 반대하며, '차이가 존중'된다면, 정체성이 악화될 것이라는 생각에 반대한다. 왜냐하면 주변화된 사람은 그 자체로 가치를 지니게 되고, 따라서 주변화된 상태로 남아있을 것이기 때문이다. 보드리야르는 우리가 더 큰 수준의 타자성을 갖기를 바라며, 차이를 완전히 거부하기를 바란다: '타자성[l'alterite]'은 차이와 같은 것이 아니다. 누군가는 심지어 차이가 타자성을 파괴하는 것'이라고 말하기도 한다(p. 127; 131).[6] 타자는 상징적인 가치가 있으며, 우리를 상징적인 교환의 관계에 참여시키지만, 이것이 이루어지려면 타자는 분리되어 있고 아마도 이래하기 어렵고 통제할 수 없는 대문자 타자Other로 머물러야 한다(ibid.) 아마도 정치적인 측면에 있어서 가장 눈에 띄는 예시는 서구가 급진적인 이슬람을 보는 방식, 심지어 사우디아라비아와 이란과 같은 기성 신정국가들, 또는 샤리아의 적용을 어떻게 바라보는지 보면 된다. 이슬람 율법의 엄격한 적용은 서양을 괴롭히지만, 차이에 대한 존중은 비판을 잠재운다. 오늘날 이슬람은 타자로서의 위치를 유지하는데 이는 단지 다르기 때문이 아니라, 자신이 이슬람과 다르다고 생각하고, 관용이라는 용어 때문에 약간 우월하다고 생각하는 세계에 대한 역설을 설정하기 때문이다.

보드리야르는 '이국적exoticism' 갱신을 주장하는데, 여기서 타자는 타자로서의 관심, 동화를 넘어선 것으로 중요시된다(여기서 그는 빅토르 스갈랑Victor Segalen과 같은 작가들을 명시적으로 따르지만, 동시에 바타유, 로제 카이와Roger Caillois, 그리고 더 최근에는 피에르 클라스트르Pierre Clastres와 알폰소 링기스Alphonso Lingis의 특이한 인류학과도 유사하다).[7] 여행자로서 그의 흥미를 끄는 것은 진기함Strangeness이고, 현지인들을 이해하려는 그의 시도는 모조된 진정성으로 분명 비난받게 될 것이다. 단순한 관광객이 아닌 '여행자'인 경우에도 동일한 문제가 발생하는데, 차이점은 첫 번째 경우에 사람이 자신이 관광객이라는 것을 모른다는 점이다.[8] 브라질은 정체성보다는 이질성heterogeneity에 그 차이가 있다는 점에서 다시 한번 칭송받는 반면에(*Figures de l'alterite*, p. 105) 일본 역시 고유한 타자성을 유지하고 있다(pp. 95, 135).

그의 최종 입장은 비판하기 쉽다. 그의 텍스트는 서구의 가정들(그리고 특히 동명의 책에서 미국에 대한 그의 유럽인의 가정에 대해서도 같은 말을 할 수 있다)로 가득 차 있기 때문이다. 비록 우리가 그가 그로부터 벗어날 방법이 없다는 것을 그가 인지하고 있고, 우리가 타자를 타자로 유지해야 한다고 말하면서 그를 구할 수 있을지라도 말이다. 그러나 이러한 비판은 그가 말하는 성적 차이를 보면 더욱 지지된다. 여성은 성적 해방을 통해 달라지고 길들여졌다(*The Perfect Crime*, pp. 115~123; 161~172).[9] 차이는 여성이 유혹에 대한 특권적인 관계를 잃었다는 것을 의미하며, 이는 (의미, 진실, 실재의) 생산 질서를 벗어난 것이다(p. 119; 166). 불행히도, 보드리야르는 페미니즘이 결코 존재하지 않았더라면 좋았을 것이라고 말하는 것처럼 보인다. 우리가 문화적인 차이를 어떻게 보는지에 대한 그의 생각과 마찬가지로, '여성의 차이를 존중한다'는 것은 결국 성별 행위에 대한 매우 오래된 편견을 재구성할 수 있기 때문에, 차이에 대한 주장이 해방적인 요소가 아닌 제한적인 요소라는 점에서 비판은 어느 정도 일리가 있다. 우리는 또한 성sex 대신 '젠더'를 사용하는 보드리야르식의 비판을 상상해볼 수 있다—당신이 당신의 생물학적인 성을 진술하지 않는 선택권이 없는 한, 그것은 '젠더'가 의미해야 하는 것에 대한 시뮬라시옹일 뿐이다. 성 그 자체는 항상 성적인 모델 안에서 포착된다(이는 그가 '트랜스섹슈얼'이라는 용어를 사용할 때 의미하는 것이다(*Transparency*, pp. 20~25; 28~32 참고)). 이 점에서 그는 모니크 위티그Monique Wittig, 주디스 버틀러Judith Butler 또는 푸코의 견해와 멀지 않다. 그러나 전반적으로, 그가 여성 또는 여성들에 대해 취하는 태도는 놀랄 만하다. 예를 들어, 그는 성적 괴롭힘에 대한 강조가 성에 대한 어떤 종류의 공포를 나타내는지 궁금해한다(*The Perfect Crime*, pp. 121~122; 168~170). 종종 인종이나 어떤 형태로든 외모를 암시하는 문화적인 차이를 떠올릴 때조차, 보드리야르는 고통스러울 정도로 전통적인 것에 근접한다. 예를 들어, 흑인들은 숭고하고 동물적이며, 백인들은 중립적이라는 것처럼 말이다(*America*, p. 16; 36). 짧게 말해서, 차이에 대한 비판의 자체는 가치 있는 것이지만, 세부적인 것들은 종종 피할 필요가 있다.

신체

보드리야르에 따르면 현대 세계는 신체가 사라지는 세계다(*Transparency*, p. 116; 122). 그러나 현실과 마찬가지로, 신체의 지위는 향상된 것으로 보이며, 마치 하이퍼-바디가 되었다고 할 수 있다. 본질적으로, 그의 주장은 DNA, 복제, 미시 세계에 대한 지식 및 바이러스에 의해 신체가 극복되었다는 것이며 그 예시 중 하나는 에이즈다. 개인은 끝없는 DNA의 흐름에 연결되면서 신체적인 고유성과 자율성을 잃고, 공유되는 DNA의 비중이 높아져 인간과 동물 사이의 경계가 허물어지면서, 결국 인간성마저 상실하게 된다(*Illusion*, pp. 96~97; 138~139). 그래서 우리는 이제 우리의 몸(그리고 우리의 사회적 행동 중 일부도)을 화학의 산물이자 운명론과 우연의 결합의 결과물로 인식한다. DNA는 처음에는 생물학에 대한 지식에 추가되어야 하는 보형물prosthesis이었지만(*Simulacra and Simulation*, p. 98;148), 우리가 더 많은 것들을 발견/발명함에 따라, 우리는 그 보형물, 잔여 산물이 되어간다(*Impossible Exchange*, p. 41; 58). 이는 불필요한, 낭비적인 과잉exuberance이라는 바타유의 생명에 대한 개념을 생물학적으로 해결하는 형식이다.[10] DNA는 시뮬라시옹된 사회를 작성하는 '코드'의 생물학적 실현이며, 그것이 발견된 것은 우연이 아니다. 이는 무의식이 근대성에 속하듯, DNA는 포스트모더니티, 즉 역사적으로 구체적인 해석 방법이다(*D'un fragmentt*, p. 49).

'원시' 사회에서 신체는 희생, 죽은 자를 둘러싼 의식, 죽은 자와의 삶의 관계 또는 여성의 교환(후자는 일부로만 가능하며, 이것이 표준적인 경제적 교환이나 사회적 계급 및 재현의 경제에 대한 기반이라고 보다 정확하게 생각된다)을 통해 상징적인 교환으로 순환되었다. 그 세계에서 신체는 상징적인 교환의 일부로서 표시되고, 형성되며, 색을 띠고, 구멍이 뚫린다(*Symbolic Exchange*, p. 107; 164). 이는 서구에서 사라지게 되었으며, 특히 재현의 경제에 얽매여 있는데 여기서 기호가 중요한 것이 된다. 의상과 표시들은 기호의 교환과 사회적 교환의 일부가 된다(p. 95; 143). 그것들은 결국 그 패션 속으로 몰입하면서 그 기호들이 본래 내재하는 의미를 갖지 않음을 알 수 있게 된다(그것들이 사회적 하위 그룹을 설명하기보다는 주도하거나 창조하기 때문에). 패션은 과잉 경제와 유사하지만, 끝없는 희생의 연속이기보다는 확산에 가깝다(pp. 94~95; 143). 패션은 의식의 절정, 개인적인 욕망의 약한 해방을 넘어선 의례적인 과정을 열망할 수 없다(*Fatal Strategies*, p. 178; 197~198). 1970~1980년대에 일부는 폭력과 수용 가능한 행동의 위반을 바탕으로 신체와 관련한 신성을 회복하고, 체제에서 벗어나며 피어싱, 흉터, 신체적인 의례 등을 통해서 신체를 '수정'하려고 했다.[11] 이는 펑크 및 '산업' 음악과 관련된 '하위문화'의 수준에서 발생했지만, 1960년대 후반, 1970년대의 미국, 그리고 스텔락Stelarc, 마이크 켈리Mike Kelley, 지나 파네Gina Pane, 캐롤리 슈니먼Carolee Schneemann과 같은 예술가들의 공연에서도 발생했다. 2000년대 초반에는 퍼포먼스와 피어싱이 모두 성행했으며, 1980년대에는 남아 있던 '외부의' 가치가 사라질 정도로 문신과 피어싱이 주류 문화로 편입되었다.[12]

아마도 우리는 (현대의) 문신과 피어싱을 보형물로 볼 것이다. 그리고 오래된 상징적인 (비-)가치 대신에, 그것들은 신체의 잃어버린 리얼리티를 대신한다. 문자 그대로의 의족으로 실험을 해본 스텔락은 그의 다리에 귀를 이식했다(신체를 매달고 형태를 변경하는 것, 다른 사람이 컴퓨터에서 제어하는 바디 슈트라는 제3의 팔). 여기서 몸은 명료한 DNA의 개념으로 넘어간다(여기서 아이러니한 점은 몸은 이미 DNA 그 자체라는 것이고, 스텔락의 개입은 스스로를 무효화한다). 기술의 발전은 '그' 신체와의 관계를 변화시키고 있지만, 우리가 이것을 인지하기 위해 레트로 바디 아트의 세계로 넘어갈 필요는 없다. 적절한 예시로 포뮬러 1 자동차의 운전자가 있다: 자동차는 처음에는 그의 보형물이며, 점점 그를 빠르게 움직이는 바퀴 달린 사이보그로 변화시킨다.[13] 그러나 곧 그 인간은 불필요해지고, 과거의 '위대한 레이서'들을 시뮬레이션해야 한다. 운전자는 그 '스포츠'의 진정성을 유지하는 약간의 번거로운 보형물이 되는 것이다(*Screened Out*, pp. 166~170; 187~191).

DNA로부터 개인화된 신체의 노후화에 대한 또 다른 단계, 복제가 나타난다. 보드리야르는 우리의 첫 번째 보형물은 이중적인 것이었는데, 우리가 다른 사람을 위협으로 배제하기 보다는 의학, 길들이기 및 동질화하는 것을 통해서 통제하려고 노력하면서 그것은 사라졌다고 주장한다(*Simulacra and Simulation*, p. 95; 143). 심지어 우리 자신의 몸도 다른 것이 되는 것을 허용하지 않는다. 심신 이원론은 진보된 이론가나 극우보수적인지 과학자들 양쪽에서 더 이상 받아들여지지 않는다. 그리고 우리는 이 제 몸을 통해 자신을 식별한다(The Perfect Crime, p. 124; 173). 마 돈나Madonna는 이 새로운 관계의 원형인데, 몸은 다른 것이 아 니라 가공 가능하며 우리가 이제 우리 자신을 신체적으로, 정신 적으로 동시에 자유롭게 표현할 수 있게 되었다(p. 125; 174). 이 제 신체는 다른 것으로부터 안전하니, 그것을 증식해 더욱 동일 하게 만드는 것은 어떠한가?[14] 복제는 다른 것을 동일하게 만드 는 것을 실현한다. 죽음 자체는 재생산과 죽음을 통해 장려되는 것이 아니라, 우리의 재생산성에 의해서 통제된다(Screened Out, pp. 196~197; 223~224).[15] 복제를 통해서, 아이는 지금 제품, 보형 물, 사전에 완전히 모델링된 하이퍼차일드(아마도 돌리처럼 이미 나이 든 어린이)가 되었다. 복제를 비판하는 사람들은 완벽에 대 한 이데올로기적 견해나 유전자에 기초한 사회적인 위계와 배 제에 대한 일종의 충동을 상상하지만, 보드리야르는 앞으로 일 어날 일은 평준화, 즉 가장 낮은 공통분모의 인간성이라고 생각 한다. 복제에 찬성하는 사람들과 사회적 구성론의 지지자들은, 사람은 유전적인 생물학에 의해서만 정의되는 존재가 아니며, 문화는 복제를 서로 구별할 것이라고 주장한다. 보드리야르는 문화가 복제의 에이전트로서 역할하며, 복제를 동질화의 수단 으로 사용한다는 점을 놓치고 있다는 점에서 이 주장에 오류가 있다고 본다(Impossible Exchange, p. 37; 52).

그러나 결국 복제되든 아니든, 우리의 몸은 편의를 위해서 기계에 통합될 수 있다: 건강을 위해, 우리 모두는 환경으로부터 우리를 보호할 수 있는 '거품' 속에서 살 수 있으며(*Transparency*, p. 61; 67), 우리는 우리의 몸을 개조하고, 우리가 하고 있는 것의 현실성을 주장하면서 그것들을 시뮬라크럼으로 취급할 수 있으며(p. 23; 30), 또 우리는 우리의 신체적인 몸을 완전히 위축시킴으로써 새로운 기계에 적응시킬 수 있다. 보드리야르는 가상 인간(비록 실체화된 상태에서도)은 신체적, 정신적으로 장애가 있을 것이라고 주장한다(*Impossible Exchange*, p. 115; 146). 이는 우리를 통제하기 위한 음모가 아니라, 오히려 참여하도록 유도되는 것에 대한 수동적인 저항이다. 매트릭스The Matrix가 전체 인류를 보존하여 꿈을 꾸게 하고 그들을 배터리로 이용할 때, 그것은 우리가 실제로 그러한 존재 방식을 선택할 수도 있다는 가능성을 무시한다.

자연

신체와 마찬가지로, 자연 또한 사라지고 있다. 왜냐하면, 가상 현실로 이어지는 문화가 캘리포니아에서 시작해 시뮬라시옹 문화의 패러다임으로서 전 세계를 장악하고 있기 때문이다(*America*, p. 126; 246). 비록 문화가 프랙탈적이고 지속적으로 재생산되며, 모든 곳에서 모든 곳으로 퍼진다고 해도 말이다. 자연은 서구에서 수 세기 동안 문화의 타자로 여겨져 왔으며, 그렇기에 맞서 싸워야 할 것으로 취급되었다. 하지만 지금, 자연은 '이미 길들여진 것'으로 여겨진다. 현대의 문화는 환경에 해가 될 수도 있으나, 환경 보존에 대한 강한 흥미야말로 자연에게 가장 해가 되는 것이다. 생태학적 운동의 영향력은 매우 컸지만, 보드리야르가 염려한 바에 따르면 그러한 운동은 자연에 대해 오해하고 있으며, 우리와 자연의 관계에 대해서도 오해하고 있다고 한다. 자연의 모든 작용은 선한 것이라고 여겨지며, 살육조차도 자연스럽다고 간주될 경우에는 이로운 것이 된다. 하지만, 보드리야르의 주장에 따르면 자연은 악을 포함하고 있거나, 적어도 악을 포함해야 마땅하다고 한다(*Illusion*, p. 81; 119). 우리는 자연의 위험과 투쟁을 최소화하려고 한다. 우리가 존재의 특성과 '숙명'보다는 생존에 집착하기 때문이다(pp. 87~88; 127). 우리가 (불개입을 통해) 보존해야 할 자연은 죽음과 재앙을 포함한다. 또한, 자연은 분명 멸종마저 포함하는데도, 지금의 우리는 마치 진화의 '현실'이 우리가 통제할 수 없는 무언가이기라도 하듯 진화에 저항하고 있다.

현대의 자연에 대한 보드리야르의 패러다임은 바이오스피어 2 다. 즉, 지구상에 존재하는 서식지들의 다양성을 보여주는, 통제된 돔형의 다중 환경이라는 것이다(에덴 프로젝트Eden Project에 비슷한 대상이 있다).[16] 그것은 자연에 대한 재현이 아니라, 지구를 봉인하는 '자연의 시뮬라시옹'이며(p. 74; 109), 디즈니랜드와 마찬가지로 시뮬라시옹되지 않은 것들(미국의 나머지 부분, 세계, 자연)의 시뮬라시옹을 감추기 위해 존재한다(p. 87; 126). 달리 말하면, 두 번째 바이오스피어(보형물)를 가지게 되면, 첫 번째 바이오스피어는 자기 자신의 시뮬라시옹에 부차적인 것이 된다. 바이오스피어 2는 포식자와 바이러스가 없는데, 이는 물론 그곳의 생명을 보호하기 위함이지만, 더욱 중요한 이유는 그렇게 되어야 그곳이 우리의 깨끗한 미래, 즉 우리가 조사하지 않고 접해본 적 없는 모든 것에 대해 자유로운 미래를 대표할 수 있게 되기 때문이다.[17]

재앙과 바이러스는 복수에 나서게 된다: 기후변화로 인한 온실효과의 발생은 인간의 지배에 맞서는 그러한 공격 중 하나일 수도 있다. 하지만, 우리에게 그것이 우리 자신의 탓이라는 주장을 하도록 만드는 건 어쩌면 환경을 통제하려는 우리의 의지일지도 모른다. 우리는 지진이나 화산 폭발이 우리처럼 진보하길 (즉, 보다 '문명화되길') 바라나, 그러한 현상들은 정화되지 않는다. 우리는 낭비와 파괴를 없앨 수 없지만, 자연은 DNA마저도 낭비적이다(*Illusion*, p. 102; 144). 보드리야르는 자연을 이상화하지 않는다: 실제 자연이 있든 없든, 이상적인 자연 같은 건 우리에게 있을 수가 없다는 것이다. 우리에게 있는 것들 중 완전히 문화 바깥쪽에 있는 건 상상 속에 존재하는 것들뿐이지만, 적어도 그것들은 동일성의 일부로서 알려지기보다는 타자로서 상상될 수 있는 것들이다.

바이러스란 이상현상을 일으키는 체제이며, 이는 생물학적 차원에서든 컴퓨터 차원에서든 마찬가지이다(*Transparency*, p. 64; 71). 광우병에 걸린 소들은 고기로 만들어지는 일에 대해 복수를 하는 셈이다(*Screened Out*, p. 172; 194). 보드리야르는 에이즈에 관한 많은 사례들을 참고하고, 그 사례들을 접종에 빗대

는 경향을 보인다: 아마 '새로운 병리학을 희생[하여] 흐름, 회로 및 네트워크의 확산에 맞서는 숙명적 저항의 전조일 것이나, 사실 에이즈는 우리를 더욱 심각한 것으로부터 보호할 수 있는 것일지도 모른다'(*Transparency*, p. 66; 73). 그리고, 에이즈는 성적인 해방의 '해독제'이기도 한데, 이는 에이즈에 대한 보수적인 반응이나 단순한 호모포비아와는 우려할 만한 수준으로 가깝다: 에이즈가 어떤 면에서는 특정한 (해방된) 행동의 결과라고 주장하는데, 그러한 주장은 에이즈가 (여전히 논란거리가 될 만한) 특정한 행동의 결과라는 주장보다 더욱 설득력 있는 주장이다. 또한, 우리는 구원받은 '우리'가 누구인지에 대해서도 궁금해하여야 한다. 보통의 이성애자이고, 마약을 하지 않으며, 혈우병 환자도 아닌 서구권의 '우리'를 위해서 다른 사람들이 희생된 걸까? 너무나도 공리주의적이고 교훈주의적이기에, 그런 건 저주받은 몫으로서도 말이 되지 않는다. 혹은, 어쩌면 '우리'란 모든 사람을 가리키는 것일 수도 있겠으며, 정말로 그렇다면 보드리야르는 에이즈가 '우리' 모두를 위한 것이라고 주장하는 게 된다(에이즈에 대한 보드리야르의 주장에서 몇 가지 미심쩍은 부분이 있긴 하지만, 이것이 보드리야르의 의도와 더 가까운 것처럼 보인다).

보드리야르가 암 또한 우리를 더 큰 악으로부터 구원할 수 있는 것으로 취급했다는 사실은(*Transparency*, p. 66; 73) 잠재적 불쾌감이 살짝 덜하긴 해도 그의 요지를 더욱 일관성 있게 만든다. 에이즈는 특정한 공명을 가지고 있기에 치명적이지만, 직접적으로 신체를 죽이는 게 아니라 신체가 스스로 변하게 만들 뿐이며, 에이즈는 모든 바이러스들이 더 강해지고 진화하는 동안 신체의 프랙탈화 혹은 몸 전체의 바이럴화마저 보이게 한다. 암은 개인적 차원보다는 전반적 차원에서 특히나 서구적 생활습관에 의해 발생하지만, 역사적으로 전례가 없는 인간의 장수, 건강 그리고 전쟁의 부재로 인해서도 많이 발생했다. 암 또한 마찬가지로 신체가 스스로 변화하는 현상이다. 이 두 질병 너머에는 항생제의 남용과 청결에 대한 병리학적 의지를 통해 튼튼해진 바이러스에 의해 더욱 더디게 찾아오는 위협이 도사린다. 알레르기는 급격히 수가 늘었고, 잔병의 치료에 의지하는 일은 질병들을 많은 약들이 통하지 않는 수준, 또는 필요한 처방이 나이든 사람이나 어린이 혹은 (아이러니하게도) 환자에게 투여하기엔 너무 위험해지는 수준까지 발전하게 만들었다.

그렇다면, 에이즈나 다른 폭력 혹은 발병력은 우리를 무엇으로부터 구원한 걸까? 그것은 우리를, 네트워크 전체에 삼켜지고 완전히 프랙탈화되어서 '네트워크의 확산과 가속으로 인한 독자성의 완전한 상실'에 복종하게 되는 일로부터 구원한 것이다(*Transparency*, p. 67; 74). 컴퓨터 바이러스는 우리가 가상으로의 과몰입으로부터 거리를 두게 만드므로 분명 이러한 일을 방지할 수 있지만, 에이즈의 부재는 우리를 얼마나 더 '네트워크에서 길을 잃게' 만들 수 있겠는가? 어쩌면 보드리야르가 말하고자 하는 바는 이 두 가지 모두이리라: 첫째, 보드리야르는 성 해방이 억제되기를 바란다. 성 해방은 분명 우리의 마지막 독자성, 유혹, 그리고 상징적 교환 능력을 없애려는 무언가의 일부이기 때문이다(또는 단지 그가 성해방을 마음에 들어 하지 않기 때문일 수도 있다). 둘째, 여기에서 말하는 에이즈는 진짜 질병을 가리키는 게 아니라 '바이러스'의 형상을 가리키는 것이며, 건강과 청결 그리고 죽음의 배제에 대한 우리의 집착의 불가피한 실패를 암시한다. 이 중 두 번째 해석에서는 보드리야르가 에이즈를 에이즈가 가장 큰 영향을 미치는 지역뿐이 아닌, 모든 서구 사회의 물리적 비평으로 간주했다는 한계가 존재하긴 한다.[18] 요약하자면 개요에서 바이러스가 타자 혹은 자연의 귀환이라는 발상은 괜찮으나, 에이즈에 대한 논평에는 문제가 있다고 볼 수 있다.

보드리야르를 정당히 평가하자면, 우리는 '모든' 현상이 해당 현상과 과도 현실 세계와의 연관성 측면에서 평가되며, 바이러스가 현실과 개인과 신체와 기관의 프랙탈화를 추진하면서도 그 프랙탈화에 고무된다는 점을 기억할 필요가 있다. 바이러스는 성 해방(이것이 아니더라도 자유가 아니라 해소인 해방이라면 그 어떤 것이든) 및 의료 기술뿐만 아니라, 모든 기술과 (자본, 이데올로기, 지식, 정보 접근성과 인터넷상의 이미지들의) 해방에 연루되어 있다.

사진

오늘날의 세계는 이미지로 포화되어 있으며, 이미지로 대체되거나 재구성되기도 하는 듯하다. 보드리야르는 현실을 전달한다고 칭하는 이미지나 이미지 모음이 모두 과도 현실을 보충하고 있다고 본다. 하지만, 사진만은 예외다. 가상 세계의 서사에 제동을 거는 역할을 하기 때문이다. 보드리야르는 사진에 대한 글을 쓰는 일뿐만 아니라, 사진을 촬영 및 전시하는 일도 1990년 대 중반부터 해온 바 있다. 이는 이론의 증명과 그 실천을 동시에 하려던 의도는 아닐지라도, 그가 사진의 잠재력이라고 보는 것과는 일치한다.

사진은 무언가를 묘사해서는 안 되며, 타자성을 포착하여 대상에 그 신비를 남겨야 한다. 보드리야르의 서술에 따르면, '좋은 사진은 그 무엇도 묘사하지 않고, 오히려 그 비대표성, 즉 스스로에게 (욕망에게, 의식에게) 이질적인 것의 타자성을 포착하는 사진이다'(*Transparency*, p. 152; 157). 사진은 현실을 보여주는 것으로, 또는 적어도 현실이 보여지고 있다고 믿게 만드는 형태로 여겨진다.[19] 우리가 사람들을 보고 있든 사물들을 보고 있든, 보드리야르는 항상 친숙성도 아니고 친숙성을 수립하는 수단도 아닌 타자성을 쫓는다. '원시인'들을 촬영하는 일에 대해서, 보드리야르는 '포착되는 건 그들의 독자성이 아니라 타자성이다'라고 서술하고 있다. 사진은 주체/객체 관계를 세계에 강요하려는 시도이며 그 세계에서는 후자가 전자에게 알려져 있지만(p. 155; 160), '원시인'들은 그 시도에 저항하며, 도전의 형태로 카메라를 직시하고(p. 151; 156), 그동안 사진의 이미지 자체도 저항한다. 카메라에 익숙하지 않은 사람이라면 '누구든' (즉, '원시인'들뿐만 아니라 누구든지) 그런 관계를 제공할 수 있지만, 오늘날 우리는 세계에 '이미지 바이러스'를 퍼트렸다(*Photograpies*,

p. 149; 97). 이러한 입장은 사진이 몇몇 무대에서 어떠한 현실을 보여주긴 했지만 어느 날부터 그러길 그만두었다는 시사와, 이 국적 측면, 그리고 아마 '원시인'들에 대한 오만한 추측이라는 두 가지 기반을 통해 여전히 비판받을 수 있다. 이러한 의혹들에도 불구하고, 보드리야르가 사진에 대해, 그리고 오늘날의 세계에서 사진이 가진 지위에 대해 말하는 보다 심도 있는 내용들은 그 자체적으로도, 그리고 보드리야르가 우리가 살고 있다고 주장하는 가장된 그리고/혹은 가상의 세계에 대해 언급하는 측면으로도 유용한 모델을 제공한다.

보드리야르에게 있어서, 사진의 흥미는 환상과 이상함의 표현으로부터 나온다(*The Perfect Crime*, pp. 87~88; 128~129). 이것은 사진이 객체의 소실을 시각화함으로써 발생하며, 그로 인해 사진이 '다른 모든 것들이 사라지며 남은 흔적'이 됨으로써도 발생한다(p. 85; 126). 이 부분은 잠시 짚고 넘어갈 가치가 있다. 왜냐하면, 보드리야르는 보통 사진에 대해 매우 보수적인 입장을 보이기 때문이다: 사진은 대상을 있는 그대로 두며, 보드리야르의 사례에서도 결과물이 드러나기보다는 드러나지 않는 쪽으로 나온다. 그렇지만, 우리는 묘사의 해체와 묘사되는 것의 해체 또한 가지고 있다: 부재, 놓친 현실, 그리고 사라지기만 했을 뿐인 현실의 연속이 우리가 가진 것의 전부이다. 사진의 향수는 보인 객체에 대한 향수가 아니라 그것이 가진 적 없는 현실에 대한 향수이며, 그 현실은 그것이 이미지의 형태로 유지됨으로써 더욱 제거된다. 바르트Barthes가 '푼크툼Punctum'을 죽음과 부재 주위에 모여 바라보는 주체와 이미지인 객체 간의 상호작용의 공간이라고 정의한 바에 대해 보드리야르는 어느 정도 흥미를 보였는데, 그것은 특정한 무언가도 누군가도 아니고, 놓쳐야 할 죽음조차 아니다. 그것은 모든 것, 즉 세계이다.[20]

사진이 가장 순수한 이미지라는 것이 보드리야르의 일관된 주장이다(*Transparency*, p. 154; 159 참고). 왜냐하면 사진은 의미를 배제하고, 항상 조각으로서 기능하며, 선재anteriority를 제거하기 때문이다(*The Perfect Crime*, p. 58; 88). 문제는 다큐멘터리로 보이는 사진의 경우 보는 이들이 의미와 현실성을 사진에 귀착시키고, 이미지가 속한 서사를 구축하려 한다는 것이다. 하지만, 필자는 이 부분에서는 보드리야르가 옳다고 생각한다. 왜냐하면, 하나의 이미지는 여전히 그러한 귀착 과정에 저항하기 때문이다. 그의 사진들은 묘사도 미학적 가치도 삼가고 있으며(*D'un fragment*, p. 136), 미학적 가치는 사진이 이야기에 들어맞지 않는 것처럼 보일 경우 보는 이가 그 다음으로 사진에 '부여하는' 것이다. 사진은 기능을 가지길 열망해서는 안 된다: 다큐멘터리 사진은 비참함에 연연하는 현실주의 모델에 발목이 잡혀 있으며, 그곳에 있어서는 안 되는 것인 일종의 도덕적으로 반성된 현실moralized reality을 보여준다(*Photographies*, p. 148; 96). 그러니 이 '리얼리즘'은 이를테면 모든 노숙자들이 사진에 담기는, 비참함의 미학이 된다(p. 151; 99).[21] '리얼리즘' 사진에게 미학이란 불가피한 것이며(그리고 긴밀히 통제되는 촬영 관습을 따르며), 예술 사진에게 의미란 불가피한 것이다. 사진은 예술을 가까이하지 말아야 한다(*Paroxysm*, p. 89: 162). 하지만, 현대 예술에 대한 보드리야르의 극렬한 혐오와 예술 사진에 대해 그가 품는 의혹에도 불구하고, 신디 셔먼Cindy Sherman 등의 사진작가들은 시뮬라시옹을 가지고 노는 것처럼 보이며, 안드레아스 구르스키Andreas Gursky나 제프 월Jeff Wall 같은 다른 사진작가들은 형식적 측면의 사진의 단순한 내용물이나 표현과는 다른 것을 보여준다. 낸 골딘Nan Goldin과 같은 더욱 리얼리즘한 사진작가들에 대해 진지하게 고려하는 것은 리얼리즘 사진이 미술관에 들어올 때 무언가 흥미로운 일이 벌어지고 있다는 것을 인정해야 할 것이다.

보드리야르는 예술가 겸 사진작가의 의도가 이미지 자체를 배신하고, 부재한 세계 객체가 이상적인 이미지 단편을 통과한다고 추정한다. 보드리야르의 사진들은 텅 빈 거리, 방, 특별할 것 없는 장면과 객체의 확대된 디테일을 보여준다. 이미지들의 품질은 끊임없이 진부한 이미지들에 필요하다고 여겨지는 정도를 넘어서며, 보드리야르가 시사하는 바와는 대조적으로 화가 특유의 품질을 나타내며, 이따금씩 게르하르트 리히터Gerhard Richter의 작품들에서 보이는 사진과 그림의 경계를 흐리는 표현도 보인다. 보드리야르 본인의 관점으로는 객체의 이러한 묘사가 항상 그 자체와는 별개로 세계를 역설적으로 보일 수 있게 하며 (세계 그 자체도 없다는 점을 기억)(*Photographies*, p. 126: 79), 그것의 단편적 성질은 그것을 보여주는 일보다는 프랙탈 세계의 것이라고 한다. 아이러니한 세계로의 되돌아감은 그의 사진에서 중요한 역할을 하며, 그가 네오-리얼리스트(즉, '객체를 그대로 둔다'는 것)가 되지 않게 해준다. 더해진 것은 아무것도 아니기 때문에, 더해짐 속에서 세계, 객체, 관람자 및 사진작가의 빼는 과정이 시작된다.

디지털 미디어

보드리야르는 디지털 세계를 항상 의심의 눈초리로 바라보아왔으며, 오래전 《상징적 교환》에서 (컴퓨터나 DNA의) '코드'가 우리를 시뮬라시옹으로 더욱 몰아붙인다고 주장한 바 있다. 최근 들어, 디지털은 우리를 시뮬라시옹에서 가상으로, 시뮬라시옹보다 더하기도 하고 덜하기도 한 상호작용으로 데려가는 것처럼 보인다. 새로운 미디어 기술에 대한 보드리야르의 비관론과 일반적인 관심 부족은, 그가 현재와 미래의 현상에 대해 강조했던 것을 고려하면 이상하게 느껴진다. 이를테면, 보드리야르가 인터넷의 원리보다 효과에 초점을 둘 때면 불안 및/혹은 회피하려는 모습이 보인다: '비디오, 대화형 스크린, 멀티미디어, 인터넷, 가상현실—우리는 상호작용성에 의해 모든 면에서 위협을 받고 있다. 과거에 분리되어 있었던 것은 이제 합쳐져 어디에나 있다'(*Screened Out*, p. 176; 199). 참여하라는 요청을 받기 때문에, 우리에겐 더 이상 빠져나오거나 거리를 둘 기회가 없다. 우리가 화면과 '상호작용'하거나 화면을 통해 상호작용할 때, 화면은 거리를 좁히며 몰입을 요구한다. 그 결과, 서서히 진행되는 가상화에서 우리는 단말기가 되는 것이다. 기이하게도 보드리야르는 '상호작용'으로부터 위협받는 비시뮬라시옹의 일부 영역을 재발견한다: 첫째는 우리가 여전히 거리를 둘 수 있다는 생각, 둘째는 언어의 상징적 측면이다:

> 오늘날, 언어는 세계적/지속적 의사소통의 헤게모니적인 판타지에 직면했다—뉴 오더, 언어의 새로운 사이버 공간—디지털 언어의 극단적 간소화가 자연 언어의 수식적 복잡함을 뛰어넘은 곳이다. 2진수 코딩과 디코딩으로 인해, 언어의 상징적 차원은 말소된다.(*Vital Illusion*, p. 69)

보드리야르는 언어나 전반적 의사소통에서 우리에게 여전히 일종의 상징이 남아 있었다고 주장하는 것일까? 이는 보드리야르가 수년간 써온 글들의 내용과 상충된다. 어쩌면 우리는 이 노스텔지어를 갈수록 디지털화되는 세계의 도래로 유발된 감정에 대한 논평으로 볼 수 있을 것이다: 그 시점에 우리는 부재로서만 존재하는, 언제나 이미 상실되었던 상징을 의식하게 된다. 아마도 '문자 메시지'는 그가 염두에 둔 단순화와 의사소통의 '냉각'의 한 종류일 수 있지만, 그것만으로 볼 수 있는 유일한 방식은 아닐 것이다: 그것은 신종 언어로 볼 수도 있을 것이다—매우 독창적이든, 의도적으로 모자란 것처럼 보이든, 둘 다 하이-테크 상호작용에 대한 일종의 비평이 될 수 있다. 또한, 그것은 복고풍 의사소통으로 볼 수도 있다. 우리의 휴대폰은 날이 갈수록 우리를 전보와 모스 코드 시절로 돌려보내고, 우리의 컴퓨터는 전화기가 되어 가고 있으니 말이다.

인터넷은 우리에게 세계의 일부가 되길 강요하는 존재이며, 단순히 일종의 역사적, 개인적 혹은 상징적 의미만 있는 공간이 아니다: 우리들 한 명 한 명이 세계화되는 것이다. 컴퓨터가 우리를 기계의 보형물로 만들어놓는 또 다른 보형물이라면(*Screened Out*, p. 179; 202), 세계 또한 우리의 보형물이며, 우리 또한 세계의 보형물인 셈이다. 이제 우리는 거의 모든 것에 접근할 수 있으며, 그로 인해 이득을 보게 되어 있다. 우리에게는 더 많은 것들을 발견하고, 창조하고, 창의적으로 상호작용할 자유가 있다. 하지만, 보드리야르는 그로 인해 우리가 자유로워지지는 않을 것이라 보았다: '인터넷은 그저 자유로운 정신적 공간, 자유와 발견의 공간인 것처럼 보일 뿐이다'(ibid.). 그는 우리가 가상 공간에서 독자성을 가지고 놀 수 있을 것이란 발상을 경멸한다. 우리는 자유롭게 되기는커녕 코드 내에 사로잡히고 신세를 지게 되어, 결국 독자성 측면에서 이전보다 더 많은 제약을 받게 되었다(*Figures de l'alterite*, p. 39). 보드리야르에게는, 인터넷이 우리에게 세계화나 타자화로 인해 소실되었던 것들을 대체할 공동체를 공급할 것이라고 생각할 겨를은 없다. 인터넷은 공동체를 파괴하고, '현실 세계'의 '사회'만큼이나 허술하고 헛된 가상의 공동체를 대신 채워 넣었다(*D'un fragmentt*, p. 112). 하지만, 보드리야르는 컴퓨터가 우리를 소외시키거나 현실 감각을 잃게 만들 거라고 주장하지는 않는다. 이미 가장되어 있는 세계에서는 둘 다 어떠한 의미도 가지지 않기 때문이다.

보드리야르는 실제로 사용하기 쉬운 인터넷과 복잡한 프로그램이 시뮬라시옹의 생산을 민주화시킬 것이라는 의미의 대행자agency 개념을 거부하는 것처럼 보인다. 현실적으로, 그는 그것이 극히 미미한 이득일 뿐이며 아무것도 바꿀 수 없다고 주장할 것이다. 디지털 미디어는 예술적으로 작동할 수 없다. 왜냐하면 디지털 미디어는 모든 거리를 없애고, 예술이 발생하는 모든 '장면'을 없애기 때문이다(*Screened Out*, p. 176; 199). 이러한 관점은 오늘날의 세계에 대한 그의 전반적 관점과 일치하지만, 현상을 자체적 기반에서 분석하지 않은 점이나, 비판의 대상을 충분히 들여다보지도 않은 점(어쩌면 이것은 보드리야르가 참여에 대한 촉구에 퇴짜를 놓는 방법 중 하나일지도 모른다)은 실망스러운 부분이다. 페도필리아, 넷Net, 감시 활동(이를테면 하드 드라이브의 내용물을 감시하여 성범죄나 테러 행위 의도를 추론하는 일)에 대해서는 할 말이 없는 것일까?[22] 인터넷과 그 이용자들의 수에 대해 헐뜯는 측면에서는 보부르Beaubourg를 자기파괴적 기계라고 분석했던 일을 떠오르게 할 말이 분명 존재할 것이다. 보드리야르가 사건에 대한 넷이나 TV의 '실시간' 보도의 효과에 주목하기는 한다. 현실의 사건은 스스로를 떼어놓을 시간이나 공간이 없기에, 두 번 다시 일어날 수는 없기 때문이다(*Vital Illusion*, p. 65). 하지만, 그것은 그가 사건 및 시뮬라크르의 진행에 대해 이미 내세운 주장과 동일한 주장일 뿐이다. 요약하자면, 인터넷, 디지털 미디어, 컴퓨터 프로그램과 게임은 모두 우리를 가상의 세계로 데려가며, 보드리야르가 이 쪽 분야에서 가지는 흥미라고는 그게 전부이다. 넷에 대한 그의 의심은 보다 넓게 확산되어야 하지만, 자세한 관심의 부재는 직관에 반대되는 논쟁적 저항보다는 단도직입적 보수주의를 시사할 수 있다.

6장

보드리야르와의 인터뷰

인터뷰는 2003년 4월 17일에 장 보드리야르의 아파트에서 진행되었다. 이탤릭체와 따옴표로 표시한 단어들은 원래 영어로 되어 있었다.

폴 헤가티(PH): 당신이 최근에 《리베라시옹》(2003. 3. 10.)에 해방전쟁에 대한 무언가를 기고했다 들었습니다.

장 보드리야르(JB): 그래요, 한 달 전 지금이죠―전쟁이 시작되기 전, 정말로 시작되기 전에요. 데리다와 저는 함께 전쟁에 대한 논의를 했고, 그래서 저는 그것으로 돌아가보는 것이 좋겠다고 생각했습니다. 그 외에는 사실 별로 이야기하고 싶지 않았습니다. 이미 9/11에 대해서 이야기한 후라서 말이죠, 특이한 사건이었죠. 전쟁은 비-사건입니다만 TV든 라디오든 사람들이 자꾸 저한테 전쟁에 대해 설명해주길 바랐어요. 저는 말했죠, 들어보세요, 당신은 제 글을 읽어보지도 않았잖아요. 거기서 저는 그것이 비-사건이라고 말하는데 비-사건에 대해선 더 이상 할 말은 없었습니다. 그래서 그 때부터 그 글 외에는 저는 신경 쓰지 않았습니다.

PH: 저는 그 전쟁이 비-사건인 것을 압니다만 언급하지 않을 수 없네요.

JB: 간접적으로, 미디어와 관계해서, '왜 안 되겠어요?' 문제는 그 요청의 이면에 있는 것입니다. 그들은 제가 해야 할 말을 좋아하지 않지만, 어쨌든 요청들이 저에게 옵니다. 왜냐하면 그들은 다른 모든 사람과는 반대로 뭔가 다른 말을 할 누군가가 필요하기 때문입니다. 심지어 《리베라시옹》도 기사를 낸 다음, 그 옆 페이지에 반대 의견을 게재할 것입니다. 거품처럼 기사가 나타나죠—그건 좋지만 저는 반응에 대한 환상을 가지고 있지 않습니다. 여러분의 정신 상태가 적절해야 하고 그 안에서 무언가 일어나는 것이 있어야 합니다—그것이 기사와 책의 차이점이죠. 아니면 당신은 화낼 필요가 있습니다—제가 화가 난 것은 아닙니다. 전 차분한 편이지만, 받아들일 수 없는 일이 일어나고 있다면, 당신은 몇 가지 이론을 유지하면서 그것을 이해해야 합니다. 가능하다면요.

PH: 당신은 정말로 무언가를 해독하려고 하는 건가요, 아니면 당신을 위한 글쓰기 활동에 더 가깝나요?

JB: 저는 우선 저를 위한 활동이라 생각하고 그렇게 하는 것입니다. 당신이 어떻게 할 수 없는 일이니 앞으로 일어날 일에 대해 너무 많이 생각해서는 안 됩니다. 어쨌든 큰 반응은 없습니다. 반응이 있다는 것을 알지만, 간접적으로만 알고 있습니다. 이해하는 사람들도 있고, 그 글이 훌륭하다고 말하고 나서 당신이 말한 것과 반대로 말하는 당신을 이해하는 척하는 사람들도 있을 것입니다. 상황이 그렇습니다.

PH: 저는 특히 예술가들 사이에서 그 경향을 보았습니다.

JB: 예술가들은 항상 제 말을 심각하게 오해했습니다. 이 모든 것은 1980년대에 미국 예술가들로부터 시작되었죠.

PH: 그들에게 그럴 권리가 있나요?

JB: 네. 당신이 어떤 것을 내놓으면 그것을 다른 사람들의 손에 맡기도록 하는 겁니다―그것은 완전히 정상적인 일입니다. 또한 글을 쓰는 사람에게 어떤 종류의 공격성이 있다는 것도 정상입니다. 그래서 당신이 그걸 보내면 무언가가 돌아와야 합니다. 동의가 될 수도 있지만, 일부 학회에서 보듯이 공격이 될 수도 있습니다. 일종의 도전이죠. 그 공격은 악의적인 공격이 아니라 약간 상징적인 면모를 지닙니다.

PH: 도전이 여전히 당신에게 중요한가요?

JB: 네, 저는 그래야 한다고 생각해요. 상징적 교환과 같은 도전으로 행해져야 합니다. 반드시 아이디어나 내용 혹은 의미론적 관점에서만 이루어져야 하는 것은 아닙니다. 여러분들은 아이디어로 무엇이든 반대할 수 있고, 그 아이디어들은 서로를 옹호할 수 있지만, 심리학적인 측면에서 개인적이지 않은 관계가 있으며 이것이 일종의 '도전'입니다. 이 관계가 반드시 존재해야 합니다. 유희, 도전, 복귀가 그것입니다. 저는 그것이 필수적인 관계라고 생각하고, 현재의 분위기에서 부족한 것이 바로 이것입니다. 누구도 강한 의미의 단어로 대응하는 것을 도전으로 생각하지 않습니다. 사람들은 그들의 아이디어를 당신의 아이디어나 다른 아이디어들로 반박하거나, 자격을 박탈하거나, 반대하려고 할 수도 있지만, 실제로 크게 걸릴 일은 없습니다. 저는 그걸 지키지만, 당신은 갑자기 혼자 남게 되면서 도전은 자신과의 싸움으로 전환되고 여전히 진행해야 합니다.

PH: 그 다음엔 무관심이 있습니다….

JB: 확실히 그렇습니다─또는 그러한 종류의 관용이 필요합니다. '동의하지 않지만…', '나는 반대하지 않아…'와 같이 말할 수 있는 관용이요─완전히 반대되는 견해를 가진 사람이 필요합니다 전 엑스트라로 거기에 있고 싶지 않아요. 그들은 말합

209

니다. '우리는 반대할 누군가가 필요하다고'요. 그리고 이에 대해 당신은 즉시 말할 수 있는 것이죠

PH: …그것은 합법화에 대한 것이군요.

JB: 정확해요.

PH: 그러한 경우에 합법화되는 것은 정확히 무엇인가요?

JB: 그것은 지적 자유주의와 차이에 대한 것입니다. 하지만 그 다음에 당신은 통합됩니다. 차이로서 통합되는 것입니다. 만약 제가 제 자신을 적대자로 설정하고 싶다면 전 차이로 존재하길 원하지 않아요. 하지만 시스템은 가능한 모든 차이 중 하나로 당신을 집어삼킵니다: '그는 이런 말을 한다, 우리는 그를 안다, 그는 항상 같은 말을 한다, 그는 사기꾼이야'—종종 이런 식으로 이야기됩니다.

PH: 당신은 무언가를 하도록 허락받고 있지만, 권한을 원하진 않는군요.

JB: 누군가가 그런 식으로 당신에게 무언가를 '준다'라고 하는 것은 받아들일 수 없어요. 제가 다시는 하지 않을 한 가지는 한 무리의 사람이 초대되는 그런 TV 프로그램입니다. 거기서

일어나는 일은 모든 것이 파묻혀버립니다. 강제로라면 라디오는 아직 할 수 있겠지만요, 일대일로요.

PH: TV를 많이 보나요?

JB: 그리 많이는 안 봅니다. 뉴스를 보긴 하는데 케이블은 없어서, 재미있는 영화 채널은 못 받아봅니다. 하지만 별로 신경 쓰지 않아요. 볼 시간이 별로 없어서요. 최근에는 꽤 봤었는데, 우리가 보는 것이 참을 수 없을 정도로 사소하고 진부하고, 해설들도 믿을 수 없을 만큼 나쁘더군요. 그 점이 정확하게 흥미로웠던 점입니다. 그런 평범함 속에서 계속 반복되는 것들이요. 이번 사건[제2차 걸프전]에 대해서는 얘기할 것이 없습니다. 왜냐하면 모든 게 이미 예상된 대로 진행되었거든요. 그래도 여전히 흥미롭더군요. 그 외에는 가끔 영화 정도를 제외하고 별로 보지 않습니다.

PH: 하지만 여전히 따분한 걸 좀 보시긴 하나요?

JB: 저는 TV에 대해 어떤 환상도 가지고 있지 않아요. 그걸 켜면 무엇을 볼 것인지에 알고 있거든요. 이미지의 흐름을 보는 것은 좋습니다―그리고 대부분은 쓰레기죠, 아마도 그게 TV에서 가장 흥미로운 부분이에요. <로프트 스토리Loft Story>[프랑스 리얼리티 TV쇼]같은 거 말입니다. 저는 그것이 진짜 TV쇼라

211

고 생각합니다. 아르떼Arté[유럽의 국영 문화 채널]도 아니고, 문화 TV도 아니죠. 거기에 이상하고 흥미로운 것들이 있지만 실제로 텍스트의 세계입니다. 의미는 다른 것이고 TV는 그냥 다른 매체일 뿐이죠. TV는 그것 자체만으로도 진부함으로서, 모호한 종류의 상호작용으로서, 막연하게 뜨거운 현실로서 일종의 무한한 확산으로 운명 지어져 있습니다.

PH: 그러면 아르떼Arté는 실수인가요? 존재해서는 안 되나요?

JB: 그것은 실수가 아닙니다. 그것은 방탕함indulgence입니다. 문화가 자신에게 남겨진 것을 바라보고 있는 겁니다. 저는 왜 안 되는지 모르겠습니다—저는 그 세계의 일부이고, 저도 그 안에 속해 있으니 보지 말라고는 말하지 못하겠습니다. 그것은 훌륭하고 그 밖의 다른 모든 것은 쓸모없다고도 이야기하지 않을 겁니다. 그냥 있는 그대로 받아들이세요. 만약 제가 문화를 찾고자 한다면, 제 스스로 만들 겁니다. TV에서 찾진 않을 거예요. 하지만 아르떼Arté에는 책이 있을 수 있는 방식과 같은 흥미로운 것들이 있습니다.

PH: 아르떼Arté는 좀 '오래된 유럽'같지 않나요?

JB: 완전히 그렇죠. 그것은 사치스러움, 박물관 같은 거예요.

문화적 환경은 자신에 대한 인식의 신호를 가져야만 합니다. 그것은 이미 생존하기 어렵다는 걸 알고 있죠. 아일랜드에선 어떨지 모르겠네요.

PH: 음, 우리는 매우 '문화적'입니다. 다른 곳과 마찬가지로, 최근에 발명된 전통문화와 함께…

JB: 재영토화군요. 하지만 무슨 일이 일어나고 있는데, 그에 수용성이 있나요? 유산은 있지만 특이성이 있을까요? 이 글로벌 문화 교류와 관련하여 아일랜드의 독특함이 있는 건가요? 저는 요즘 어디든 약간 표준화되어 있는 것 같습니다.

PH: 있을 수도 있습니다. 미국 문화가 완전히 지배하고 있음에도 불구하고 특수성에 대한 주장이 있죠. 그 조합이 어떤 종류의 특이점일 수 있습니다.

JB: 당신은 어디서나 그런 걸 볼 수 있죠. 저는 얼마 전에 한국에 갔었어요. 거기도 마찬가지였어요. 초현대적이고, 엄청난 호황과 화려함이 있었고, 완전히 미디어화되었지만, 그들이 추구하는 것은 '한국인다움Koreanness[coréanité]'이었어요. 그것이 그들이 추구하는 것입니다. 그들은 그들이 타고난 이 글로벌 문화에 완전히 참여하고 결의와 화해를 추구합니다. 과거에는 낙후된 가난한 나라였지만, 지금은 도약하고 있습니다. 하지만 그들이 놓치고 있는 것은 '한국인다움'입니다. 그들은 서양인들에게 '한국인다움'을 말해달라고 요청하는데 그것이 그들에게 분명하지 않기 때문이지요. 그것이 무엇인지 말하는 것은 우리의 일이며, 그것을 발명하는 것은 우리에게 달려 있기 때문에 그들은 나와 같은 사람에게 와서 문화적 구원cultural salvation이 무엇인지에 대해 묻습니다. 그들은 둘 사이에서 동일한 문제, 동일한 교차성chiasmus에 갇혀 있어요.

PH: 저는 당신이 쓴 글에서 일본과 브라질이 여전히 어떤 일이 일어날 수 있는 곳이라는 인상을 받았습니다.

JB: 네, 물론입니다. 일본은 말할 필요도 없이 항상 매우 특이한 나라였습니다. 브라질도 마찬가지이지만, 다른 면에서 매우 강한 저항력을 가지고 있습니다. 저는 특히 1970~1980년대의 미국을 좋아했고, 지금도 그렇습니다. 하지만 그때는 미국의 특이성 때문에 그랬죠— 거기엔 공간보다는 형식적인 어떤 반문화적인 것이 존재합니다. 그것은 전지구적인 것, 탈영토화의 장소이자 그 방식에 있어서 독창적original입니다. 저는 그것을 매우 특별한 것으로서 많이 좋아했습니다. 이제는 대부분 사라졌지만요—미국 자체가 세계화가 되었습니다. 그것은 이 세계화의 진원지이자 희생양입니다. 음—그것은 우리가 어떤 미국에 대해 이야기 하느냐에 따라 다릅니다. 여러 개의 미국이 있으니까요. 단지 덜 특수하고 덜 흥미롭다 말할 수도 있을 것 같네요. 저는 그곳에 덜 가고, 남미에 더 자주 갑니다.

PH: 아직도 브라질에 가시나요?

JB: 이번 5월에 다시 갈 예정입니다. 정확히 재미를 위한 것이 아니지만, 약간의 탈출 같은 것입니다. 저는 항상 특정한 목적 때문에 그곳에 가지만, 정말 일 같지는 않습니다.

PH: 현재 유럽은 남미에 관심이 매우 많습니다.

JB: 아르헨티나 영화가 부상하고 있습니다. 대대적으로 홍보되고 있지만 저 아래 브라질 사람들과 아르헨티나 사람들은 모두 유럽에 눈을 돌리고 있습니다. 여기가 훨씬 더 흥미로운데 말이죠. 그들이 관심을 갖는 것이 프랑스뿐만 아니라 영국이기도 하지만, 프랑스의 사상은 여전히 일종의 세계적인 유산입니다. 프랑스의 유산은 여전히 세계 유산의 일부로 등재되어 있습니다. 저는 그 프랑스 사상으로부터 이익을 얻고 있다 보니 어떤 말도 그에 반하는 말을 할 수가 없네요.

PH: 그게 계속될까요?

JB: 잘 모르겠습니다. 그에 대한 관심은 줄어들고 있어요. 한편으로 지난 10년동안 여러분은 미국 문화, 북미 문화, 심지어 언어의 측면에서도 침략을 받아왔습니다. 프랑스 언어는 줄어들고 있습니다. 프랑스 사상에는 여전히 특권적인 요소가 있지만, 점점 더 적어지고 있습니다. 심지어 미국에서도 대학을 중심으로 잠재적 청중이 크게 감소하고 있습니다. 실제 교류는 없었고, 한때 프랑스 사상을 대량 수입한 것뿐입니다. 저는 9/11 테러 이후 뉴욕에 갔습니다. 우리는 두 명의 프랑스인이었고, 두 명의 미국 지식인(비록 미국인들은 지식인보다 학자에 더 가까웠지만 말입니다)이 프랑스의 지식인들과 청산하기 위해 그곳에 왔죠. 우리는 9/11에 대해 이야기하기 위해 그곳에 있었고, 저도 그랬지만 저는 그 사건에 대해 이야기하는 것을 피하기 위해 모든 것이 이루어졌다는 것을 알 수 있었습니다. (그들이 노리는 것은 청산하려던 것입니다.) 정말 한심 했습니다.

PH: 그런 경우가 많아 보입니다. 그리고 프랑스 사상에서, 우리는 1968년의 이전의 사고로 돌아가는 것 같습니다.

JB: 사실입니다. 그것은 1980년대에 시작되어 많은 사망자를 낸 결과였죠. 그것은 실제로 회귀가 아니라 우리가 초기 단계를 향하는 일종의 재통합입니다. 마치 무언가를 지우려는 듯이요…. 그래서 우리는 1968년에 거의 일소된 모든 것들, 주체, 가치, 도덕적 가치, 정치의 재창조의 '갱신', '부활'을 보게 됩니다. 그것은 미국을 포함한 어디에서나 일어나고 있습니다. 새로운 근본주의[intégrisme]가 등장하고 있는 겁니다.

PH: 놀랍게도 영어권에서 1980년대와 1990년대에는 대부분 프랑스 '이론'에 관해 다뤘고 새로운 아이디어를 기다리고 있었는데, 그 대신 '정의란 무엇인가'를 받았네요. 심지어 그건 비평조차 아니었어요.

JB: 저는 그들이 무엇을 되찾으려고 하는지 모르겠어요. 사실 심지어 현대성이 아닌 음 현대성의 한 형태인 휴머니즘, 인도주의humanitarian일 수도 있지만, 이미 정점 단계를 넘긴 상태입니다. 그것은 '재활용' 단계입니다. 예전에는, 적어도 직선으로, 계속해서 발전하던 것이 있었지만, 지금은 나선형처럼 뒤죽박죽입니다. 그 결과 현재 분위기가 정체되어 있고, 대체로 실망스럽습니다.

PH: 현대 작가 중에 어떤 분들의 글을 읽나요?

JB: 저는 나오는 것들을 읽지만, 매우 체계적이지 않은 방식으로 정해진 독서를 하지 않습니다. 부르디외Bourdieu를 읽는 것을 중단했고, 데리다Derrida를 존경하지만 저와는 다르고, '하위 데리다디언sub-Derrideans'들도 마찬가지입니다. 흥미로운 작가들은 몇 명 있습니다—저는 아감벤Agamben이 쓰는 글을 좋아하고 프랑스에서 거의 알려지지 않은 지젝Žižek의 글 또한 좋아합니다.

PH: 지젝의 글은 영어권에서는 필독서입니다….

JB: 분명히, 그렇습니다.

PH: 저한테는 너무 정신분석적이더군요.

JB: 조금은 라캉적이지만 매우 흥미로운 〈실재의 사막에 오신 걸 환영합니다Welcome to the Desert of the Real〉라는 글은 아주 좋습니다. 그것은 제가 번역하고 싶어하는 것이기도 합니다. 저는 어디 출신인지, 사물에 대한 그의 비전과 특정 유형의 인식에 대해 알고 있습니다. 저는 그가 쓴 내용에 전혀 동의할 수 없지만 '그 느낌'은 공유합니다. 당신은 모든 것에 의문을 제기할 수 있습니다. 그는 일종의 변증법을 유지하고 싶어하고 그 어딘가에는 여전히 마르크스주의가 있습니다. 그는 제임슨과 같은 미국의 네오마르크스주의자들과도 협력합니다. 그가 라캉적인 실재의 형태를 사용하는 것도 잊어서는 안됩니다. 이 모든 것들은 함께 뒤섞여 있고, 온갖 종류의 이상한 복잡성이 있습니다. 저는 당신이 그것을 모두 분리할 수 있을지는 모르겠지만 그것은 동일한 위상에 있기도 하고 완전히 다른 위상에 놓이기도 해 매우 흥미롭습니다. 예외가 있습니다만… 슬로터다이크Sloterdijk가 등장했습니다. 바티모Vattimo도, 한동안 주변에 있었어요. 영어권 작가들에게는 잘 알려져 있지 않습니다. 몇몇 작가들은 '독서의 경제'를 가지고 있지만 저는 그것을 오랫동안

가지고 있지 않았습니다―그것은 저에게 주된 활동이 아닙니다.

PH: 촘스키Chormsky와 어떤 토론을 한 적이 있나요?

JB: 아니요. 저는 최근에는 토론을 별로 하지 않았습니다. 조지 스타이너George Steiner와 토론했는데, 그는 알고는 있지만 만난 적은 없습니다. 그는 매우 친근하고, 매우 호감가는 사람이었습니다. 그는 어떤 유형의 교양 있는 고상함과 매우 개인적인 통찰력을 가지고 있습니다. 우리는 거의 마음이 맞지 않았지만 그것은 중요하지 않았습니다.

PH: 미셸 우엘벡Michel Houellebecq과 그의 《원자화Atomised》에 대해서는 어떻게 생각하세요?

JB: 비슷한 종류인데, 매혹적이지만, 고약합니다. 저는 그것이 의심스럽지만, 제가 의심하는 것은 그의 인격적인 면이 아닙니다. 뭔가 마음에 들지 않는 것이 있어요. 저는 그것을 어떻게 분석해야 할지 모르지만 제가 좋아하지 않는 것은 그의 자기만족complacency입니다. 그것 외에는 다 괜찮습니다.

PH: 대부분 최고의 문학작품은 미국에서 나오는 것 같네요.

JB: 미국의 문학작품은 거의 항상 더 낫고 영화도 마찬가지입니다—제가 보는 것들은 대부분 미국의 것입니다. 저는 놀라운 연출이나 외계인에 관심이 없습니다. <트루먼 쇼Truman Show>, <마이너리티 리포트Minority Report>와 같이 대단한 영화는 아니지만 흥미로운 영화를 저는 좋아합니다. <엑시스텐즈Existenz>도 좋고 <매트릭스The Matrix>도 좋아합니다. 사실 그들은 제게 새로운 것에 대해 뭔가를 해달라고 부탁했습니다. 그들은 이번 촬영이 시작되었을 때, 연락이 닿았습니다. 첫 번째 연락에서는 시뮬라크럼에 대한 어떤 것이 있었습니다. 이번에 그들은 저를 위해 개인적인 쇼를 준비하고, 제가 그것을 쓰기를 원했습니다. 그런 종류의 일은 전문성을 요구하죠—저는 가상에 있어야 하므로 당신이 가서 봐야 할 사람은 접니다. 항상 예술가들과 함께 시작할 땐 동일한 오해가 발생합니다—그들은 '우리가 하는 일은 당신에게 정말 흥미로울 거예요. 당신도 같은 말을 했어요'라고 하죠. 마지막 사람들은 '바이오심바이오틱biosymbiotic' 예술가들[Symbiotic A]이었어요. 그들은 하지만 '당신은 우리가 하는 일을 사랑해야 한다'라고 말하면서 계속해서 저를 괴롭혔습니다. 저는 '잠깐만, 이건 용납할 수 없어'라고 말했습니다. 그들은 지원을 받아야만 했던 겁니다, 어떤 식으로든요.

PH: 영화 <매트릭스>의 한 장면에서 《시뮬라시옹Simulacra and Simulation》의 표지가 나온 것은 조금 노골적이지 않았나요?

미리 알고 있었나요? 당신의 반응은 어땠어요?

　　JB: 아뇨, 저는 몰랐어요. 저는 정말로 신경 쓰지 않았습니다. 두 가지의 버전이 있었고 다른 버전엔 그 장면이 사라졌습니다. 저는 제 일의 결과로 일어날 수 있는 일에 어떤 식으로든 관련되어 있다거나 책임이 있다고 느끼지 않습니다. 미국에서도 항상 그랬어요—관객과 종교적인 숭배가 있는 데 부정적인 측면도 있습니다—'포스트모더니즘의 대제사high priest[gourou] of postmodernism'와 그 이후 말입니다. 그들은 제가 쓴 것에 대해 많은 글을 쓰기 때문에 의심할 여지없이 매료되어왔지만 그것은 항상 신문에 나오는 서평이나 번역에 대한 리뷰와 같으며 항상 부정적입니다. 그것은 '그는 미쳤다', '광기 어린 사람이다', '속임수를 부리는 자', '이단아maverick'로 표현됩니다. 그것은 《아메리카America》 이후에 절대 변하지 않았어요. 《뉴욕 리뷰 오브 북스New York Review of Books》에서 대여섯 쪽이 할애되었던 핵심적인 부분도 마찬가지고요. 그것은 단지 '그는 미국의 현실을 아무것도 이해하지 못했다'고 말하려는 것이었습니다. 음… 저는 현실에 관심이 없다고 대답합니다. 그 책은 매우 성공적이었고, 심지어 캠퍼스에서 불태워진 적도 있습니다. 그건 성배Holy Grail입니다.

　　PH: 여전히 사진을 찍고 있나요?

JB: 저는 지난 몇 년간 사진 찍기를 중단했지만, 이탈리아 시에나에서 전시회가 있어서 다시 시작했어요. 50점의 새로운 대형 사진이었죠. 그래서 저는 그것 때문에 바빴고, 내년 12월에 독일 카셀Kassel에서 열리는 또 다른 전시회와 빈Vienna에서 열리는 전시회도 하나 있습니다. 그래서 저는 다시 사진을 시작하게 되었습니다. 처음과는 많이 달라졌어요. 사진은 동일한 성격이나 영감을 갖고 있지 않습니다. 뿐만 아니라 지금은 그것이 알려져서 사람들은 그것들을 요청하기도 해요. 제가 좋아하는 것은 무엇이든 보여줄 수 있고, 그것은 저에게 흥미로운 것이 결코 아니며, 갑자기 당신은 자신이 무엇을 하는지 궁금해합니다. 저는 사진을 찍을 때, 이미지를 만드는 것이 전부입니다. 저는 사진작가도 아니고 전문가도 아닙니다. 일단 이미지들이 유포되고 전시되면, 명백히 그 이미지들은 다른 의미를 가지게 되고, 다소 불가피한 것이 됩니다. 책에 있어서도 같은 것이지만, 이미지에 있어서는 저는 더 터무니없다고 말하고 싶습니다. 저에게 있어서 이미지들은 더 유일하고, 더 예외적이고, 더 순간적이지만, 일정 시간 공간에 이미지는 설치하기만 하면 끝입니다. 기본적으로, 저는 이미지를 만드는 것을 좋아하기 때문에 결코 그것을 멈추지 않고 계속해서 합니다. 저는 사진에 대해 새로운 것을 쓴 적은 없지만, 글을 쓰는 것에 대한 일종의 대항점으로서, 심지어 글을 쓰는 것과는 아무 관련이 없는 것으로서도 여전히 애착을 가지고 있습니다.

PH: 그런데 정말 그렇게 분리할 수 있을까요?

JB: 저는 이미지에 대해 글을 썼습니다―미디어 이미지, 가상 이미지 등이요. 저에게 사진은 그 모든 것과 정반대의 것입니다―실제로 독특한 이벤트로서, 재현과 의미 체계 외부의 것입니다. 저에게는 그랬지만, 분명히 사진은 예술, 사실주의 그리고 저널리즘에서도 사용됩니다. 그런 부분에는 관심이 전혀 없습니다. 그것은 오히려 내가 아니라 객체 자체가 주장하는 것에 가깝습니다. 그 시점부터 객체는 원칙doctrine 없이 존재하기 때문에, 거기엔 어떤 원칙도 없습니다. 그것이 거기에 있든 없든 그것은 외양의 속임수suborning, 빛의 속임수에 가깝습니다. 저는 글쓰기에서 비슷한 것을 추구하지만 그것은 항상 특이점이며 섞이지 않습니다. 그것들은 두 개의 특정한, 단일한 영역으로, 같은 궁극적인 목적지를 가질 수도 있지만, 하나가 없거나, 만약 있다면, 그것은 항상 통합 회로, 이미지, 이념, 텍스트의 전체 순환과 반대되는 것입니다. 그래서 태도는 같고 패턴이 있지만 적어도 기계적으로는 그 두 가지를 합칠 수 없다고 생각합니다. 많은 사람들이 그렇게 보고 싶어했고 즉시 그 두 가지를 비교했으며 그 연결고리를 '인식'했습니다. 저는 그것이 전혀 같은 것이 아니기 때문에 그들이 아무것도 모른다고 대답했습니다. 그러고나서 결국 저는 그것에 대해 쓸 수밖에 없었습니다. 저는 텍스트와 이미지 사이에 일종의 연결고리가 있다고 생각했습니다. 하지만 오늘날 그렇게 많이 사용되는 상호작용은 아닙니다.

PH: 실천도 아니라고 생각합니다.

JB: 절대로 그렇지 않습니다.

PH: 당신은 사진에서 객체가 스스로를 강요된다고 말할 때, 그것은 이론적으로는 급진적이라고 할지라도 꽤 전통적인 관점이라고 말할 수 있죠.

JB: 아마 그럴지도 모르겠지만 완전히 확신할 수 없습니다. 저는 미술 축제와 행사에 많이 가고, 독창적이거나 놀라운 작품들을 많이 보기는 하지만, 주체, 시선을 거치지 않았다고 보기는 어려워요. 모든 사람들은 내 시선, 내 작품, 내 것에 대해 이야기합니다. 포착되거나 조명되지 않은 현실의 형태를 연출하기 위한 도구로서 사진작가가 자체를 단순하게 보여주는 사진이나 이미지는 거의 없습니다(그 중 일부는 완전히 비현실일 때도 있지만요). 저는 지금 몇 가지의 시리즈를 만들었지만, 그 외에는 따르고 있는 주제나 문제점은 없습니다. 축제와 전시회는 주제와 아이디어가 있고, 처음부터 결정된 상태로 유지되지만, 제 관점은 완전히 다릅니다. 만약 여러분이 아이콘과 비잔틴 시대로 돌아간다면, 여러분은 인간 손에 만들어진 케이로포이에시스cheiropoiesis와 아케이로포이에시스acheiropoiesis 사이의 주요한 차이점을 알게 될 것입니다. 무엇인가가 우발적인 상황에서, 혹은 세상에서 있는 그대로—인간의 개입이나, 인간의 주체나 목소리가 없습니다. 저는 그것이 좋은 구별이라고 생각하고 후자는 기계가 세상을 돌파할 때, 초기 사진 촬영에서 얻을 수 있는 것입니다. 하지만 이제는, 그것이 점점 더 사실이 아닙니다. 르완다나 바그다드에서 일어난 폭력 사진을 본다면 그것은 또 다른 것입니다. 그것이 사진인가요? 저는 모르겠어요. 모든 것은 여러분이 가지고 있는 정의와 관점에 달려 있습니다. 이미지인가요? 사진일 수도 있지만, 이미지 측면에서는 분명하지 않습니다. 바르트Barthes는 이것에 대해 몇 가지 놀라운 말들을 했습니다.

PH: 그건 여전히 사실이네요.

JB: 전적으로 동감합니다. 이미지뿐만 아니라 예를 들어 사건에 대해서도 마찬가지입니다. 9/11사건조차도 어떻게 그 특이성을 유지할 수 있을까요? 생각은 그것을 덮어버리고, 묻거나 감추려는 모든 것들을 제거해야 합니다—당연히 [걸프]전을 포함해서 말이에요. 그것은 물건들을 파내고, 그것들 주위에 공간을 만들어, 그것들이 실제로 나타날 수 있도록 해야 합니다. 그래서, 이미지에 대해서는 참이지만 제 생각에는 모든 것에 적용되는 문제라고 생각합니다. 그것은 같은 문제입니다.

PH: 비록 우리가 그것의 특이점을 완전히 포착할 수 없다 해도, 무슨 일이 일어나고 있는지 아는 것이 가능할까요?

225

JB: 네, 특정 시점에서 성찰적 사고나 분석의 관점에서가 아니라 반영reflex에 가깝습니다. 사진을 찍을 때도 여전히 누군가가 있고, 어떤 것들이 제 주의를 끌며, 눈과 이해력이 있습니다. 그것은 이 용어를 사용하는 데 있어 일반적으로 받아들여지는 시선은 아니지만, 여전히 어떤 종류의 시선과 결정적인 과정이 존재합니다. 당신이 정확히 무엇인지는 분명하지 않습니다. 당신은 벡터인가요, 운영자인가요? 당신은 일종의 매개체이지만, 주체의 의지가 아닌 주체로서, 또는 매개체로서 사라집니다. 항상 주체의 소멸과 대상의 출현[발현]이 있어야 합니다. 이 말은 때때로 말하기 쉽고, 때때로 주체는 부분적으로만 사라질 뿐, 실제로는 완전히 사라지지 않습니다. 소멸의 기술이 있고, 그리고 나서, 그 기술은 여러분을 돕고, 어떤 면에서는, 그 일을 하는 객체입니다. 그래서 권력의 이양, 일종의 전복이 있습니다. 그것은 그 물체가 새로운 중력의 극이 될 수 있도록 하는 것도 아니며, 물체 자체의 형이상학도 아닙니다. 게임이 있고, 이 게임은 적어도 회복되어야 하고, 사물에 대한 우리의 지배력은 사라지지만, 그동안 카메라를 포함한 기술과 함께 그 지배력은 점점 더 확고해지고 있습니다. 아마도 기술이 다른 길로 갈 수 있는 지점이 있을 수 있습니다. 우리는 이 보류를 포기할 수 있고, 그 순간 기술은 사물의 편으로 넘어갑니다. 그것이 제가 사진에서 추구하는 것입니다—일종의 매력, 다른 곳에서 도착한 것, 그리고 어떤 종류의 개인적인 이야기도 없습니다. 지금 나오는 모든 문헌은 주관적이고 표현주의적인 공상의 비행으로 가득 차 있습니다—

우리는 실제로 푸코의 자기 공언에 있습니다. 그것은 모든 것을 꺼내고, 맹세하고, 고백해야 하는 고백의 문화입니다. 그 모든 것들… 음, 그것은 지배적 문화입니다.

PH: 객체와의 이러한 기술적 관계는 객체의 도전의 귀환일 까요? 아니면 주체가 객체의 교환에서 상실의 위치에 있는 것일 까요?

JB: 저는 정말 모릅니다. 저는 그것을 도전이라고 봅니다. 가령 최근의 블랑쇼Blanchot와 그의 죽음에 대한 많은 철학적 사고들이 부재, 신중함, 주체의 종말로 가득 차 있다는 것에 짜 증이 납니다. 그 모든 것은 지금 단지 진부하고 당연한 것이 되 었는데, 나는 그것이 그렇게 될 수 있다고 생각하지 않습니다. 그것은 계속 다루어져야 합니다. 그러한 생각은 급진적이었 고 모더니티가 가진 허무주의적 측면의 가장 좋은 부분이었습 니다. 그 생각은 그때 들어오고, 그 지점, 즉 무the nothing, 공 허nothingness, 공백void은 항상 침투해오며, 이는 흥미로운 순 간이지만, 그 후에는 모든 것이 끝납니다. 이제 여러분이 얻는 것은 매우 높은 품질을 가진 극도로 지능적인 책들이지만, 아무 런 흥미도 없습니다. 왜냐하면 그것은 이미 완료되었고 우리가 알고 있기 때문이지요. 그 책은 모든 것이 어떻게 진행되고 있는 지에서 완전히 벗어난 상태입니다. 당신은 하이데거로부터 '무' 의 문제에 초점을 맞춘 철학의 허무주의적 연속체를 가지고 있지만, 그동안에도 모든 것은 계속되며 매우 가시적이고 직접적으로 무, 공허를 향해 나아가고 있습니다. 이 둘 사이에는 어떤 연관성이 있을까요? 그것은 여전히 흥미롭습니다. 당신은 궁극적인 [철학적] 무를 가지고 있으며, 당신은 아무것도 아닌 '허무'를 가지고 있습니다. 무가 아닌 잔여, 그리고 잔여의 세계는 가상속으로 사라지며 소멸로 향해가고 있습니다. 이 두 가지는 같은 것인가요? 동일한 유형의 소멸은 아니지만, 오늘날의 철학이 그랬던 것처럼 고귀한 형태에 대한 독점권을 한번 갖게 되면, 그 작업은 완료된 것으로 간주됩니다. 전에도 그런 일을 했지만 다른 것들이 제 관심을 끌고 있고, 오늘날 쓰여진 철학에는 정말로 관심이 없습니다. 철학은 공백과 부재를 전문화한 반면, 다른 것들은 충만함the full과 쓰임the operational에 대해 동일한 작업을 수행했기 때문에 거기엔 일종의 정신분열증이 있습니다. 저는 그 모든 것을 묵살하고 싶지 않습니다—그것은 좋은 방법이지만, 그 과정의 어딘가에서 다른 방법을 찾아야 합니다. 체계는 어떤 형태의 충격, 충돌이 있어야 합니다. 왜냐하면 우리가 알다시피 철학은 항상 스스로에게 의문을 제기하고, 자신의 부재에 의문을 제기해야 하는 것으로 알려져 있는데, 그런 종류의 사고는 완전한 실정성, 철학적 유산이 되었기 때문입니다.

PH: 문제는 추종자들에게 있습니다—객체가 변경되더라도 항상 같은 내용입니다.

JB: 물론입니다. 네, 거기엔 레시피, 응용 프로그램이 있어요. 그것은 정확하게 교리는 아니지만, 특정 전력을 암시하고 있다는 것을, 저는 데리다와 함께한 [2차 걸프전에 대하여]라는 세션에서 보았습니다. 그는 실제로 해체 작업을 하지도 않았어요. 우리는 결국 정치에 대해 이야기하게 되었는데, 저는 충분했지만, 그는 이미 그 해체의 영역으로 들어섰더군요. 그는 통찰력 가득 찬 간접적인 방식으로 사물을 다루었지만, 예를 들어 9/11같은 경우 그것은 실제로 일어나지 않았으며, 해체의 대상이 아닙니다.

PH: 비록 당신은 공백, 그라운드 제로에 대해 상상할 수 있지만, 재구성한다는 것이 무엇을 의미하는지 생각해 볼 수 있겠습니다.

JB: 가능할 수 있습니다. 예를 들어, '제로 지역의 죽음zero death', '그라운드 제로'와 같이 제로를 주제로 한 전 세계적인 교리에 대해서 말이죠. 저는 리베스킨트Libeskind의 프로젝트 건축물에 대해 어떠한 견해도 가지고 있지 않습니다. 괜찮아요, 그가 하는 일은 나쁘지 않지만, 그 건축물을 대체하는 것에 대해, 그것이 저에게 달려 있다면, 더 이상 파괴할 가치가 없기에 아무것도 만들 가치가 없습니다. 그것은 오컬트한 것입니다—당신은 무엇을 채우고 있습니까?—텅 빈 공간입니다. 이것은 퇴마사exorcists의 방식, 사물을 퇴마하는 방식이며, 일단 그렇게 되면 좋은 건축이 될 수도 있고 나쁜 건축이 될 수도 있습니다. 탑은 건축적으로 아름답지 않았지만 그럼에도 불구하고 파괴는 아름다운 사건이었습니다. 전쟁은 항상 사건과 비-사건의 대립이며, 역사가 여전히 계속되는 것과 같은 일종의 정치적 연속성이 아닙니다. 아니요, 거기엔 사건이 있고 나머지는 추가적인 비-사건에 지나지 않으며 방사선 조사irradiation, 9/11의 주요 사건의 바이러스를 극복하기 위한 것일 뿐입니다. 그 후로 정치적 협상이 어떻게 작동할 수 있는지 보이지 않았으며, 모든 것이 석유에 관한 아이디어… 아니요. 근본적인 굴욕은 사라지지 않았으며, 사라질 일도 없을 겁니다. 그래서 우리는 끝없는 비-사건 속에 있습니다. 사건은 한계가 있으며, 발생하고, 그것으로 끝입니다.

PH: 응답할 수 없는 것인가요?

JB: 네, 불가능하고 교환할 수도 없어요. 그것은 불가능한 교환입니다—당신은 그것에서 벗어날 수 없습니다. 전능의 저주는 교환할 수 없다는 것입니다. 전능은 교환할 수 없습니다. 왜냐하면 동등한 것이 더 이상 존재하지 않기 때문에, 그리고 교환의 가능성도 없기 때문에 그것은 분비하기 시작하고… 어떤 면에서 스스로를 파괴하기 시작합니다. 교환할 수 없는 것은 받아들일 수 없습니다. 당신은 반대로 작용하는, 파괴적인 힘을 자극해야 합니다. 이것은 우연히 테러가 되고, 실패한다면 비-사건으로 공간을 채워야 하지만, 그것은 결코 초기 사건을 지울 수 없습니다. 저는 이것이 보다 일반적인 수준, 교환할 수 없는, 불가능한 교환의 문제라고 생각해요. 우리 모두는 가장 일반적인 방식으로 이 문제, 무엇이 교환될 수 있는지 교환될 수 없는지에 대한 문제에 직면해 있습니다. 우리는 처음부터 주어진 세계, 우리 자신을 찾을 수 있는 자연 세계에 직면해 있어요. 이전에 우리는 희생으로 응답할 수 있었습니다. 교환 대상은 희생이었죠. 오늘날 우리는 이러한 가능성을 가지고 있지 않으며, 대신에 우리는 이 '제로 데스'를 가지고 있습니다. 우리는 이에 대응할 수 없고, 미국인들은 죽음에 대한 대가로 죽음을 제공할 수 없습니다. 왜냐하면 그들에게 중요한 것은 '제로 데스'이기 때문입니다. 당신이 어떤 식으로 보든 막혀 있다고 볼 수 있습니다. 거기에서 당신은 순전히 주어진, 응답할 수 없는 세계가 받아들일 수 없기 때문에 그 세계를 파괴하거나, 순전히 인공적인 세계를 발명해야 하며, 그것이 바로 내가 가상이라고 생각하는 것입니다. 주어지지 않은 것을 발명하고 우리가 완전히 스스로 만든 것을 발명하세요. 그것이 케이로포이에시스cheiropoeisis 일 겁니다. 그러면 당신은 누구에게나 신에게나 어떤 설명도 해줄 필요가 없습니다. 하지만 그것이 끝이 아닙니다. 우리가 스스로 창조하는 세계에는 여전히 상징적 원칙[règle symbolique]이 존재하기 때문이죠. 교환의 법칙: 일단 무언가가 만들어지면 교환 가능해야 합니다. 즉, 궁극적으로 희생 가능한 답례의 형태가 되어야 합니다. 그러나 가상세계에서는 더 이상 가능하지 않습니다. 가상은 모든 것을 동질화시키고 실정적으로 만들어서 우리는 결국 기본적으로 처참하고 파국적인 상황에 직면하게 됩니다. 그것은 '우리는 그것으로 무엇을 할 수 있을까?'라는 문제입니다. 우리가 창조한 이 가상세계에서 어떻게 스스로 벗어날 수 있을까요? 문제는 여전히 똑같습니다. 우리를 용서할 존재도 없고 우리의 힘[puissance]을 정당화할, 대립하는 적도 더 이상 존재하지 않습니다. 오늘날 주요 과제는 '악의 축Axis of Evil'처럼 계속해서 다른 적을 만들어내는 것입니다. 하지만 그것은 제대로 작동하지 않으며, 악의 시차parallax에 가깝죠. 다시 말해 '악의 축'은 선the good의 내부로 돌아오고, 선을 통해 오게 되며, 그들은 그것을 전혀 이해하지 못했습니다. 심지어 우리는 그들에게 이해하라고 요구할 수도 없습니다. 우리는 심지어 전쟁도 아닌 어떤 종류의 마법과도 같은 지속적인 소란에 관여하고 있습니다. 우리는 모든 가능한 범죄를 예방하는 〈마이너리티 리포트Minority Report〉와 같은 완전한 보안, 완전한 예방의 지점에 접어들고 있습니다. 발생된 모든 것, 발생할지도 모르는 모든 것은 테러로 간주됩니다. 규칙 또는 질서는 아무 일도 일어나지 않을 것이고, 더 이상 아무 일도 벌어지지 않는다는 것입니다. 따라서 발생할 수 있는 모든 것은 미리 예측하고 사전에 근절해야 합니다. 급작스럽게 우리는 테러리즘을 재정의해야만 합니다. 왜냐하면 테러리즘은 더 이상 무슬림이나 근본주의자에게만 해당되는 것이 아니라 어디에서든 발생할 수 있기 때문입니다. 그것은 자연재해일 수도 있고, 사스와 같은 바이러스일 수도 있습니다. 우리가 말하는 것은 객관적인 테러리즘에 대한 것입니다. 더 이상 종교적이거나 이데올로기적인 것이 아닙니다…. 그것은 모든 형태로 존재합니다. 그래서 실제로, 그것은 전면전이며, 아마도 4차 세계대전일 수도 있고, 비릴리오Virilio가 말한 것처럼 일종의 행성 내전일 수도 있습니다. 왜냐하면, 그것은 현재 잠재적 테러리스트들에게 맞서 질서의 편에선 모든 권력들의 연합이기 때문입니다. 모든 인구는 제거되지 않는 한 아직 사실상 테러리스트입니다. 그것이 우리가 모스크바 극장에서 본 것입니다. 그래서 우리가 할 수 있는 일은 무엇일까요? 그것은 우리가 재구성해야 한다고 말하는 모든 것에 대한 반대입니다. 시스템에 대한 충격 때문에 모두는 모든 것을 수용하고 중재할 수 있는 보편적인 것, 어떤 보편적인 가치를 찾고자 노력합니다. 우리의 시라크Chirac는 다른 모든 것에 맞서 노력하고 있습니다…. 그는 보편적 가치와 국제기구를 언급하지만, 그것이 바로 당신이 더 이상 그것들을 믿을 수 없다는 정확한 증거가 됩니다. 우리가 가진 것은 두 극단, 서로 적대하는 극단주의자들이며, 보편적인 것은 그것에 대해 전혀 관심이 없는 세계 권력에 의해 휩쓸려 갔습니다. 전에 말한 대로 우리는 글로벌한 상황에 있는 것이지 보편적인 상황에 있는 것은 아닙니다.

PH: 보편적인 것은 여전히 프랑스에서 작동합니다….

JB: 우리에게는…. 그것이 우리의 유산입니다. 단 하나의 문제는 더 이상 가치가 없다는 것입니다. 그것은 글로벌 수준에서 평가되지 않습니다. 증권거래소에서는 아무런 가치도 갖지 않으며, 가치는 하락했습니다.

PH: 유로존에서도 그런가요?

JB: 항상 가치의 작은 섬이 있습니다. 거기에선 여전히 계속되고 있죠. 그것은 최후의 수단이지만, 그 시점에서는 더 이상 초월적인 보편성이 아니라 문화가 스스로 배양하는 특별한 것입니다. 우리는 보편성을 회귀[재변화]의 전략으로 사용하고 있지만, 그것은 더 이상 보편성으로서의 통용성을 갖추고 있지 않습니다. 가치로서 그것은 사라졌습니다. 그것이 제가 바라보는 상황이며, 현재로서는 어떤 해결책도 없습니다. 소위 정치적 해결책이라는 중간 수준을 채택한다면 당신은 답을 찾을 수는 있겠지만, 상징의 수준에서 바라보면 어떤 해결책도 없습니다. 정의상 상징적 수준에서 어떤 해결책도 없기 때문입니다. 규칙이 있고, 게임이 있으며, 당신은 이중성과 타자성에 갇혀 어떠한 화해도 불가능합니다. 현재 상황에서 흥미로운 것은 우리가 격렬하게 이중성에 도달했다는 것입니다. 다시 말해, 우리는 더 이상 세 항의 변증법이 아니라 양자 대립의 상태에 있는데 그것은 궁극적으로 좋은 것이라 말할 수 있습니다. 그것은 진보이고 급진화입니다. 그래서 우리는 해결책에서 더 멀어졌지만 문제와는 훨씬 더 가까워진 것입니다.

PH: 당신이 너무 가깝다면요?

JB: 불타버리겠죠.

PH: 마지막 질문입니다. 저는 당신의 작품에서 바타유의 역할에 대해 매우 관심이 많습니다─《완전범죄The Perfect Crime》이후로 그가 당신의 책에서 중요한 역할을 한다고 말할 수 있을까요?

JB: 네, 바타유와 무엇보다도 니체가 영향을 주었어요. 그러나 그들은 그와 같은 참조점이 아닙니다. 저는 어렸을 때 독일어로 니체의 책을 읽었고, 이후로 그의 책을 펴본 적이 없습니다. 바타유도 마찬가지입니다. 사실 참조점보다 더 좋습니다. 그것은 직물의 일부로 실 속에 숨겨져 있기 때문이죠. 저는 바타유주의자Bataillean입니다. 비록 내가 그에 대한 비평을 썼다 하더라도… 주권, 과잉, 저주받은 몫, 이것들은 여전히 길들여질 수 없는 것, 능가할 수 없는 것입니다.

PH: 더 이상 바타유가 될 수는 없지만 그가 글을 쓰고 있다면 상징적 교환, 불가능한 교환과 같은 아이디어에 가까울 것 같습니다.

JB: 예. 어쩌면 무의식적으로 작용하는 일종의 모방minetism, 혹은 비유analogism가 있을 수도 있습니다. 그것은 작용하고 있지만, 이전에는 바르트에게도 같은 영향을 미쳤습니다. 거기엔 주체들, 주제들의 일종의 유사성… 결코 찾을 수 없는 그러나 특정한 유형의 공모가 존재합니다. 저는 참조에 대한 주장을 좋아하지 않습니다만 사람들은 그것을 너무 좋아합니다. 참조는 너무 쉽게 질문에 대답하며, 저는 항상 자취를 지우려고 노력했습니다…. 그것은 작업의 일부입니다…. 그래서 저는 누군가가 와서 그들이 존재하지 않는 곳에서 그들을 찾아내는 것을 정말로 원하지 않습니다. 그러나 바타유에 관해서는 그것이 사실입니다.

PH: 바타유의 세계에서 사는 것이 나을까요, 아니면 보드리야르의 세계에서 사는 것이 나을까요?

JB: 잘 모르겠어요. 그 당시 바타유의 세계에는 과잉의 형태, 여전히 에로틱하고 역사적인 것이 보존되어 있었습니다. 그것은 우리가 지금 가지고 있지 않은 것입니다. 저는 우리가 어떤 세계에 살고 있는지 모르겠습니다. 유감스럽게도, 우리가 살고 있는 곳은 1920년대와 1930년대에 만들어진 바로 그 세계입니다. 그래서 어떤 면에서 우리는 그들의 상속자입니다. 저는 여전히 무언가가 변했다고 생각합니다. 그래서 그럼에도 불구하고 상황은 특이합니다. 그것은 진부함 속에서 마찬가지로 독창적입니다. 일상성과 운명의 상호작용이 계속되고 있지만, 지금은 상황이 다릅니다. 그때는 오늘날 우리가 찾기 힘든 공기의 숨결, 영감이 있었습니다. 거기엔 공모complicity도 있었습니다. 그들 중에는 큰 그룹이 있었고 그들은 서로 대화했습니다. 이 그룹은 일종의 '작은 주권'을 가지고 있었습니다. 이 시기는 정말로 끝났어요. 거기에 무언가가 있다는 것을 의미하는 균열이 있습니다. 모더니티가 무너지기 시작했을 때조차도 황금시대의 어떤 것이 있었습니다. 당신은 취약함의 순간, 파열의 결정적인 순간에 항상 거기에 있어야 하며, 그들은 특별한 파열의 순간에 대한 역사적인 기회를 가졌습니다. 그리고 우리는 9/11을 경험했습니다.

보드리야르는 그의 영향력을 가볍게 생각해 몇 년동안 이론적 선례들을 명확하게 언급하는 것이 점점 줄어들었다. 그는 《푸코를 잊어라》 출판 이후, 사상가의 연구를 그렇게 체계적으로 다루지 않았다. 이전에 마르크스는 주기적이고 직접적으로 다루어졌고, 바타유는 보드리야르에게 인정받은 이론적 선구자이자 중요한 존재였다. 초기 작업들은 주석, 해석 및 구조화되고 발전된 논증과 함께 익숙한 지적 분석의 담론을 갖추고 있었다. 1970년대 후반 이후부터 보드리야르는 보다 찰나적이고 즉각적인 관계로 대체했으며, 여기서 카네티Canetti나 니체Nietzsche와 같은 작가들을 간결하고 암시적으로 포함시킨다. 레퍼런스의 범위는 오히려 넓어졌으나 잠재적 비교 분석의 측면에 있어서 뒤따른 것은 없었다. 보드리야르의 글쓰기는 모든 수용된 체계적 사고에 대한 철처한 비판이라는 약속에 부응하고 학문적 글쓰기의 관습에서 벗어나기 위해 노력한 것이었다. 참조점은 특히 니체의 스타일적 반향이 여전히 그대로 남아 있다.

　어느 정도 보드리야르는 영향력에 대한 불안감이 원본 자료에 대한 무심함으로 전환되는 창의적 이론적 순수성을 희망했다. 우리는 이러한 접근법이 우발적이라고 생각해서는 안 되며, 독자와 작가 모두 자유롭게 떠다니는 '도전'이나 '도발'에 직면하는 것이 더욱 어렵다. 보드리야르의 다양한 글을 읽는 독자들은 각 부분이 전체의 일부이고, 부분을 표현하는 전체가 되는 프랙탈 체계의 등장을 보게 될 것이다. 또한 독자는 전체 작품을 시뮬라시옹 또는 상징적 교환의 개념적 기반으로 되돌리고 싶은 유혹이 있지만 그러한 테스트는 그 시도를 하고 보드리야르의 도전을 받아들이고 나선 동화 가능한 전체로 가져오는 데는 실패한다. 대신 우리는 추상 미술이나 즉흥 음악을 더 규칙적이고 때로는 복잡한 형태로 응집시키려는 경향이 있는 것처럼 의미의 유희와 의도적인 의미의 붕괴를 보려고 노력해야 한다. 보드리야르에게 미친 주요 영향들은 바로 이러한 맥락에서 설명 가능하다. 내 견해로는 바타유의 텍스트가 보드리야르를 이해하는 데 있어서 가장 중요하며, 아마도 푸코와 같은 사람들의 텍스트 역시 그러할 것이다. 매클루언McLuhan, 마르크스Marx, 그리고 니체 역시 모두 중요하며, 위에서 언급된 각각이 보드리야르에게 주요한 영향을 미쳤다. 최근에는 비릴리오Virilio가 보드리야르의 관심사와 밀접하여 그와 활발히 상호작용하고 있다.

만약 우리가 보드리야르의 생각이 얼마나 큰 영향을 미쳤는지 살펴본다면(그리고 우리가 아무리 후기구조주의가 되기를 원한다 해도 그의 개념은 텍스트에서 자유롭게 부유하기 때문에 텍스트는 그것을 확장할 것이다. 만약 텍스트가 있다면, 그것은 부재 속에 있으며 모든 텍스트와 마찬가지로 그것은 가능하다), 우리는 그것에 대체로 암시적이었다고 결론 내릴 수밖에 없다. 심지어 보드리야르가 상당한 영향력을 행사했던 예술의 영역에서도 예술가들은 보드리야르의 전형을 따르지 않았으며, 직접적이고 깊게는 다루지 않았다. 심지어 보드리야르와 그의 미학을 주로 다룬 저서 《예술과 인공물Art and Artefact》에서조차도 보드리야르의 예시는 많이 쓰이지 않았다. 그럼에도 불구하고, 보드리야르의 예술에 대한 견해는 팝아트, 초현실주의(항상 의식적으로 쓰이는 것은 아니다), 이른바 뉴미디어라 불리는 많은 작품들과 1980년대 미국 예술('네오 지오Neo-Geo') 일부에 스며들었다. 이러한 확산 효과는 아마 보드리야르의 글이 가진 폐쇄적인 특성이 야기한 결과로 보인다—바타유와 마찬가지로, 보드리야르는 적어도 적절하게, 충실하게, 정확하게 쓰이기 바라지 않았다. 보드리야르는 푸코의 툴박스와는 달리 또 다른 것을 만들게 하는 객체로 취급되어야 한다.

　보드리야르의 이론을 이어받은 사상가들은 거의 없는데, 이는 그의 작업이 일종의 종점이거나 거짓된 결말을 나타낸다고 할 수 있으며, 우리가 무의미하게 계속되는 지점을 넘어선 것을 나타낼 수도 있다. 아니면 그는 쓸모없을 만큼 틀린 것이다. 어떤 면에서 보드리야르는 그것을 좋아할 수도 있겠지만, 그에게는 슬픈 일이겠지만, 실증적으로 관찰된 세계는 보드리야르의 비전에 맞서며 일치하고 있다. 몇몇 평론가들은 보드리야르를 초월해왔으며 그중 아서 크로커Arthur Kroker와 게리 제노스코Gary Genesko가 있다. 그러나 이것은 일반적으로 보드리야르와 다른 사람들을 잇거나 그의 아이디어를 현재의 사건들과 상충시켜 보드리야르와 필적하는 방식을 통해 이루어졌다. 결과적으로, 현재의 사건은 보드리야르에게 그의 동료들보다 더 많은 영향을 미쳤으며, 실제로 한 가지 특정 사건은 확실히 그의 이론적 궤도를 잇는 데 주요한 원동력이 되었다.

1968년

1968년 5월에 일어난 학생 봉기는 총파업과 함께 프랑스 사상의 방향을 크게 변화시켰으며, 특히 마르크스주의와 관련하여 그러한 변화가 있었다. 비록 푸코와 데리다는 마르크스주의에서 멀어졌지만, 많은 이들은 여전히 마르크스의 유토피아니즘에 충실했다.[1] 1968년 5월은 공식적인 공산주의가 자본주의의 권력을 반영하는 독단적 조직이라는 것을 드러냈으며—노동조합과 프랑스 공산당이 대세로 나타나 임금 인상과, 더 나은 조건을 요구하기 시작함으로써 운동 초기 혁명 동력이 약화되기도 했다. 이른바 혁명 조직이 가장 중요한 때에 혁명적일 수 없음을 보여줌으로써 대규모 환멸을 야기했고 정치적 폭력은 많은 사람들의 수단이 되었다. 지식인들은 1968년의 5월을 단지 마르크스주의의 퇴출(맥락적으로 이야기의 결정론적 버전으로 진행된)에 대한 신호로 여겼을 뿐 아니라 정신분석학과 같이 사상의 독단적인 체계나 궁극적 목표로서의 결정된 결과를 강조하는 어떠한 사고도 모두 거부해야 한다고 여겼다. 보드리야르는 1968년의 여파로 마르크스주의에 대한 일련의 확장된 비평들을 내놓았고, 점차 정신분석학 또한 거부했다. 그는 또한 지금까지 '비판' 이론 또는 정치적 이론에서 다루지 않았던 현상들을 다루기 위해 움직였다. 여기서 그는 좌절한 학생들(상징적 교환의 초기 유토피아 차원에서 보여진 것과 같은), 심지어 이상주의자나 1970년대의 좌파 테러리스트들과 함께했으며, 잠재적 공백으로 돌진했던, 모두가 행복해질 때까지 1968년을 분석했던, 부적절한 도전을 묻어버린 그런 사람들과는 거리를 두었다. 어떤 면에서 보드리야르는 1968년의 희망을 유지하고 있으며, 다른 것은 몰라도 (주요 사건, 재앙, 테러, 이타성에 대한 그의 평가에서와 같이) 그것이 가진 파괴력을 유지하고 있다.

조르주 바타유

《소비의 사회》에서부터, 바타유의 사상은 보드리야르의 텍스트에 스며든다. 낭비, 파괴, 희생, 위반, 및 에로티시즘에 기반한 바타유의 '저주받은 몫accursed share'은 부재한 현실의 시뮬라시옹을 토대로 한 자본주의 사회에 대한 보드리야르의 비평의 토대가 되었고, 이는 한층 더 총체화되고 제한된 세계를 구축했다. 보드리야르는 기술을 더 필연적으로 넓은 범위에 통합시키면서 자본주의에 대한 바타유의 비평을 발전시켰다. 다른 한편으로는, 바타유의 위반은 더 이상 가능하지 않다―그곳에는 더 이상 탈출구가 없고(이는 바타유가 확실히 잘 알고 있었다), 되팔고resold, 통합되고incorporated, 삭제되고sanitized, 매개되지mediatized 않는 그런 행위는 없다. 그는 폭발적 근대성의 종말을 보여주지만, 그 뒤에 따라오는 것은 무엇이든 간에 내파implosion, 밀도density, 평면성flatness 그리고 진부함banality이었다. 위반을 문자 그대로 해석하려는 시도는 그저 완전히 시뮬라시옹의 영역으로 이어질 뿐이었다. 아마도 보드리야르는 폭발explosion을 잠재우는 데 지나치게 성급했고, 특히 '불가능한 교환impossible exchange'과 '완전범죄perfect crime'와 같은 상대적으로 최근에 개발된 개념들은 바타유에게 이미 예견된 것처럼 보인다. 바타유의 사상은 《소비의 사회》와 《기호의 정치경제학 비판》에서 나타나는데, 이는 마르크스주의 이후의 경제 비평을 재고하려는 보드리야르의 시도를 뒷받침하는 작품들이다. 《상징적 교환》은 직접적으로 바타유를 언급하는 작은 섹션만 있지만, 이것은 바타유의 《저주받은 몫Accursed Share》의 연장선이다. 체계의 순간적인 붕괴를 탐구하는 《악의 투명성Transparency》은 바타유의 글이 가진 목적을 공유한다. 바타유에 대한 보드리야르의 독해에서 핵심 텍스트는 '바타유가 경제학의 형이상학적 원칙을 공격할 때'다.

프리드리히 니체

니체로 가득 찬 글을 쓰는 바타유와 같이 보드리야르는 형식과 내용 모두에서 니체를 따른다. 니체의 확신에 찬 격언적 문체는 보드리야르의 글에 녹아들어 있으며, 특히 그의 저서 《냉정한 기억Cool Memories》에서 잘 나타난다. 니체와 같이 그는 논쟁적이며 철학적으로 허무주의적이고(세계와 세계와 관한 이성적 해석에 반대하는 비성찰적 허무주의), 실제로 무슨 일이든 일어난 후에 도래한다는 뒤늦음lateness의 의식을 갖고 있다. 니체는 시뮬라시옹의 개념들을 미리 '예측prefigure'했으며, 특히 《우상의 황혼The Twilight of the Idols》과 《권력에의 의지Will to Power》에서 그것을 잘 보여준다. 둘 모두 사람들이 왜 실재에 관심을 갖는지에 대해 질문을 제기한다. '진실의 세계는 반드시 좋은 세계인가?—어째서?' 라고 니체는 묻는다(*Will to Power*, §578). 보드리야르는 걸프전은 일어나지 않았다는 자신의 주장이 도전받을 때 강력하게 이 질문을 던질 것이다. 나치와 같은 일부 사람들은 모든 것의 근본적인 허위성에 대한 니체의 주장을 행동의 완전한 자유를 암시하는 것으로 오해했다. 그러나 '아무것도 진실이 아니며, 모든 것이 허용된다'는 것은 세계에 오직 궁극적 또는 실제적 진실 같은 것이 존재하지 않기 때문에 가능하다는 신호다. 보드리야르의 '완전범죄The perfect crime' 개념은 이를 반복하며, 세계를 점점 더 현실에 가깝게 만들수록 가능한 현실로서의 세계를 파괴하는 것이라고 주장한다. 시뮬라시옹은 진정한 현실이 존재한다고 상상하는 현대의 형태다. 보드리야르와 같이 니체는 단지 그러한 오류를 만들어내는 다양한 방법들이 존재한다고 주장한다. '표면의 세계와 진정한 세계의 대조는

"세계"와 "무nothing"의 대조로 환원되며'(*Will to Power*, §567),
'우리는 표면 세계로부터 진실을 구별할 수 있는 그 어떠한 범주
도 가지고 있지 않다(표면의 세계가 존재할 수 있지만 우리의 표면
상의 세계는 아니다)'(§583).

마셜 매클루언

마찬가지로 중요하고, 더욱 명백하게 말하지만 시뮬라시옹 이
론에서 중요한 인물은 매클루언이다. 니체와 마찬가지로 그는
형식과 내용 모두 보드리야르에게서 업데이트되고 반영된다고
볼 수 있다. 제노스코가 지적했듯이, 보드리야르는 항상 매클루
언을 승인한 것은 아니었다(*McLuhan and Baudrillard*, p. 76). 그러
나 보드리야르적 세계관과, 실제로 우리가 살고 있는 커뮤니케
이션이 지배하는 세계는 1960년대의 매클루언 안에 존재한다.
그것은 '핫' 미디어와 쿨 미디어, '미디어는 메시지다', 지구촌the
global village, '촉각적인 것들', 또는 보다 일반적인 관점에서 세
계에 대한 우리의 개념화가 어떻게 그것이 되도록 이끄는가 하
는 것이다. 관련된 주요 작업은 《미디어의 이해Understanding
media》로, 그는 여기서 뉴미디어의 발전은 인류 역사를 주도한
다고 주장한다(미디어는 전송 미디어, 언어 미디어, 전쟁 미디어 또
는 기술 전반이 될 수 있다). 가장 큰 차이점은 그 관점에 있다. 보
드리야르에 대한 초기 비판과는 달리, 그는 오늘날 고도로 매개
된 사회에 대한 '옹호자'가 아니었다. 매클루언 역시 마찬가지

지만, 매클루언은 기술이 더 나은 사회의 전망을 가져다줄 수 있을 것이라고 보았다. 보드리야르에게 있어서 기술은 우리에게서 빠져나가 우리의 통제를 벗어날 때 보다 흥미로운 것이 된다. 그는 근본적으로 우리가 원하든 원하지 않든 기술이 만들어내는 의도적인 결과에 관심이 없었다. 《미디어는 마사지다The Medium is the Massage》와 《지구촌의 전쟁과 평화War and Peace in the Global Village》는 퀜틴 피오리Quentin Fiore와 함께 집필했는데, 보드리야르가 제기한 많은 이슈들(기술, 전쟁, TV, 패션, 정치학이 더 이상 쓸모없어진 정치)에 초점을 맞췄다. 텍스트의 스타일은 선형적인 책을 넘어서려는 시도와 함께(두 텍스트 모두 이미지, 본문 옆의 인용문, 대체된 진술 및 장르와 참조의 연속적인 교차로 구분되어 있다) 보드리야르가 이론적 수준에서 하고자 노력했던 것을 나타낸다.

미셸 푸코

보드리야르에게서 푸코의 영향력은 쉽게 간과되곤 하는데, 보드리야르는 자신의 글이 어느 면에서는 푸코의 확장이라고 보고 있다. '시뮬라크르의 질서orders of simulacra'는 《사물의 질서》의 스타일로 시대구분을 재현하고, 세계에 대한 묘사가 아닌 효과적으로 세계를 만드는 것으로서 푸코의 '담론'의 중심성centrality 개념은 어떻게 다른 시뮬라크르에 의해 지배된 시대가 시뮬라시옹된 것 외부에 어떠한 현실도 갖지 못하는가를 보여줄 수 있다. 보드리야르의 《푸코를 잊어라Forget Foucault》는 푸코에 대한 찬사로 가득하며, '망각forgetting'은 거부가 아니라 니체가 말했듯이 그를 '창조적으로 망각'하라는 권고다. 다시 말해 그를 포섭하고 계속 나가라는 것이다. 보드리야르의 주장은 권력의 편재성에 대해서는 푸코가 옳지만 이 편재성이 바로 권력의 시간이 끝났음을 의미한다는 것이다. 욕망과 섹슈얼리티에 대한 보드리야르와 푸코의 태도는 매우 유사하다. 두 사람 모두 성이 자유의 수단이거나 목적이라는 점을 부인한다. 그리고 모두 자신도 모르게 향수에 젖어 잃어버린 현실이나 잃어버린 에로티시즘을 바라지만 이 둘은 우리가 모든 것을 깨닫고 시각화하는 과정에서 파괴되는 것들이다. 이 '상실'은 그들이 '타자'(또는 모든 타자성)의 배제를 다룰 때, 둘 모두에게서 나타날 수 있다. 푸코에게 있어서 모던의 시대는 광기, 범죄, 성적인 것을 배제하는 것에 기초한 사회로, 단지 전체 사회를 감옥에 갇힌 것처럼 광기, 범죄 및 성적인 것으로 만드는 시대다. 보드리야르는 《상징적 교환》에서 이 주장을 좀 더 근본적인 것, 바로 '죽음'으로 확장한다. 현대 사회는 죽음과 부패와 관련된 모든 것을 거부하지만 그 결과는 그것에 대한 강박이다(한편으로는 건강의 형태로, 다른 한편으로는 타자에 대한 극도의 폭력으로).

폴 비릴리오

비릴리오는 전반적으로 다른 '후기구조주의자'들이나 일반적인 현대 이론과들과는 차이가 있지만 보드리야르와는 평행을 이룬다. 보드리야르와 비릴리오는 이 세계에서 점차 주체, 행위자 또는 통제 가능한 대상이 사라지고 있다고 본다. 비릴리오의 《속도와 정치Speed and Politics》에서, 속도와 운동은 속도에 대한 이유와 방법을 초과해 자신만의 현실을 취한다. 비릴리오는 기술과 또한 전쟁에도 매료되어 있다(가네Gane가 지적했듯이 피상적인 유사성에도 불구하고 둘은 일치하지는 않는다). 그의 철학은 공간을 기반으로 한 것이며, '도시 계획urbanisme'(도시 계획의 이론화된 프랑스 버전)으로 작업한 결과다. 그러나 보드리야르의 반복적인 건축에 대한 관심은 둘 사이의 많은 유사점을 제시한다. 현대 작가들 중에서 보드리야르가 가장 많이 의견을 나눈 이가 바로 비릴리오였다.

J. G. 밸러드

세계 자체의 과잉을 통해 자멸하는 세상에 대한 밸러드의 분리된 관찰은 1960년대의 대재앙을 말하는 책들에서든, 1990년대와 2000년대의 초정상성hypernormality을 통해 또는 그 때문에 혐오감을 유발하는 사회의 '정상적normal' 요소이든, 보드리야르와 굉장히 유사하다. 《시뮬라시옹》에는 밸러드의 《크래시Crash》에 대한 에세이가 있지만, 같은 책에서 하이퍼 마켓, 위성도시 및 예술의 종말을 위한 박물관들(보부르/퐁피두 센터)에 대한 분석도 완전히 밸러드식이다. 대신 밸러드는 단편소설 〈제

3차 세계대전의 비밀 역사The Secret History of World War〉에서 보드리야르의 걸프전에 대한 아이디어를 선점한다(War Fever, pp. 23~32). 여기서 로널드 레이건의 건강 상태가 뉴스를 채우고 제3차 세계대전은 실제로 일어나지 않고 지나간다. 밸러드는 (그의 소설 속 많은 인물들처럼) 시뮬라시옹을 마주했을 때 우리가 할 수 있는 모든 것들을 했다: 그것을 관찰하고 극단적인 수동성을 채택하며, 철저하게 몰입한다.

엘리아스 카네티

우리가 모르는 카네티의 정체된 역사 개념은 1990년대와 2000년대 보드리야르의 저작에서 반복되었으며《활력 있는 환상Vital Iillusion》에서 역사 개념의 주요 원천이 된다. 그러나 보드리야르는 완전한 이론을 검토하지도, 카네티에 대한 자세한 분석도 진행하지 않았다. 원문은 다음과 같이 간결하고 격언적인 구절이다.

> 고뇌하는 생각: 어느 한 시점부터 역사는 더 이상 현실이 아니었다. 그것을 알아차리지 못한 채, 인류 전체는 갑자기 현실을 떠났다. 그 이후에 일어난 모든 일은 아마도 진짜가 아니며 우리는 그 사실을 알아차리지 못했다. 우리의 임무는 지금 그 지점을 찾는 것이며, 우리가 그것을 가지고 있지 않는 한, 우리는 현재의 파괴 속에 강제로 머물 수밖에 없다.(The Human Prov-

ince, p. 69)

버틀러가 지적했듯이, 보드리야르는 어떤 '작업'에도 관심이 없었는데 더 이상 상실한 것을 찾는 것이 불가능하기 때문이다(*The Defence of the Real*, p. 149). 다른 한편으로, 그는 반복되는 하나의 레퍼런스보다 카네티에게 훨씬 더 신세를 지고 있다. 묵상이나 격언집은 강한 가족적 유사성을 공유하지만, 1942년부터 1972년까지의 기간을 다루는《인간 국가The Human Province》는 초기《냉정한 기억》일지도 모른다. 보드리야르와 마찬가지로 카네티는 주변에 대해 비뚤어진 태도를 가지고 있었고, 상당히 추측적으로 쓰면서도 아이러니하게 독단적이다(즉, 거의 모든 문단이 단정적이지만 많은 모순점이 있다). 유사성은 형식적인 수준에서 그치지 않는다. 카네티의 생각은 미묘한 수준에서 보드리야르에 스며 있다. 전자는 현대 세계에서 사라져가고 있다고 생각하는 외관의 신비를 찾고, 신이 존재할 수 없을 때 신의 운명에 대해 사색하며, 죽음 없는 사회라는 개념에 여러 차례 회귀한다. 어조 또한 놀랍도록 유사하다: '우리는 너무 많은 것에서 왔다. 우리는 너무 적은 것을 향해 가고 있다(*The human province*, p. 61).'

카네티는 또한 준인류학적인《군중과 권력Crowds and Power》을 썼다. 이 책은 바타유와 그의 콜레주 드 소시올로지Collège de Sociologie뿐 아니라 이제는 많이 읽히지 않는 J. G. 프레이저J. G. Frazer를 강하게 연상시킨다. 이 책은 매우 단언적이며, 이번

에는 아이러니 대신에 불길함portent과 확신certitude으로 가득
차 있다. 흥미로운 점은 이 책이 바타유와 보드리야르 사이의
가교 역할을 할 수 있다는 것인데, 특히 첫 번째 섹션 〈군중〉(p.
15~105)에서 현대 군중에 집중하고 있다는 점이 그렇다. 카네티
는 심지어 대중과 같은 개념마저 멀리해 상황에 따라 변하는 힘
들의 집합체인 행위자 없는 실체를 구축한다. 이 군중들은 치명
적이며, 어디서 오는지 모르지만, 엄연히 존재한다. 그러나 대체
로 인간 무리와 집단이 동물 및 자연과의 구분을 잃기 때문에 바
타유식 모델이 지배적인 것이 된다(이는 보드리야르의 상징적 교
환의 개념을 연상시킨다). 《군중과 권력》이 바타유나 보드리야르
와 구분되는 궁극적인 차이점은 그것이 형식적 수준에서 너무
이성적이고 체계적이며, 원시적인 것이 더 단순하게 진실되거
나, 인간의 진실을 더 많이 드러낸다는 개념에 너무 타협된다는
것이다.

아서 크로커

크로커는 마릴루이스 크로커Marilouise Kroker, 때로는 데이미
드 쿡David Cook과 함께 포스트 모더니즘에서 벗어나 새로운
과학, 새로운 패션, 그리고 현대의 세세한 세부 사항과 관련된
초현대적ultramodernist 사유 방식을 발전시킨 소수의 작가 중
한 사람이다. 그는 포스트모더니즘을 뛰어넘는 '포스트모더니
즘 현장'의 중심 인물인 보드리야르뿐만 아니라 니체, 바타유,

푸코 및 마르크스(특히 최근에는 그렇지 않다)에도 의존한다. 크로커는 보드리야르의 생각을 현대 미학, 정치적 기술적 발전과 연결시키고자 지속적으로 노력하고 있으며, 이에 대한 주요 포럼이 최근의 웹 저널 《비판 이론C theory》였다. 보드리야르 본인은 위반에 대한 강조와 과잉을 통해 시뮬라시옹에 도전하는 것에 대해 별로 좋아하지 않았지만 크로커의 연구는 보드리야르에 대한 자연스러운, 과잉적 확장이다.

현대 예술

보드리야르의 중요성은 예술 세계에서 기정사실로 받아들여지지만, 그의 작업을 정확하게 사용한 경우는 드물다. 일반적인(또는 일반적이어야 하는?) 작업에서, 우리는 보드리야르의 위치에 대한 다음과 같은 진술을 찾을 수 있다: '1970년대에, 예술가들은 보드리야르식의 시뮬라크럼이 1차적인 실체적 현실을 대체하는 2차적 이미지와 환영의 맹공격에 비판적으로 반응했다'(*Art of the Twentieth Century*, vol. II, p. 561). 1990년대, 도처에 널린 보드리야르의 영향력의 결과로, 우리는 '예술에 반대하는 예술, 예술의 자율성과 진정성에 대한 "허구"에 반대하는 많은 예술을 보게 된다'(*Art of the Twentieth Century*, vol. II, p. 393). 로버트 휴즈Robert Hughes는 보드리야르의 음습한 현존을 인정하면서도 더욱 회의적으로 '예술 세계 컬트 인물Artworld cult-figure'에 대해 쓴다(*American Visions*, p. 604). 휴즈에게 있어서 보드리야르는 두 가지의 죄를 지었다. 첫째, 프랑스 사상가라는 점과, 둘째, 1980년대 '네오 지오Neo-Geo' 운동에 영감을 주었다는 점이다.

네오 지오Neo-Geo의 주요 텍스트 출처는 프랑스 철학자 장 보드리야르였다. 현실이 시뮬라시옹으로 사라진다는 그의 최종 단계의 망상은 1980년대 매스미디어의 진부한 담론을 초월하는 것을 상상할 수 없었던 예술가들과 비평가들에게 그를 부적talisman으로 만들었다(ibid.).

보드리야르는 현대 예술에 대해 어떠한 직접적인 개입 없이 통렬히 비판했다. 보드리야르에 대한 예술의 역증여counter-gift 또는 도전은 그의 아이디어를 잘못 재현하는 것이다. 네오 지오Neo-Geo 운동은 모더니즘의 상징이 되는 요소들을 살펴보고자 했으며, 피터 할리Peter Halley의 사례에서 보면, 적어도 처음에는 경박하게 밝은 색으로 채색된 초-기하학적 그림들과 함께 기하학의 형태로 나타났다. 다른 작가들은 저급 문화 또는 고급 문화에서 대상을 가져와 때로는 극적인 겉치장으로(쿤스Koons), 때로는 원본과 가깝게(셰리 러빈Sherrie Levine, 리처드 프린스Richard Prince) 그것들을 재생산했다. 보드리야르가 그중 어떤 것을 진지하게 받아들였는지 상상하는 것은 어려워도 적어도 할리는 보드리야르를 확고히 이해하고 있었다. 그는 또한 시뮬라시옹 개념의 적용에 의문을 제기하기도 했다(*Nature and Cul-*

ture, p. 1074).[2] 문제는 여전히 예술 안에 남아 있는데 시뮬라시옹이 사용될 수 있는지 여부가 불확실하기 때문이다. 보드리야르적 예술가들은 시뮬라시옹이나 가성적인 것을 사용하여 이러한 문제를 모면하거나 (비판하지 않고) 심지어 완전히 회피할 가능성이 크다.

　예술이 시장과 문화적 가치를 지속하며 획득해왔던 1980년대에 예술의 중요한 가닥은 '전유 미술'로 나타난다. 대중문화를 바보같이 사용한 쿤스 너머에는 러빈의 작업이 있다. 그녀는 모더니즘의 이미지를 가져와 그것들을 다시 만들고, 그것들을 (재)촬영했으며, 그것들을 재생산했다. 비평가들은 원본의 독창성에 의문을 제기하면서 이를 '시뮬라시옹 예술'로 간주했다. 그러나 그렇지 않다. 원본은 새로운 작업에 의해 끊임없이 자신의 독창성(심지어 이 역시 사라진 것으로 여겨지는 경우에도)을 참조하게 된다. 그리고 새로운 작업은 복사본이 되는 것이지, 대체품은 아니다. 리처드 프린스Richard Prince는 각기 다른 공중public의 이미지—광고, 만화, 보도 사진—를 가져와 그것들을 '전유한다'. 이것도 분명히 시뮬라시옹에 대한 중요한 예술적 해석이다. 그럴 수도 있지만 보드리야르와는 별로 관련이 없으며 장기적으로 이러한 도전들은 실제 예술 세계로 돌아가 사고 팔고, 전시되며 '마치' 실제인 것처럼 비판된다.[3] 아마도 예술 비평이란 보드리야르의 사상이 부분적으로 적용될 수 있는 곳일지 모르지만, 대부분의 경우 비평적 사용은 예술가들에 의해 만들어진 아이디어처럼, 일상적이거나, 제한적이고, '시뮬라시옹'에 대한 최소

한의 인식으로 국한되고 있다(마치 해체가 일반적인 비판과 예술적 사용에서 그러하듯이).[4]

8장
결론: 특이성

보드리야르의 사상은 시간이 흐를수록 점점 난해해진다. 그의 사상 속에서 암시되었던 저항들은 시뮬레이션의 총체화 속에 삼켜지고 나중에는 가상에 삼켜진다. 그러나 보드리야르는 사용가치를 지향하는 독자가 그의 텍스트를 마주할 때 가질 수 있는 곤경에 결코 직면하지 않는 것 같다. 자신의 고유한 우주같은 것을 가지고 있음에도 비-체계적인 사상가는 계속해서 그 특이점의 세계의 먹이가 된다. 보드리야르 이론은 특이점을 일치시키려고 시도하는데 이론이 환원되거나 동화될 수 있는 것처럼 보일 때마다 이것은 계속 진행된다. 여기에서 '특이성'은 보드리야르의 다른 모든 개념을 따른다. 그것들은 세계 내에서 발생하고 세계를 변경하고 정기적으로 그 자신의 이론을 새롭게 변형시킨다. 작가에게 특이하다는 것은 아마도 가상의 외부에 존재하는 것이지만 가상으로부터 자신이 자유롭다고 믿는 것은 아니다. 그것은 환원 불가능하고, 언제나 반대되며, 아마도 침투할 수 없는 것이다. 특이함이 된다는 것은 또한 독특한 상태에 대한 것으로, 자신의 용어들로만 정의될 수 있게 되는 것이다(그리고 당신이 이 용어들에 신세지고 있기 때문에 이 용어들이 실은 당신의 것이 아니다).

특이성은 자체의 지평, 자체의 사건이 된다. 그것은 더 이상 어떤 정의나 등가물을 갖지 않는다. 그것은 자신에 의해서만 나눌 수 있는 정수들처럼, 오직 자신에게만 환원될 수 있다. 특이성은 클로소프스키Klossowski가 말했듯이 "독특한 기호"이며 내용 없는 기호다.(*Impossible Exchange*, p. 130: 165)

그러나 특이점은 선택이나 주체성에 대한 것이 아니다. 건물은 단일한 것으로 설명할 수 있으며 이것은 세계무역센터와 바이오스피어2Biosphere 2에 적용된다(*Singular Objects*, p. 4; 14). 개성의 갱신처럼 보일 수 있었던 것은 '특이함'과 '독특함'이라는 피상적 등가성을 통과해 우리는 이 두 구조가 이중성의 일부임을 알게 되면서 실패하게 되어서다. 즉 세계무역센터는 쌍둥이 타워를 가지고 있었고 바이오스피어2는 바이오스피어1(지구)과 일종의 변증법적으로 존재한다. 둘 모두 부재를 만들어낸다. 쌍둥이 타워는 맨해튼 스카이라인을 없애고 이제 지구는 유일한 생물권이 아니기 때문에 새로운 생물권보다 더 이상의 바이오스피어가 없으므로 바이오스피어2는 첫 번째 버전의 우선권을 제거한다. 보드리야르에 따르면 특이성들은 규칙의 실체나 특정 영역에 적합하지 않으며 분석할 수도 없다.

당신은 문자 그대로 당신을 흡수하는 대상, 즉 그 자체로 완전히 해결될 수 있는 대상을 가지고 있다. 그것이 특이점을 표현하는 나의 방식이다. 그리고 주어진 시점에서 이 특이점이 사건이 되는 것이 중요하다. 즉 그 대상은 사회학적으로, 정치적으로, 공간적으로 심지어 미학적으로 간단히 해석될 수 없는 무엇이어야 한다.(*Singular Objects*, p. 67; 103~104)

보드리야르와 이야기하고 있는 장 누벨Jean Nouvel은 이를 특정 대상이 특이하고 더 나은 것이라고 해석하지만 보드리야르는 '사건'의 중요성을 되풀이하며 이를 반박한다. '처음에 우리는 대상이 특이한 것이 될지 아닐지 여부를 알지 못한다. 이것이 내가 이전에 "되기"라는 관점에서, 즉 특이한 것으로 되기—또는 되지 않기—라는 관점에서 언급한 것이다'(p. 68; 105). 건축 또는 다른 대상은 반드시 사건이 되어야 하고 보이는 대상으로서의 지위를 초월하여 거의 이해할 수 없는 대상이 되어야 한다. 분명히 세계무역센터의 파괴는 그것의 부재와 마찬가지로 그것의 연속된 되기를 구성한다. 미디어 조직이 '실시간' 보도로 그것을 삼키려 해도(*Impossible Exchange*, p. 132; 167), '실제' 세계를 교란시키는 것으로서 사건은 특이하며 사건성에 억제할 수 없다(*Paroxysm*, p. 51; 96). 그것이 발생하면, 사건은 사건이 아니다.

그러나 특이성은 발생한다. 사건은 비록 세계가 오래 전에 자신의 두 배가 되었더라도 이를 특이한 것으로 만든다. 특이점은 블랙홀의 특이점과 같이 스스로 붕괴하는 사건들이자 심지어 시뮬레이션의 응축이다: '자기 존재를 박탈당한 특이성은 소외와 자신에 대한 전유와 탈전유disappropriation에 기초한, 소설적이든 이론적이든 우리의 모든 현대적 비전을 능가한다 (*Impossible Exchange*, p. 131; 165~166)'. 나는 앞서 보드리야르가 현대 세계를 밀도의 세계, 즉 대중이 모든 것을 삼키고 실재가 하나의 동질적 덩어리 자체인 세계로 본다고 주장했다. 여기서 특이성은 밀도가 높아지는 것이고 저항이 존재하게 된다. '만일 특이성이 생성(되기, becoming)과 결부되어 있다면 그것이 자체로 무이기 때문'(p. 131; 166)인 것과 같이 이것은 무에 대한 무의 저항이다. 특이성은 실재가 아니라 완전범죄(세계를 현실화하고 궁극적으로 초현실로 만든 다음 가상으로 만드는 것)에서 파괴되는 것이다. 처음에 특이성은 시뮬라시옹의 외부, 타자성의 위치(앞의 인터뷰에서 본 것처럼) 또는 밀도의 힘을 통해 접근하지 못하게 하면서 떨어져 있는 대상이나 이론처럼 보인다. 그러나 특이성은 실재라고 알려져 있는 시뮬라시옹 안에 숨어 있는 것이 아니다. 그것이 성취되었을 때 그것은 우연과 운명 모두에 의해 이루어지기 때문에(*D'unfragment*, p. 129), 이론이 특이성이 될 수 있지만 그것은 사건이 될 때만 그렇게 할 수 있다.

마지막으로 특이성은 '영원회귀와 결부되어 있다'(*Impossible Exchange*, p. 131; 166). 영원회귀는 주관성에 대한 니체의 가장 급진적인 관점이다. 그 속에서 우리는 매순간을 무한히 반복할 운명에 처한다. 모든 순간은 이미 일어났고 아직 일어나지 않았다. 각각의 순간은 완전히 닫혀 있지만 영원히 자신이 되어가는 특이성이다. 우리가 영원회귀의 공포와 싸우기 위해 선형적인 시간 개념을 고안했음에도 주체는 결코 실제로 존재에 이르지 못한다(*The Will to Power*, 특히 §617을 보라). 시뮬라시옹의 관점에서, 초현실의 각 입자가 사실은 특이성이라면 어떤가? 그렇다면 무의 각 순간의 뒤에는 또 다른 무가 놓인다. 완전 범죄는 더 이상 단일한single 것이 아니라 특이하고singular, 무한하다. 특이성이 시뮬라시옹을 벗어나는elude 이유는 그것이 결코 존재할 수 없고 결코 그것의 생성(되기)를 실현시키지 못하기 때문이다. 이러한 생각은 결국 보드리야의 특이성이며, 시뮬라시옹의 안과 그 이후에 자신을 나타내는 그러한 대상들에 대한 냉철함 속에서만 가능한다. 특이성은 영원한 것이 아니라 시간에 관한 것이며, 지금의 도전을 이해하고 다시 도전하려는 데서 비롯된다.

이 페이지는 의도적으로 비워둔다.

감사의 말

의식적으로든 아니든 이 책에 많은 사람이 기여했다. 그레이엄 앨런Graham Allen, 재키 클라크Jackie Clarke, 팻 크롤리Pat Crowley, 마이크 가네Mike Gane, 맬컴 개러드Malcolm Garrard, 게리 제노스코Gary Genosko, 마틴 할리웰Martin Halliwell, 콜린 해리슨Colin Harrison, 아서 크로커와 마릴루이스 크로커Arthur and Marilouise Kroker, 케이트리오나 레이히Caitriona Leahy, 데이브 머리Dave Murray, 조앤 오브라이언Joanne O'Brien, 토니 오코너Tony O'Connor, 브라이언 오쇼네시Brian O'Shaughnessy, 키스 리더Keith Reader, 주디스 스틸Judith Still, 스티븐 워커Stephen Walker, 알렉스 월시Alex Walsh 그리고 존 영John Younge에게 특히 감사를 드린다. 컨티뉴엄Condinuum 출판사의 트리스탄 팔머Tristan Palmer와 하이웰 에반스Hywel Evans에게도 특별한 감사를 드린다. 그레이엄 앨런의 예리한 관찰과 천재적인 하이픈 커팅hyphen-cutting에도 다시 한번 감사드린다. 마지막으로 장 보드리야르의 시간과 관대함, 관심에 감사드린다.

이 책은 보드리야르의 이론과 저술들, 이론을 형성하는 데 영향을 준 다양한 철학자들과의 관계 등을 함께 살펴본다는 점에서 보드리야르의 궤적을 두루 접하고자 하는 독자들의 입문서 역할을 할 것이다. 물론 보드리야르의 관심사가 넓은 데다가 이론적 난해함으로 그를 일관된 관점으로 읽어낸다는 것은 무리가 있다.

보드리야르의 이론은 동시대의 다른 사상과들과 마찬가지로 마르크스를 비롯해 다양한 사상과 철학 및 이론들과 분절되고 접합된다. 7장에서 언급되었지만 그중에서도 바타유와 니체는 보드리야르 이론의 중심에 놓여 있는데 이들의 개념과 이론이 보드리야르에게 어떻게 접합되는지 주목해야 한다. 특히 바타유의 《저주받은 몫》에 등장하는 낭비, 파괴, 희생, 위반, 에로티시즘은 부재하는 현실의 시뮬라시옹에 기초한 자본주의 사회 비판이라는 보드리야르의 주장에 많은 영향을 주었다. 아울러 니체의 《권력에의 의지》나 《황혼의 우상》은 시뮬라시옹이 생산하는 궁극적이거나 실제적인 진실의 환영이라는 측면을 이해하는 데 도움이 된다.

잘 알려진 바와 같이 보드리야르 하면 시뮬라시옹이 가장 먼저 떠오른다. 존재하는 것보다 더 실제같이 인식된다는 '시뮬라시옹' 개념은 가상현실과 증강 현실, 메타버스 등이 일반화되어가는 현재를 이해하는 데 더 적합해 보인다.

보드리야르의 이론이 시대를 앞서 현재와 미래에도 유용한 비판 이론이 될 수 있는 것은 그가 자신의 생각을 사회의 다양한 영역으로 확장한 결과이자 시뮬라시옹에 근거한 인식론에서 비롯되었기 때문이라는 점을 강조할 필요가 있다. 현실의 재현 불가능성이라는 일반적인 포스트모더니즘의 세계 인식에서 벗어나 그는 세계에 대한 인식이 시뮬라시옹에 근거함을 보여준다. 우리의 현실과 현실에 대한 경험이 시뮬라시옹에 의해 형성되며, 현실의 재현이 시뮬라시옹의 과정에 놓여 있는 한 세계에 대한 인간의 인식과 경험은 왜곡된다는 것이 그의 주장이다. 이러한 왜곡된 인식과 경험은 소비사회에서 사용가치를 가진 상품이 아닌, 현실을 대체하는 시뮬라시옹으로서의 상품과 만나며 이는 현대 사회에서 정체성 형성과 표현으로 확대된다.

이러한 인식의 극단은 '걸프전은 일어나지 않았다'는 그의 주장으로 이어진다. 미디어에 의해 시뮬라시옹된 이 전쟁에 대해 그는 걸프전이 실제로 일어나지 않았음에도 전쟁의 참상과 희생은 여전히 존재한다고 강조한다. 이러한 그의 주장에 대해 많은 혼란과 비난이 따랐음은 불 보듯 뻔하다. 이러한 주장을 어떻게 이해하고 어떤 판단을 내릴지는 독자에게 맡겨져 있지만 보드리야르의 이론을 이해하는 데 있어서 그의 현실 인식의 전략이 무엇이었는지 놓치지 않는다면 이론에 대한 보다 발전적인 혜안을 가질 수 있을 것이다.

이외에도 이 책은 신체, 현대 예술 등 보드리야르의 다양한 관심사를 언급하고 제시한다. 이 역시 재현과 시뮬라시옹의 관계 또는 경계의 입장에서 접근한다.

책의 마지막에 짧게 언급되는 '특이성' 개념은 시뮬라시옹의 세계에 저항할 수 있는 보드리야르 이론의 단초를 제시해준다는 점에서 중요하다. 그는 시뮬라시옹과 대비되는 개념으로서 특이성이 시뮬라시옹의 반작용의 요소로, 현실의 진정성과 독창성을 비판적으로 유지하는 중요한 역할을 수행하는 것으로 제시하고 있다. 어쩌면 그가 쌓아온 것들이 이론과 실천의 측면에서 하나의 특이성으로 볼 수도 있을 것이다. 특이성으로 보드리야르를 여전히 유효한 이론가이자 실천가로 위치시키는 것은 독자의 몫이다.

서문

1 다음은 해당 영역의 작은 사례다: 마이크 페더스톤Mike Featherstone은 '보드리야르는 확실히 포스트모더니즘의 논리를 극한까지 밀어붙이는 가장 극단적인 학술적 저술가 중 하나다(*Consumer Culture and Post-modernism*, p. 33)'라고 쓰고 있다. 스티븐 코너Steven Connor의 경우 우리는 보드리야르에게서 '가장 극단적인' 사회적인 것의 관념의 붕괴를 본다(*Postmodernist Culture*, p. 61)고 했으며 베스트Best와 켈너Kellner에게 보드리야르는 '새로운 시대의 대제사장으로 등극'했고 '이제까지 생산된 가장 놀랍고 극단적인 포스트모더니즘 이론'을 만들어냈다(*Post-modern Theory*, p. 111). 아무리 사소한 조망이라도 노리스Norris의 헤아릴 수 없을 정도의 영향력을 가진 조롱을 제외하면 완성되지 않는다. 노리스에게 있어서 보드리야르는 '존재론적 구분의 모든 형식 또는 비판적인 진실-주장을 붕괴시키는 지점까지 미학(예를 들어 상상적 재현의 영역)을 확장하려는 "포스트모던" 충동drive의 가장 극단적 사례'이다(*What's Wrong with Postmodernism*, p. 23). 부정확하지만 상대적으로 합리적인 이 진술은 다음과 같은 성급함으로 대체될 것이다: 보드리야르는 '현재 "포스트모던" 현장에서 가장 컬트적인 인물이며, 프랑스 지적 양식의 제자들 사이에서 아직 듣지 못한 가장 어리석은 아이디어를 제공하는 사람이다'(*Uncritical Theory*, p. 11).

2 이 지점에서, 무미건조한 소칼Sokal과 브릭몽Bricmont은 이것은 블랙홀이 작동하는 방식이 아니라고 말하면서 블랙홀은 심지어 은유도 아니며(그들은 어떤 묘사가 은유, 특히 접근 불가능한 대상에 대한 은유라는 것을 이해하지 못한다), 비과학자는 어쨌든 비은유적인 것에 대한 권리가 없

다고 물고 늘어질지 모른다.

3 포스트모더니티를 소급적인 것으로 여기는 《냉정한 기억Cool Memories》(p. 171; 151)과, 쓰레기 재활용에 대한 오늘날의 관심이, 더 널리 퍼진 포스트모던 시기의 재활용의 감각을 보여주는 《종말의 환영Illusion》(p. 27; 47)을 참조할 것. 여기서 포스트모던의 재활용 감각은 예를 들어 격세유전 정치의 부활이나 회개에 대한 주장에서, 특히 국제 정치적 수준에서 나타난다(p. 35; 58). 재활용은 형태의 재활용으로 더욱 추상적으로 받아들여질 수도 있다(*Paroxysm*, p. 109; 194). 포스트모던에 대한 보드리야르의 관점에 대해선 가네Gane의 《급진적인 불확실성Radical Uncertainty》(p. 31~32)를 참조하라.

4 예를 들어 〈보드리야르, 모더니즘 그리고 포스트모더니즘Baudrillard, Modernism and Postmodernism〉, 켈너Keller 편집, 《보드리야르: 비판적인 독자Baudrillard: A Critical Reader》, pp. 229~255를 참조하라.

5 1968년 이후 다양한 사상의 흐름이 어떻게 나타나고 연관되는가에 대한 개요는 키스 리더Keith A. Reader의 《1968년 이후 프랑스 지식인과 좌파Intellectuals and the Left in France since 1968》를 참조하라.

6 이것은 보드리야르의 첫 예술품 생산 시도가 아니다. 1978년 그는 짧은 시집 《회반죽의 화신L'Ange de stuco》(영어판 Stucco Angel, The Uncollected Baudrillard, ed. Genosko, pp. 78~90에 수록)을 출판했다.

1장 체계와 교환: 마르크스주의에서 상징까지

1 메타기능성에 대한 예로는 가젯gadget이 있다. 이것은 자신이 대체하려는 객체보다 덜 유용할 정도로 지나치게 특수화되어 있다. 비기능적 객체는 예를 들어 그 값이 컬렉션의 일부로서 존재하는 객체들이다.

2 《기호의 정치경제학 비판For a Critique》, 143~164, 172~199 쪽 참조.

3 예시로 신용에 관한 논의들(System, pp. 156~163; 218~226), 혹은 생산체계가 기술에 미치는 영향(pp. 47, 123~125; 68, 특히 175~176), 또는 '객체와

소비의 사회-이데올로기적 체계'에 관한 섹션(pp. 135~155; 189~217)을 참조할 것.

4 《생산의 거울Mirror》에서 비평의 대상을 제공하는 개념이다.

5 이것은《생산의 거울Mirror》에서 가장 분명하게 드러나는데, 여기에서 '프로이트-마르크스주의'를 끊임없이 맹렬하게 공격한다. 그와 같은 정식화에 대한 보드리야르의 불쾌감은《체계》뿐만 아니라 다른 작가들에게도 적용되는 것으로 추정해도 별로 틀리지 않을 것이다.

6 《기호의 정치경제학 비판For a Critique》에서 자체적으로 문제화될 것이다.

7 추가적인 각주에서 프로이트는 '발은 여성의 페니스를 재현하며, 여성의 페니스를 본 사람들은 그 부재를 깊게 느낀다'(The Essentials of Psycho-analysis, p. 299n)라고 덧붙인다. 남근 중심주의적 정신분석학의 핵심은 여성을 구성하고 남성 주체가 존재하도록 허용하는 이러한 부재이다.

8 병적 전제와 추정을 벗어나는 사도마조히즘과 페시시즘을 읽기 위해서는 들뢰즈Deleuze,《매저키즘Coldness and Cruelty, in Masochism》, 9~138쪽을 참조하라. 이 텍스트는 또한 마르크스주의적인 객체의 병리화를 '해제demysitification'하는 데도 사용될 수 있는데 객체성은 고정된 가치와 '나쁜 객체'의 제한된 경제와 대조되는, 우리가 일반 경제라고 부르고 싶은 것에서 재평가되기 때문이다.

9 보드리야르는 통일된 주체의 문제가 발생하기 이전에 어떻게든 존재했던 고도로 이상화된 주체, 즉 합리성의 사회를 우리에게 제시한다. 아마도 이것이 주체를 하나의 범주로 구성하는 재구성일 것이다. 그는 이것을 언급하지만 단지 잠재적 '실제', 선존재하는 주체라고 가정한다.

10 환영에 관한 강조는 보드리야르가 그의 시뮬레이션 이론을 발전시키면서 감소했다. 이후 텍스트에서 이는 '급진적 환영'이라는 변형된 형태로 다시 등장한다. 이것은 본래의 환영으로, 돌이켜보면 진리의 가능성을 부여하는 것으로 볼 수 있다. '진리는 없고, 모든 것이 허용된다'는 니체의 말처럼 여기서 진리의 불가능성은 어떤 진리가 발생하

기 위한 조건이 된다. 보드리야르의 시뮬라시옹 이론은 《소비의 사회》에서 시작하여 특히 〈진실과 거짓 너머Beyond True and False〉라는 섹션에서 점점 두드러지기 시작한다(pp. 126~128; 196~199).

11 보드리야르는 여기서 그 자신을 보편화했다는 이유로 비난받을 수 있으나, 이러한 과잉과 빈곤은 경제적 교환이 도래하고 이것이 다른 교환의 형태보다 우선시되면서 구조적으로, 즉 고정적인 것으로 되어간다.

12 또한 《기호의 정치경제학 비판》에 실린 〈대중매체를 위한 진혼곡 Requeim for the Media〉, 164~184, 200~218쪽과 특히 175, 216쪽을 참고하라.

13 찰스 레빈Charles Levin의 《기호의 정치경제학 비판》, '서문', 5~28쪽.

14 이는 표면상 문맥에서 나체가 어떤 상징적 행위라기 보다는 의복 체계의 일부임을 의미하지만 (보드리야르의 경우) 이는 모든 (객체에 관한) 페티시즘에 관해 일반화할 수 있다.

15 보드리야르는 바르트의 《S/Z》와 데리다는 이 일반화에서 면제한다.

16 이 줄은 영어판 161쪽에 나와야 하는데 존재하지 않는다.

17 이 용어는 쾌락 혹은 오르가즘으로 번역할 수 있지만 그보다 더 큰 것을 의미하며, 어떠한 목표나 목적에 의해 결정되지 않으면서 여전히 욕망과 연결되어 있다는 것을 의미한다(예를 들어 바르트의 《텍스트의 즐거움The Pleasure of the Text》을 참조).

18 보드리야르의 상징은 라캉Lacan의 상징을 넘어서며 보드리야르는 그가 여전히 이상적이고 억압된 내용을 유지하는 것을 비난했다(*For a Critique*, p. 161; 197). 오히려 보드리야르의 상징은 법, 즉 (고정된) 가치의 도래와도 같은 라캉의 상징(개념)과는 완전히 반대되며, 보드리야르의 상징은 쥘리아 크리스테바Julia Kristeve의 기호학 개념과 유사한 것으로 독자가 더 정교히 읽을 수 있다.

19 '노동자는 더욱 노동자가 됨으로써 혁명적이 되는 것이 아니라 자신의 노동자성을 상실함으로써 혁명적이 된다'(Murry Bookchin, *Post-*

Scarcity Anarchism, p. 188).

20 영어판 텍스트에는 '능가할 수 없는 사색specularité indépassble'(《생
    산의 거울Le Miroir de la production》의 프랑스어판, 29쪽)을 '사색의 막다
    름speculative dead end'으로 쓰고 있는데 이는 핵심을 놓친 것이다.

21 여기서 보드리야르의 구체적인 예는 마르크스주의 인류학자 고들리
    에Godelier다.

22 이 두 작가는 그들의 '원시주의'로 인해 비판받았으며, 비평가들 중에
    는 장 프랑수아 리오타르Jean-François Lyotard가 이에 해당한다(Pefa-
    nis, Heterology, p. 134). 그러나 보드리야르는 이른바 원시사회라고 불
    리는 사회가 원시성을 통해 서양 사회보다 더 월등하다고 주장하는
    것이 아니라, 상징적 교환이 (이전의 것, 열등하거나 야만적인 것이라는 관
    점에서) 원시적이지 않다는 것이다. 제노스코Genesko는 리오타르의
    주장이 근본적 범주로서 욕망에 대한 그의 믿음에 의해 타협되었으
    며, 그가 적어도 보드리야르만큼이나 히피 안티 경제에 대해 향수를
    느끼고 있다고 지적한다(Baudrillard and Signs, p. 90).

23 보드리야르 작품의 이 단계에서 르 릴le réel(실재)은 실제 현실과 반
    대되는 개념적, '합의된' 현실이라는 개념의 작동으로 아직 사용되지
    않는다. 여기서의 르 릴/실재는 보드리야르에 의해 신빙성이 부여되
    는 한 실제 존재하는 세계를 의미한다.

24 설령 보드리야르가 분명하게도 마르크스식 접근 방식을 따르지 않는
    다 하더라도 그 스스로는 마르크스 자신이 미완성으로 남긴 혁명적
    측면을 이어가고 있다고 본다(Mirror, p. 51; 51).

25 바타유와 보드리야르 모두에게 있어서 죽음은 생물학적인 것에서 초
    월적이고 이데올로기적인 것으로 변화하는 유동성을 가지고 있다는
    점은 주목할 만하다. 그들 둘 모두 죽음을 외부(필연적인 것으로 암시하
    긴 하지만)로 고정시키는 것에 반대하는데, 비록 그 과정이 초기부터
    시작되었다 해도, 현대 서구 문화에서 악화된 것으로 본다.

26 페파니스Pefanis가 언급한 대로 보드리야르에게 있어서 '무엇이 어디

에나 있다면, 그것은 아무 곳에도 없다'(*Heterology*, p. 71).

27 마르크스는 절도에 근거한 관용이라고 주장했을 것이다. 여기서 보드리야르의 선물에 대한 선택이 마르크스가 자본과 자본가들의 관용과 '절제'에 대해 냉소적이라는 점을 고려하면 이는 마르크스주의자들에게 특히 짜증나는 일이다. 마르크스는 자본가 계급이 부를 영웅적으로 소비하지 않으며 생산수단을 위험에 빠뜨리는데, 이 생산수단은 운 좋게도 일이 '주어진' 사람들로부터 잉여 가치의 추출을 통해 실제로 부를 생산하는 것이라고 썼다(*Capital*, vol. 1, p. 745).

28 1970년대 중반에 쓰여진 이 글은 그럼에도 불구하고 세계무역센터에 대한 공격과 같은 많은 '상징적' 수준에서 훨씬 파괴적인 힘의 행위에 강력하게 적용된다. (이 사건에 대한 논란이 많은 보드리야르의 해석은 4장을 참고하라.)

2장 시뮬라시옹, 그리고 실재의 쇠퇴

1 보드리야르가 이를 의도했다는 증거가 있다. 시뮬라시옹에 대한 순전히 역사적인 1차원적인 '진보'에 대한 균형추는 《유혹Seduction》에서 찾을 수 있다. 여기서 르네상스는 위조 시대의 일부일 뿐만 아니라 착시trompe l'œil 시대의 일부로, 어떤 점에서는 우리가 현재 거주한다고 가정되는 시뮬라시옹의(p. 86; 61). 텍스트 전체는 시뮬라시옹과 상징적 교환의 매개 형식으로서의 유혹을 제공하지만, 그밖에 내가 보드리야르의 주요 프로젝트로 삼고 있는 시뮬라시옹 이론에는 아무것도 추가하지 않는다.

2 보드리야르는 에세이 <시뮬라크르와 공상 과학Simulacra and Science Fiction>에서 우리가 항상 시뮬라시옹을 거쳐왔다는 점을 반복한다(*Simulacra and Simulation*, pp. 121~127; 177~186). 시뮬라크르의 세 단계들은 '자연적 시뮬라크르', '생산적 시뮬라크르', '시뮬라시옹의 시뮬라크르'로 구성된다(p. 121; 177).

3 영어 번역문에서는 나타나지 않는다.

4 이야기의 구성은 파편화를 통한 재현의 붕괴를 반영한다. 이는 수아레스 미란다J. A. Suárez Miranda의 《칭찬할 만한 사람들의 여행Travels of Priaiseworthy Men》(1658)에서 발췌한 것이며, 제국 지도의 찢어진 조각과 같은 지리학의 파편이다. 과거에 대해 정통한 책에서 도출된 그것의 지위는 보르헤스의 세계에 대한 재현성 보다는 유사성simulacritude을 입증한다.

5 아마도 이것은 전체 세계에 대한 지도 제작, 특히 양식화된, 도식화된, 혹은 기능적인 지도에서 '실제로' 일어났을 것이다. 각각 관광, 지하철, 답사도.

6 벤야민, 《일루미네이션Illumination》에 수록된 〈기술복제시대의 예술작품〉, 217~251쪽. 벤야민은 대량 기술복제시대가 예술 작품의 본질을 변화시켜 작품의 '아우라'(진본의 독창성)를 상실한다고 주장한다. 이것의 대표적인 형태가 영화로, 영화는 정확하게 재현 가능하며 대중들이 접근하기 쉽다. 벤야민은 문화적 투쟁의 새로운 장을 알리기 위해 이러한 발전을 선택했지만, '도처의 현실'에 대한 보드리야르의 의심에 대한 암시는 '대중에 대한 현실 조정과 현실에 대한 대중 조정은 제한 없는 범위의 과정(p. 223)'으로 소급해볼 수 있다. 벤야민은 이것을 대중들이 현실을 알고 변화시키는 방식으로 여겼으며, 보드리야르는 이러한 실재의 확산을 공격했을 뿐만 아니라 대중을 내파의 구성물로 특징지었다(In The Shadow of the Silent Majorities). 이러한 점에 있어서 마샬 매클루언Marshall McLuhan의 작업은 보드리야르에게 최소한 동등한 중요성을 갖는다. '미디어는 메시지이다'(Understanding Media, p. 7)라는 용어는 무엇보다 보드리야르의 시뮬라시옹 이론에서 지속으로 언급된다. 매클루언은 내용은 단지 또 다른 미디어라고 주장한다. 영화의 내용은 글쓰기, 이야기, 등장인물 등을 매개하며, 이 모든 것은 그 자체로 지배적인 미디어였다(p. 18). 보드리야르에 대한 매클루언의 영향에 대한 추가 설명은 다음에서 볼 수 있다. '3000년 간의 폭발 이후, 단편적이

고 기계적인 기술에 의해 서구 세계는 붕괴하고 있다'(p. 3). 이 붕괴의 현장은 그 도달 범위를 보여준다. '기술의 효과는 의견이나 개념의 수준에서 발생하는 것이 아니라, 감각 비율이나 지각의 패턴을 변경시킨다'(p. 18). 보드리야르는 매클루언의 주장 대부분을 수용했으나 전자와 니체 및 바타유의 관계는 이러한 수용을 광범위하게 매개한다.

7 시뮬라시옹을 시작하는 것은 기술만이 아니며, 만약 시뮬라시옹이 실재와 재현의 분할에 대한 문제라면, 보드리야르는 기술이 시뮬라시옹과 어떤한 필연적 관계도 없다고 주장할 수 있다. 기술은 시뮬라크르 질서의 산물이지 그 반대는 아니다.

8 보드리야르에게 이것은 어떤 방식으로든 전쟁에 큰 중요성을 부여하는 모든 사람을 포함하며, 따라서 전쟁에 '반대하는' 사람들도 포함한다.

9 특히 노리스Christopher Norris는 이 점에 대한 고의적인 오독과 결합한 엄청난 독서의 결여에 기초해 책 전체를 제작했다. 그의《무비판 이론Uncritical Theory》을 참조하라. 걸프전 관련 노리스의 보드리야르 '독해'에 대한 포괄적인 비평은 윌리엄 메린William Merrin의 〈노리스, 보드리야르와 걸프전Norris, Baudrillard and the Gulf War〉, 《경제와 사회Economy and Society》23 (4), 1994, 433~458쪽을 참조하라.

10 〈2000년은 일어나지 않을 것이다The Year 2000 Will not Happen〉, 엘리자베스 그로스E. A. Grosz 외 편집,《미래의 가을: 포스트 모더니티로의 여행Futur Fall: Excursions into Post-Modernity》18~28쪽. 원제는 'L'an 2000 ne passera pas'이며 아서 크로커Arther Kroker와 마릴루이스 크로커Marilouise Kroker의《신체 침략자 : 미국의 패닉 섹스Body Invaders: Panic Sex in America》35~44쪽에도 〈2000년은 이미 일어났다The Year 2000 Has Already Taken Place〉로 나타난다. 보드리야르의 텍스트처럼, '통과자passer'는 그것이 이미 일어났기 때문에 앞으로 일어나지 않을 것이라는 것을 암시할 수 있다.

11 보드리야르가 처음 〈그것은 일어나지 않을 것이다La guerre du golfe n'aura pas lieu〉라는 기사를 썼을 때 그는 실제로 전쟁이 없을 것이라

고 생각한 것 같다. 전쟁과 시뮬라시옹에 대한 많은 그의 논평이 사건이 일어나지 않았다 해서 실제 세계의 모든 효과를 배제하는 것이 아니라는 것을 보여주었음에도 말이다. 이것이 내가 '순수한'을 사용한 이유다. 군대의 경우 조금의 가책도 없이 투사, 정밀성 및 배치의 위협 등 모든 새로운 기술을 가지고 전쟁을 수행할 수 있다. (예시로 보스니아에 대한 클린턴의 공습 위협을 참조하라. 그에 대해 보스니아계 세르비아인들은 시뮬라시옹이 우선한다는 것을 인정하지 않았고 미국에게 '진짜 해봐'라고 도전했지만 미국은 이를 거부했다.) 이 인식은 시뮬라크르의 세차(보드리야르 자신이 받아들인)의 필수적인 부분이며, 그 결과는 전쟁이 발발하며, 그 모델들을 믿게 되고(예를 들어 최소한의 힘으로 적 목표물을 성공적으로 제거하는 '초정밀 타격'과 '스마트 폭탄'), '현실'의 모든 수준에서 전쟁의 기능을 통제한다.

12 대량 학살은 대체로 극명한 합리성을 갖고 자행되었다. 이론적인 관점에서 홀로코스트의 공포는 그것이 합리성의 한계 근처 어딘가에 있다는 것이다. 그것이 합리성 때문에 발생했는가? 아니면 합리성에도 불구하고 발생한 것인가? 예를 들어 캄보디아나 르완다에서의 대량 학살은 똑같은 반응을 자극하지 않을 것인데, 그 이유는 근본적 선으로 합리성에 대한 믿음 때문이며, 만약 이성이라는 안전한 방의 외부에서 대량학살이 벌어진다면, 이는 '그들은' 진보하지 않았지만 우리는 진보했기 때문이다.

13 렉스 버틀러Rex Butler는 더 나아가 프랙탈 질서는 사실 세 번째와 별반 다를 게 없다고 말한다(*Jean Baudrillard: The Defence of the Real*, p. 46).

3장 시뮬라시옹 이외의 것들

1 《유혹》의 결론 부분에서는 유혹의 역사와 책의 역사화를 주장하려는, 간략하면서도 때늦은 시도가 존재한다. 보드리야르에 따르면, 우리는 예술의 지위 변화에 대한 발터 벤야민의 표현을 유혹에도 적용시켜 볼

수 있다. 예술은 맨 처음에는 의식이었다가 미학으로, 그리고 미학에서 정치적 가치로 변화하였다. 유혹은 고도의 격식을 갖춘 (예언을 의미하지 않는) 의식이었다가, (다른 방향으로) 격식화된 미학으로 변했고, 나중에는 시뮬라시옹에 연루되어 공허하고 정치적인 것이 되기에 이른다 (이를테면, 아이러니하게도, 정치) (p. 180; 246).

2 우리는 '정신분석학에서 성인 여성의 성생활이란 "암흑의 내륙"과도 같다' 라는 프로이트의 진술('The Question of Lay Analysis', *Standard Edition*, 20, p. 212)을, '어쩌면 여성이 거의 유일한 성별이며, 남성은 여성의 생식 기능에 대응하는 부산물일 뿐일 수 있다'라는 보드리야르의 주장과 견줄 필요가 있다. 프로이트도 그런 주장을 했다는 것은 아니지만, 이 관점이 유전 과학계의 정설이 되었다는 점은 언급할 만한 가치가 있다.

3 보드리야르의 분석은, 부지불식간에 프로이트의 '도라'에 대한 엘렌 식수Hélène Cixous의 분석 《벤무사 디렉트: 도라의 초상과 알버트 놉스의 싱귤러 라이프Benmussa Directs: Portrait of Dora and the Singualr Life of Albert Nobbs》 중 〈도라의 초상〉, 27~67쪽과 유사성을 띤다.

4 데리다의 《글쓰기와 차이Writing and Difference》 중 〈코기토와 광기의 역사〉, 31~63쪽에 따르면, 데리다는 푸코가 광기를 코기토의 외부에 있는 것으로 간주했다는 점을 비판한 바 있다. 광기는 코기토의 외부에 있는 것이 아니라, 외부에도 내부에도 있지 않은 필수적인 대타자라는 것이다. 또한, 바타유의 《과잉의 비전Visions of Excess》 중 〈오벨리스크〉, 213~222쪽에 따르면, 바타유는 (해당 수필에서는 혁명을 기념하는) 기념물의 견고함과 내구성이 그 기념물의 부존재에 대한 위협의 화신이 된다고 주장한다. 더 평범한 차원에서 보자면, 역사에서의 뒤늦은 깨달음은 이성의 외부로 포함된 비이성의 핵심중추로서의 '공포'가 아닌, 문제로서의 '공포'를 통한 '이성'의 도입을 가리키는 것일 수 있다.

5 추가로, (항상 소실되었던?) 상징적 힘이 상실, 지출, 죽음의 경제 내에 존재하며(pp. 54~55; 75), 그것들을 받아들였을 가능성이 존재한다. 유혹

은 성을 앞서고 '부추기며', 동시에 유혹을 넘어선 영향력을 지닌다. 일
상적 수준에서 유혹이란 보통 성관계나 욕망 내에 있는 것이라고 받아
들여지기 때문이다. 유혹은 자연히 성관계하고만 연관된다. 유혹은 주
로 상징적 폭력의 형태이다.

6   이것은 결정불가능성의 과학수사에도 마찬가지로 적용된다. 가네Gane
의 말대로, '급진적 불확실성의 분석은 가능성의 특정한 상태에 대한 조
사일 뿐이다'(*In Radical Uncertainty*, p. 56).

7   비슷한 사례로는 모니크 위티그Monique Wittig가 여성의 '차이'를 가치
있게 여기는 것을 공격한 일이 있으며 (모니크 위티그의《스트레이트 마인
드The Straight Mind》를 참고하라), 문화 보존 취지의 글을 다룬 플란 오
브라이언Flann O'Brien의《가난한 입 The Poor Mouth》등의 저서 또한
그 사례 중 하나라고 할 수 있다.

8   작인은 왜 문제가 되는가? 그것은 시뮬라시옹으로부터 벗어날 탈출구
가 있다는 점과, 그렇기에 시뮬라시옹이 모든 것을 아우르는 체제가 아
니라는 점에 대한 암시일 것이다. 적어도, 보드리야르는 자신의 글 내
내 시뮬라시옹에 대해 파악하는 일이 가능하다는 점을 암시하고 있다.

9   영문판에는 이 페이지들이 누락되어 있다.

10 이 부분은 조르조 아감벤Giorgio Agamben의 '홀로코스트'에 대한 해
석과, 그것이 어떻게 인식되는지를 상기시킨다.《아우슈비츠의 남은
자들Remnants of Auschwitz》,《호모 사케르: 주권 권력과 벌거벗은 생
명Homo Sacer: Sovereign Power and Bare Life》을 참고하라.

11 보드리야르의 모든 저서들에서 자주 드러나듯, 보드리야르는 실재가
현실이었던 때를 그리워하는 듯하다. 다음 구절이 그 예시이다: '"객
관적" 현실은 더 이상 존재하지 않는다. 우리는 이 사실을 받아들이고,
이미 죽은 지 오래인 상황을 그만 꿈꾸는 게 좋을 것이다'(*Impossible
Exchange*, p. 21; 33). 객관적 현실, 그리고 다른 모든 종류의 현실은 근본
적 환영의 산물이며, 근본적 환영은 외형을 허가하고, 세계가 어떻게
될지와 어떻게 되지 않을지를 허가하며, 보이는 바 그대로는 결코 아

닌 불확정성이다(pp. 9~10; 19 참고).

4장 초정치적 세계

1 이와 관련하여 보드리야르는 1930년대 초반 나치즘의 힘이 신성한 것
과 비합리적인 현상에 대한 서구 사회의 거부에 기반하고 있다고 쓴 바
타유를 상기시킨다. 더 나아가 그는 나치즘의 과잉된 특성에 의해 합
리적 정치가 패배한 것과 같이, 나치즘과 싸우는 유일한 길은 반대되
는 '비합리성'을 재활성화하는 것이라고 주장했다(〈파시즘의 심리적인 구
조The Psychological Structure of Fascism〉, 《과잉의 비전Vision of Excess》,
137~160쪽을 참조하라).

2 《침묵하는 다수의 그늘 아래서A l'Ombre des majorites silencieuses》에 대
한 번역은 《장난꾸러기와 경찰관Le Ludique et le policier》, 429~441쪽
에 실린 에세이 〈잔인함의 극장Our Theatre of Cruelty〉(In the Shadow, pp.
113~123)을 포함한다.

3 이러한 주장들이 대중적인 비폭력적 제도라고 주장하는 것처럼, 이것
들 모두가 민주주의라는 사실이 중요하다. 여기서 문제가 되는 것은 억
압이나 국가 폭력이 아니며 그렇지 않으면 목록은 끝이 없을 것이다. 정
작 문제가 되는 것은 자신의 적과 같이 시스템이 가정될 수 없게 되는
국면이다.

4 매클루언과 피오레는 베트남의 경우 '우리는 첫 번째 TV 전쟁의 한 가
운데 있다'(War and Peace in the Global Village, p. 134)고 주장했으며, 나아
가 '모든 신기술은 새로운 전쟁을 필요로 한다'(p. 98)고 주장했다.

5 보드리야르의 책은 그가 드러내고자 했던 시뮬레이션의 세계, 초재
현hyper-representation과 매개의 세계에 사로잡혀 있다.

6 그 이전에도 이러한 전쟁의 판본은 밸러드J. G. Ballard의 〈제3차 세계
대전의 비밀Secret History of World War 3〉, 《전쟁 열기War Fever》,
23~32쪽에서도 나타났다. 보드리야르는 《파편Fragments》(pp. 75~76;

86)에서 이 텍스트를 언급하고 있는데, 밸러드가 보드리야르의 시뮬레이션 이론에 매우 큰 영향을 주었다는 것에 주목해야 한다.

7   전쟁이 '안전할 수 있는' 한 가지 방법은 전쟁이 진행되는 동안에 많은 서구 국가에서 교통사고 사망자가 적었다는 것이다(The Gulf War, p. 74; 88).

8   과거 유고슬라비아에서 있었던 전쟁의 폭력의 시뮬라시옹에 대한 저항으로 볼 수 있다(Paroxysm, pp. 17~18; 38).

9   보드리야르와 비릴리오는 현실에 대한 기술의 결정에 대해 많은 부분에서 수렴한다(단순히 그것에 대한 재현이 아니다). 이들 사이의 미묘한 차이에 대한 포괄적인 설명은 가네Gane의 《급격한 불확실성 속에서In Radical Uncertainty》, 77~87쪽을 참조하라.

10 《침묵하는 다수의 그늘 아래서À l'Ombre》, 95~115쪽에 있는 에세이 〈사회주의의 황홀경L'extase du socialisme〉은 영어판《침묵하는 다수의 그늘 아래서In the Shadow》에는 수록되어 있지 않다.

11 보드리야르는 여기서 어떤 현상이 블랙홀인지에 대해 약간 혼동하고 있는데, 그는 다른 곳에서 우리가 '사건의 지평선'(즉 빛이 빠져나가지 못하는 블랙홀의 경계)을 벗어날 수 없기 때문에 아무 일도 일어나지 않으며, 그래서 현실은 사건이 벗어날 수 없는 블랙홀일 것이라고 쓰고 있다. 이는 아마도 이 아이디어를 더 만족스럽게 사용하는 것으로 보인다(Illusion, p. 103; 145).

12 보드리야르에게 있어서 글로벌 경제는 투기와 '순수' 가치에 기초하고 있기 때문에 마지막으로 가능한 붕괴는 1929년이었다. 이제는 가상의 붕괴들만 발생할 수 있다(《토탈 스크린Screened Out》, 21~25, 31~35쪽을 참조하라). 그러나 궁극적으로 가상적인 것의 성공은 가상의 환경이 총체적으로 될 것이므로 관객, 목격자, 감시의 희생자로서의 우리의 지위를 상실하는 것을 의미하며, 매클루언이 일찍이 식별했던, 모든 것이 접촉하는(그러지 않을 수 없는) 촉각의 세계와 같은 것에 접근함을 의미한다(매클루언과 피오레의 《지구촌의 전쟁과 평화War

and Peace》의 163쪽을 참조하라). 많은 사람들이 '포스트모던' 표면 세계가 단지 이미지와 시각적인 것이라고 가정하지만, 매클루언과 같이 보드리야르는 푸코의 권력처럼 시각적인 것은 모든 것을 포섭하고 다시 포섭되는 세계를 묘사한다.

13 미국은 '테러와의 전쟁'이 아프가니스탄에 대한 공격의 형태라는 단지 그와 같은 반응이라고 믿는다. 보드리야르는 그러한 대응을 비사건non-event, 세계무역센터에 대한 공격으로 설정된 이해관계들을 연결시킬 수 없는 무능력으로 특징짓는다(*Spirit*, p. 34; 45~46).

14 이것은 많은 재난 영화 속에서 발생한다. 아마도 특정 영화와 뮤직비디오의 보류는 검열이나 희생자들에 대한 동정이 아니라, 이 논리에 따르면 그것들이 더 이상 필요 없다는 것에 대한 인정이다.

15 그것은 빼앗긴 자the dispossessed 대 부자들 간의 관점에서도 평가할 수 없는데, 문제는 다른 '반환할 수 없는unreturnable' 선물에 의해 대응된 서구의 반환할 수 없는 선물이라는 관점에서 보아야 하기 때문이다(*PowerInferno*, p. 79).

5장 문화의 객체

1 상황주의는 참여가 '스펙터클의 사회'를 더욱 스펙터클하게 만들어줄 것이라는 점을 너무 일찍 알고 있었다.

2 워홀과 뒤샹에 대한 언급은 보드리야르의 입장 어디에나 드러나 있지만, 《완전범죄The Perfect Crime》(pp. 75~84; 111~123)을 참조하라. 전자와 뒤샹에 대한 실질적인 언급도 같은 책(pp. 28~29, 76~77; 49~50, 113~114)을 참조하라.

3 그는 폴록Pollock을 칭찬하지만, 추상은 '그것이 객체를 형상의 제약으로부터 "해방"'시키고 [그것을] 순수한 형태의 유희로 전달하는 것이라고 믿으며, 유사성보다 더 엄격하고 급진적인 객관성이라는 숨은 구조에 대한 생각에 족쇄를 채웠다고 주장한다'(*Paroxysm*, p. 108; 193).

4 보드리야르는 우리가 현대 미술을 분석할 수 있는 기반을 제공하며, 아서와 마릴루이즈 크로커, 그리고 이전에 '보드리야르 장면'으로 알려진 사람들은 이를 증명한다. 웹 저널 《비판 이론c theory》은 여전히 보드리야르의 후기적인 차원에서 확장되고 있다.

5 클로드 레비-스트로스의 《인종과 역사Race and History》를 참조할 것. 이 책은 어떤 문화도 고립된 상태로 생각될 수 없으며, 모든 문화는 교차, 섞임, 공유된 창조성이 필요하다 주장한다.

6 보드리야르는 《스트레이트 마인드The Straight Mind》에서 여성들은 주어진 것이 아니라 항상 부여되는 차이를 거부해야 하며, 따라서 여성을 이성애주의 세계 내에서 특정한 차이의 존재로 제한해야 한다고 주장하는 모니크 위티그Monique Wittig를 반영한다.

7 이러한 반향은 '반인종학', 특히 클라스트르Clastres에 대한 그의 불신에도 불구하고 나타난다(예를 들어 《장난꾸러기와 경찰관Le Ludique et le policier》, 346쪽 참조).

8 이에 대해서는 보드리야르와 마르크 기욤Marc Guillaum, 《타자의 형상Figures de l'alterite》, 79~107쪽을 참조할 것.

9 그의 많은 텍스트와 마찬가지로, 이것도 약간씩 변형되어 다른 곳에서 나타난다―이 경우에는 《타자의 형상Figures de l'alterite》의 167~175쪽과 《토탈 스크린Screened Out》의 51~56, 63~68쪽에서 나타난다.

10 바타유, 《저주받은 몫The Accursed Share》, 33쪽을 참조하라.

11 보드리야르는 이러한 종류의 예술을 좋아하지 않지만, 그것은 거의 틀림없이 그의 이론적 텍스트와 일치하며 《텔리모포스Telemorphose》에서 반복된다. 여기에서 그는 보들레르Baudelaire와 유사하게 신체를 상징적인 것 또는 유혹으로 이끄는 자연성이라고 알려진 것에서 신체를 제거한다고 썼다(p. 19~20).

12 몇 년 동안 퍼포먼스 및/또는 '바디 아트'가 계속되어 왔다: 오를랑Orlan의 성형 수술, 론 애시Ron Athey의 연출된 성 폭력의 재구성,

프랑코 비Franko B의 신체의 실혈blood loss 강행. 그러나 이러한 공연은 '극한'의 시뮬라시옹에 갇혀 있으며, 아방가르드가 되기보다는 아방가르드의 쇠퇴 주변을 맴돈다.

13 제2차 세계대전에서 가미카제 비행사와 비행기의 공생 관계에 대한 폴 비릴리오Paul Virilio(*Speed and Politics*, p. 117), 및 보드리야르가 J. G. 발라드의 《크래시Crash》에서 부서진 자동차와 몸이 에로틱하게 결합되는 세계에 대한 견해를 이야기하는 것(*Simulacra and Simulation*, p. 111~119; 163~176)도 참조할 것.

14 '그' 몸이 이것을 할 수 있는 한 가지 방법은 비만을 통해 세상으로 번져가는 것이다. 몸의 풍경은 비만의 외설로 대체된다(*Fatal Strategies*, p. 31~34; 35~38).

15 클론 기술은 오이디푸스 삼각관계가 사라지는 것과 같이 프로이트 정신분석의 무의식이 가진 유효성마저 우리에게서 제거한다(*Transparency*, p. 115; 121).

16 바이오스피어 2는 밀폐되었으나, 원래는 인간들이 그러한 환경(여덟 사람이 들어갈 예정이었다)에서 어떻게 살아갈지를 보기 위해 그리고 그것을 리얼리티 TV 프로젝트와 병행하기 위해 만들어진 공간이었다. 영국의 에덴 프로젝트The Eden Project는 더욱 명시적인 교육/관광 자원이다. 두 곳 다 미래 자연의 경작 모델을 작물이 아닌 자연으로서 제공한다. 기쁘게도, 이들은 가상 방문이 가능하다.

17 덧붙이자면, 동물원은 몇몇 동물들에게는 진짜 서식지가 되었다(*Fragments*, p. 27; 37).

18 보드리야르는 에이즈가 벌이 아니며 (*Transparency*, p. 67; 74), 그것을 벌이라고 보는 사람들은 성 자체 또한 질병으로 범주화하는 것(*Screened Out*, pp. 118~119; 133)이라고 분명히 했다.

19 여기에서 후자는 《이미지, 음악, 텍스트Image, Music, Text》의 32~51쪽에 수록된 '이미지의 수사학'에 드러나 있는 롤랑 바르트Roland Barthes의 관점이다.

20 이에 대해서는 바르트가 《밝은 방Camera Lucida》에서 다루고 있으며, 보드리야르는 이를 사진에 대한 유용한 관점이라고 받아들였지만, 발터 벤야민Walter Benjamin의 작품만큼 중요하다고 여기지는 않았다(*D'un fragment*, p. 147).

21 프랑코 비Franko B는 《정물화still life》중 노숙자들이 머무르고 잠자는 장소를 촬영한 사진에서 이러한 함정을 벗어났을지도 모른다. 하지만 사진에서 노숙자들을 배제했기에 다시금 희미한, 다른 존재가 되었다.

22 《감시의 시뮬라시옹The Simulation of Surveillance》에서, 윌리엄 보가드William Bogard는 시뮬라시옹에 의해 지배된 사회에서 권력의 특성과 그 구현의 변의 변화를 설명하고자 한다.

7장 보드리야르의 이전과 이후

1 마르크스와 마르크스주의에 대한 아나키즘 비판을 알고 있는 사람들에게는 1840년대의 프루동Proudhon으로부터 1870년대 바쿠닌Bakunin(이들은 마르크스가 독일과 영국에서 혁명이 일어날 것이라 상상했던 것과 달리 러시아와 스페인에서 혁명이 일어나리라 예측했던 이들이었다), 크로포트킨Kropotkin과 엠마 골드만Emma Goldman 그리고 머레이 북친Murray Bookchin까지 이른바 '말 그대로' 마르크스주의를 받아들인 사람들이 얼마나 놀라운지 안다. 특히 영어권에서는 마르크스주의가 (학문적으로) 1970년대에 확산되기 시작한 것을 생각하면 더욱 신기하다.

2 보드리야르의 시뮬라시옹을 포괄적으로 읽어보고 싶다면, 〈기하학의 위기The Crisis in Geometry〉(largeglass.com.)와 〈자연과 문화Nature and Culture〉를 참고할 것. 축약본으로는 찰스 해리슨Charles Harrison과 폴 우드Paul Wood 편집, 《이론의 예술Art in Theory》, 1071~1074쪽을 참고하라.

3 보드리야르가 때때로 의식했던 것처럼, 사진은 현대 세계에 대한 그의 이론화와 같은 종류의 질문을 제기했다. 그러나 아마도 채프먼Chapman 형제(제이크Jake와 디노스Dinos)의 고야 에칭 작품들과 더 가까울지도 모른다.

4 데이비드 캐리어David Carrier의 〈철학자 보드리야르Baudrillard as Philosopher〉 또는 〈추상화의 종말the End of Abstract Painting〉, 가네Gane 편집, 《장 보드리야르Jean Baudrillard》, vol. IV, 20~36쪽을 참고하라. 이 에세이는 보드리야르가 예술에 관해 쓴 글을 전혀 언급하지 않을 뿐더러 추상 미술에 대한 보드리야르의 견해를 밝히지 않으며, 이를 비평조차 하지 않는다. 카터 랫클리프Carter Ratcliff의 〈발터 벤야민과 장 보드리야르 인기 시대의 로이 리히텐슈타인 작품The Work of Roy Lichtenstein in the Age of Walter Benjamin's and Jean Baudrillard's Popularity〉, 가네 편집, 《장 보드리야르Jean Baudrillard》, vol. IV, 49~66쪽 역시 참고하자. 이 책은 제목을 충족시키지 못하지만, 에세이의 시작점인 리히텐슈타인Lichtenstein의 작품에서 예술 역사를 자신만의 스타일로 재구성하는 점은 가능성이 있었다.

보드리야르의 저작

영어로 출판된 단행본 저작

America, London: Verso, 1988. Translation by Chris Turner of *Amerique*.

Baudrillard Live: Selected Interviews, London and New York: Routledge, 1993. Edited by Mike Gane.

The Consumer Society, London: Sage, 1998. Translation by Chris Turner of *La Société de consommation*.

Cool Memories, London: Verso, 1990. Translation by Chris Turner.

Cool Memories II, Cambridge: Polity, 1996. Translation by Chris Turner.

Cool Memories IV: 1995-2000, London: Verso, 2003. Translation by Chris Turner.

The Ecstasy of Communication, New York: Semiotextf[e], 1988. Translation by Bernard and Caroline Schutze of *L'Autrepar luimême*.

Fatal Strategies, New York: Semiotext[e], 1990. Translation by Philip Beitchman and W.GJ. Niesluchowski of *Les Stratégies fatales*.

For a Critique of the Political Economy of the Sign, St. Louis, MO: Telos, 1981. Translation by Charles Levin of *Pour une critique de l'economic politique du signe*.

Forget Foucault, New York: Semiotext[e], 1987. Translation by Nicole Dufresne of *Oublier Foucault*.

Fragments: Cool Memories III: 1991-1995, London: Verso, 1997. Translation by Chris Turner of *Fragments*.

The Gulf War Did Not Take Place, Bloomington, IN: Indiana University Press, 1995. Translation by Paul Patton of *La Guerre du Golfe n'a pas eu lieu*.

The Illusion of the End, Cambridge: Polity Press, 1994. Translation by Chris
Turner of *L'llusion de la fin.*

Impossible Exchange, London: Verso, 2001. Translation by Chris Turner of
L'Echange impossible.

The Mirror of Production, St. Louis: Telos, 1975. Translation by Mark Poster
of *Le Miroir de la production.*

Paroxysm: Interviews with Philippe Petit, London: Verso, 1998. Translation
by Chris Turner of *Le Paroxyste indifférent.*

The Perfect Crime, London: Verso, 1996. Translation by Chris Turner of *Le
Crime parfait.*

Photographies, 1985-1998, Graz, Neue Galerie and Ostfildern-Ruit: Hatje
Cantz, 1999 (multilingual).

Screened Out, London: Verso, 2002. Translation by Chris Turner of *Écran
total.*

Seduction, London: Macmillan, 1990. Translation by Brian Singer of *De la
seduction.*

In The Shadow of the Silent Majorities, New York: Semiotext[e], 1983.
Translation by Paul Foss, Paul Patton and John Johnston of *À l'Ombre
des majorités silencieuses.*

Simulacra and Simulation, Ann Arbor, MI: University of Michigan Press,
1994. Translation by Sheila Faria Glaser of *Simulacres et simulation.*

The Singular Objects of Architecture, Minneapolis: University of Minnesota
Press, 2002. Translation by Robert Bononno of *Les Objets singuliers.*

The Spirit of Terrorism, London: Verso, 2002. Translation by Chris Turner of
L'Ésprit du terrorisme.

Symbolic Exchange and Death, London: Sage, 1993. Translation by Iain
Hamilton Grant of *L'Échange symbolique et la mort.*

The System of Objects, London: Verso, 1996. Translation by James Benedict
of *Le Système des objets.*

The Transparency of Evil: Essays on Extreme Phenomena, London:
Verso,1993. Translation by James Benedict of *La Transparence du Mal.*

The Uncollected Baudrillard, London: Sage, 2001. Edited by Gary Genosko.

The Vital Illusion, New York: Columbia University Press, 2000.

'When Bataille attacked the metaphysical principle of economy', *Canadian Journal of Political and Social Theory,* 11(3) (1987), pp. 57-62. Translation by David James Miller of 'Quand Bataille...'.

'The Year 2000 Will Not Happen', in E.A. Grosz *et al.* (eds), *Futur Fall: Excursions into Post-Modernity,* Sydney: Power Institute,pp. 18-28.

프랑스어로 출간된 단행본 저작

Le Système des objets, Paris: Gallimard, 1968.

La Société de la consommation, Paris: Gallimard, 1970.

Pour une critique de l'économie politique du signe, Paris: Gallimard, 1970.

Le Miroir de la production, Paris: Casterman, 1973.

L'Échange symbolique et la mort, Paris: Gallimard, 1976.

'Quand Bataille a attaque le principe metaphysique de l'économie', *La Quinzaine litteraire,* 234 (June 1976), pp. 4-5.

Oublier Foucault, Paris: Galilee, 1977.

L'Ange de stuc, Paris: Galilee, 1978.

De la séduction, Paris: Denoel/Gonthier, 1979.

A l'Ombre des majorités silencieuses, Paris: Denoel/Gonthier, 1982.

Les Strategies fatales, Paris: Grasset, 1983.

Please Follow Me (with Sophie Galle), Paris: Éditions de l'Etoile, 1983.

La Gauche divine, Paris: Grasset, 1985.

'L'an 2000 ne passera pas', *Traverses* 33-4 (1985), pp. 8-16.

Amérique, Paris: Grasset, 1986.

L'Autre par lui-meme: habilitation, Paris: Galilee, 1987.

Cool Memories: 1980-1985, Paris: Galilee, 1987.

La Transparence du Mai: essai sur les phénomènes extrêmes, Paris: Galilee, 1990.

Cool Memories II: 1987-1990, Paris: Galilee, 1990.

Cool Memories I and II, Paris: Galilee, 1990.

La Guerre du Golfe n'apas eu lieu, Paris: Galilee, 1991.

L'Illusion de la fin, ou lagreve des evenements, Paris: Galilee, 1992.

Figures de l'alterite (with Marc Guillaume), Paris: Editions Descartes,1992.

Le Crime parfait, Paris: Galilee, 1995.

Fragments: Cool Memories III, 1991-1995, Paris: Galilee, 1995.

Le Paroxyste indifferent: entretiens avec Philippe Petit, Paris: Grasset, 1997.

L'Echange impossible, Paris: Galilee, 1999.

Cool Memories IV: 1995-2000, Paris: Galilee, 2000.

Les Objets singuliers: architecture etphilosophie (with Jean Nouvel), Paris: Calmann-Levy, 2000.

Mots de passe, Paris: Pauvert, 2000.

Le Ludique et lepolicier, Paris: Sens Tonka, 2001.

Telemorphose, Paris: Sens Tonka, 2001.

D'un fragment Vautre: entretiens avec Francois L'Yonnet, Paris: Albin Michel, 2001.

L'Espritdu terrorisme, Paris: Galilee, 2002.

Power Inferno, Paris: Galilee, 2002.

'Le masque de la guerre', *Liberation*, 10 March 2003, p. 8.

'Les suicides du spectacle', *Liberation*, 16 July 2003, p. 5.

다른 작가의 작품들

Agamben, Giorgio (1998) *Homo Sacer: Sovereign Power and Bare Life*, Stanford, CA: Stanford University Press.

Agamben, Giorgio (1999) *Remnants of Auschwitz: The Witness and the Archive*, New York: Zone.

Arendt, Hannah (1994) *Eichmann in Jerusalem: A Report on the Banality of Evil*, New York and London: Penguin.

Art of the Twentieth Century (1998) (2 vols), Cologne: Taschen.

Ballard, J.G. (1990) *War Fever*, London: Collins.

Ballard, J.G. (1995) *Crash*, London: Vintage.

Barthes, Roland (1974) *The Pleasure of the Text*, New York: Hill and Wang.

Barthes, Roland (1975) *S/Z*, New York: Hill and Wang.

Barthes, Roland (1977) 'Rhetoric of the Image', in *Image, Music, Text*, New York: Hill and Wang, pp. 32-51.

Barthes, Roland (1981) *Camera Lucida: Reflections on Photography*, London: Vintage.

Bataille, Georges (1985) *Visions of Excess: Selected Writings*, 1927-1939, ed. Allan Stoekl, Minneapolis: University Of Minnesota Press.

Bataille, Georges (199 la) *The Accursed Share*, New York: Zone.

Bataille, Georges (1991b) *The Accursed Share*, vols II and III: The History of Eroticism and Sovereignty, New York: Zone.

Baudelaire, Charles (1995) *The Painter of Modern Life and Other Essays,* London: Phaidon.

Benjamin, Walter (1992) *Illuminations*, London: Collins.

Best, Steven and Kellner, Douglas (1991) *Postmodern Theory: Critical Interrogations*, Basingstoke: Macmillan.

Bogard, William (1996) *The Simulation of Surveillance: Hypercontrol in Telematic Societies*, Cambridge: Cambridge University Press.

Bookchin, Murray (1977) *Post-Scarcity Anarchism*, Palo Alto, CA: Ramparts Press.

Borges, Jorge-Luis (1975) *A Universal History of Infamy,* London: Penguin.

Bottomore, Tom (ed.) (1991) *A Dictionary of Marxist Though*t, Oxford: Blackwell.

Butler, Rex (1999) *Jean Baudrillard: The Defence of the Real*, London: Sage.

Canetti, Elias (1973) *Crowds and Power*, London: Penguin.

Canetti, Elias (1985) *The Human Province*, London: Deutsch.

Carrier, David (2000) 'Baudrillard as Philosopher, or the End of Abstract Painting', in M. Gane (ed.), *Jean Baudrillard*, vol. IV London: Sage, pp. 20-36.

Chomsky, Noam (1989) *The Culture of Terrorism*, London: Pluto.

Chomsky, Noam (2001) *9/11,* New York: Seven Stories Press.

Cixous, Helene (1979) 'Portrait of Dora', in *Benmussa Directs: Portraits of Dora and the Singular Life of Albert Nobbs*, London: John Calder, pp. 27-67.

Connor, Steven (1989) *Postmodernist Culture: An Introduction to Theories of the Contemporary*, Oxford: Blackwell.

Debord, Guy (1983) *Society of the Spectacle*, Detroit: Black and Red.

Deleuze, Gilles (1991) *Masochism*, New York: Zone.

Derrida, Jacques (1978) 'Cogito and the History of Madness', in *Writing and Difference*, London: Routledge, pp. 31-63.

Derrida, Jacques (1992) *Given Time I: Counterfeit Money*, Chicago: Chicago University Press.

Easton Ellis, Bret (1999) *Glamorama*, London: Picador.

Evans, Jessica and Hall, Stuart (eds), (1999) *Visual Culture: The Reader*, London: Sage.

Featherstone, Mike (1991) *Consumer Culture and Postmodernism*, London: Sage.

Foster, Hal (ed.) (1990) *Postmodern Culture*, London: Pluto.

Foucault, Michel (1970) *The Order of Things: An Archaeology of the Human Sciences*, London: Tavistock.

Foucault, Michel (1977) *Discipline and Punish*, London: Allen Lane.

Foucault, Michel (1979) *The History of Sexuality*, vol. I, Harmondsworth: Penguin.

Franko B (2003) still life, London: Black Dog.

Freud, Sigmund (1959) 'The Question of Lay Analysis', *Standard Edition* 20, London: Hogarth Press, pp. 183-258.

Freud, Sigmund (1986) *The Essentials of Psychoanalysis*, London: Penguin.

Gane, Mike (1991a) *Baudrillard's Bestiary: Baudrillard and Culture*, London: Routledge.

Gane, Mike (1991b) *Baudrillard: Critical and Fatal Theory*, London: Routledge.

Gane, Mike (2000a) *Jean Baudrillard: In Radical Uncertainty*, London: Pluto.

Gane, Mike (ed.) (2000b) *Jean Baudrillard* (4 vols), London: Sage.

Gane, Mike (2001) 'Reversible Feminism', *Semiotic Review of Books* 11 (3), pp. 2-4.

Genosko, Gary (1998) *Baudrillard and Signs: Signification Ablaze*, London:

Routledge.

Genosko, Gary (1999) *McLuhan and Baudrillard: The Masters of Implosion*, London: Routledge.

Grace, Victoria (2000) *Baudrillard's Challenge: A Feminist Reading*, London: Routledge.

Grosz, E.A. et al (eds) (1986) *Futur Fall: Excursions into Post-Modernity*, Sydney: Power Institute.

Halley, Peter (1992) 'Nature and Culture', in C. Harrison and P. Wood (eds), *Art in Theory*, Oxford: Blackwell, pp. 1071-4.

Halley, Peter 'The Crisis in Geometry', largeglass.com.

Harrison, Charles and Wood, Paul (eds) (1992) *Art in Theory, 1900-1990: An Anthology of Changing Ideas*, Oxford: Blackwell.

Hegel, G.W.E (1977) *The Phenomenology of Spirit*, Oxford: Oxford University Press.

Horrocks, Christopher (1999) *Baudrillard and the Millennium*, Cambridge: Icon.

Horrocks, Christopher and Jevtic, Zoran (1996) *Baudrillard for Beginners*, Cambridge: Icon.

Hughes, Robert (1997) *American Visions: The Epic History of Art in America*, London: Harvill Press.

Jencks, Charles (1991) *The Language of Postmodern Architecture*, London: Academy.

Kellner, Douglas (1989) *Jean Baudrillard: From Marxism to Postmodernism and Beyond*, Cambridge: Polity.

Kellner, Douglas (ed.) (1994) *Baudrillard: A Critical Reader*, Oxford: Blackwell.

Kroker, Arthur (1993) *Spasm: Virtual Reality, Android Music, Electric Flesh*, New York: St. Martins Press.

Kroker, Arthur and Cook, David (1988) *The Postmodern Scene: Excremental Culture and Hyper-Aesthetics*, London: Macmillan.

Kroker, Arthur and Kroker, Marilouise (1987) *Body Invaders: Panic Sex in America*, London: Macmillan.

Kroker, Arthur, Kroker, Marilouise and Cook, David (1989) *Panic Encyclopedia*, Montreal: New World Perspectives.

Lane, Richard J. (2000) *Jean Baudrillard*, London: Routledge.

Levin, Charles (1996) *Jean Baudrillard: A Study in Cultural Metaphysics*, London: Prentice Hall.

Levi-Strauss, Claude (1952) *Race and History*, Paris: UNESCO.

Lyotard, Jean-Francois (1993) *Libidinal Economy*, London: Athlone.

McLuhan, Marshall (1964) *Understanding Media: The Extensions of Man*, London: Routledge.

McLuhan, Marshall and Fiore, Quentin (1967) *The Medium is the Massage*, Harmondsworth: Penguin.

McLuhan, Marshall and Fiore, Quentin (1968) *War and Peace in the Global Village*, New York: Bantam.

Marx, Karl (1976) *Capital*, vol. I, London: Penguin.

Mauss, Marcel (1967) *The Gift: Form and Function of Exchange in Archaic Societies*, New York: Norton.

Merrin, William (1994) 'Uncritical Criticism? Norris, Baudrillard and the Gulf War', *Economy and Society* 23 (4), pp. 433-58.

Nietzsche, Friedrich (1968) *The Will to Power*, New York: Vintage.

Nietzsche, Friedrich (1971) *The Twilight of the Idols*, Harmondsworth: Penguin.

Nietzsche, Friedrich (1989) *On the Genealogy of Morals/Ecce Homo,* New York: Vintage.

Norris, Christopher (1990) *What's Wrong with Postmodernism: Critical Theory and the Ends of Philosophy*, Hemel Hempstead: Harvester Wheatsheaf.

Norris, Christopher (1992) *Uncritical Theory: Postmodernism, Intellectuals and the Gulf War*, London: Lawrence and Wishart.

O'Brien, Flann (1988) *The Poor Mouth,* London: Flamingo.

Pefanis, Julian (1992) *Heterology and the Postmodern: Bataille, Baudrillard and Lyotard,* Durham, NC, and London: Duke University Press.

Plant, Sadie (1993) 'Baudrillard's Women: The Eve of Seduction', in C. Rojek and B.S. Turner (eds), *Forget Baudrillard?*, London: Routledge, pp. 88-106.

Ratcliff, Carter (2000) The Work of Roy Lichtenstein in the Age of Walter Benjamin's and Jean Baudrillard's Popularity, in M. Gane (ed.), *Jean Baudrillard*, vol. TV, London: Sage, pp. 49-66.

Reader, Keith A. (1987) *Intellectuals and the Left in France since 1968*, Basingstoke: Macmillan.

Rojek, Chris and Turner, Bryan S. (eds) (1993) *Forget Baudrillard?*, London: Routledge.

Ruddick, Nicholas (1992) 'Ballard/Crash/Baudrillard', *Science Fiction Studies*, 19, pp. 354-60.

Sahlins, Marshall (1974) *Stone Age Economics*, London: Tavistock.

Smith, M.W. (2001) *Reading Simulacra,* Albany, NY: SUNY Press.

Sokal, Alan and Bricmont, Jean (1998) *Intellectual Impostures,* London: Profile.

Stearns, William and Chaloupka, William (eds) (1992) *Jean Baudrillard,* Basingstoke: Macmillan.

Stiles, Kristine and Selz, Peter (eds) (1996) *Contemporary Art: A Sourcebook of Artists' Writings,* Berkeley: University of California Press.

symbiotica. uwa. edu.au

Virilio, Paul (1986) *Speed and Politics*, New York: Semiotextje].

Virilio, Paul (1991) *The Aesthetics of Disappearance*, New York: Semiotext[e].

Virilio, Paul (2002) *Desert Screen,* New York: Continuum.

Wittig, Monique (1992) *The Straight Mind,* Boston: Beacon Press.

Yeghiayan, Eddie 'Jean Baudrillard: A Bibliography', sun3.lib.uci.edu/indiv/scctr/Wellek/baudrillard/index.html

Zurbrugg, Nicholas (1994) 'Baudrillard, Modernism, Postmodernism', in D. Kellner (ed.), *Baudrillard: A Critical Reader,* Oxford: Blackwell, pp. 229-55.

Zurbrugg, Nicholas (ed.) (1997) *Jean Baudrillard: Art and Artefact,* London: Sage.